国家双高"铁道机车专业群"系列　活页工作手册式立体化教材
——动车组检修技术专业

动车组牵引系统维护与检修

主　编 ◎ 王闪闪　张龙华　刘俊峰
副主编 ◎ 洪从鲁　冯　源　张　嘉
主　审 ◎ 王湘巍

西南交通大学出版社
·成　都·

图书在版编目（CIP）数据

动车组牵引系统维护与检修 / 王闪闪，张龙华，刘俊峰主编. —成都：西南交通大学出版社，2023.8（2025.1 重印）
ISBN 978-7-5643-9394-6

Ⅰ. ①动… Ⅱ. ①王… ②张… ③刘… Ⅲ. ①动车–牵引系统–车辆检修–高等职业教育–教材②动车–牵引系统–检修–高等职业教育–教材 Ⅳ. ①U266

中国国家版本馆 CIP 数据核字（2023）第 131186 号

Dongchezu Qianyin Xitong Weihu yu Jianxiu
动车组牵引系统维护与检修

主编　王闪闪　张龙华　刘俊峰

责任编辑	梁志敏
封面设计	何东琳设计工作室
出版发行	西南交通大学出版社 （四川省成都市金牛区二环路北一段 111 号 西南交通大学创新大厦 21 楼）
邮政编码	610031
营销部电话	028-87600564　028-87600533
网址	http://www.xnjdcbs.com
印刷	四川煤田地质制图印务有限责任公司
成品尺寸	185 mm×260 mm
印张	17.25
字数	429 千
版次	2023 年 8 月第 1 版
印次	2025 年 1 月第 2 次
书号	ISBN 978-7-5643-9394-6
定价	49.00 元

课件咨询电话：028-81435775
图书如有印装质量问题　本社负责退换
版权所有　盗版必究　举报电话：028-87600562

前言

中国国家铁路集团有限公司在 2020 年的《新时代交通强国铁路先行规划纲要》中提出，要构建现代高效的高速铁路网。到 2035 年，将率先建成服务安全优质、保障坚强有力、实力国际领先的现代化铁路强国。实现全国铁路网 20 万 km 左右，其中高铁 7 万 km 左右，20 万人口以上城市实现铁路覆盖，其中 50 万人口以上城市高铁通达。展望到 2050 年，全面建成更高水平的现代化铁路强国，全面服务和保障社会主义现代化强国建设。为完成上述目标，纲要中还提出建设高技能产业大军，造就一支素质优良的知识型、技能型、创新型现代铁路产业队伍，提高维修检修专业化、集约化及精准化水平，确保设施设备本质安全。

动车组的运行需要日常维护及入库检修，有标准的作业流程，需要大量的机电设备检修专业技术人员，而现有各铁路局集团有限公司动车段、动车所所需技术人员基本来自大中专院校和在岗职工的转岗培训。为了贯彻落实高速铁路主要行车工种岗位准入制度的相关要求，确保为高铁运营及安全持续稳定提供坚实可靠的人才保障，快速提升企业在职人员和职业学院学生的实际运用和检修专业水平，我们在消化吸收中国铁路郑州局集团有限公司车辆段、动车段以及相关厂家提供的动车组技术资料的基础上，从实际出发，编写了《动车组牵引系统维护与检修》专业教材。

本书为国家"双高计划"郑州铁路职业技术学院铁道机车专业群专业课程活页工作手册式立体化特色系列教材之一。该专业群以培养轨道交通类高素质、高技术技能型人才为核心。本教材从和谐号 380 系列的动车组牵引系统的组成部分、功能、工作原理等方面进行了介绍。在本书最后附录有活页式检修实训作业流程，对故障处理程序、日常维护与检修也进行了详细的举例。是动车组新技术、新知识学习的必备用书。

本书由郑州铁路职业技术学院王闪闪、张龙华、刘俊峰主编，洪从鲁、冯源、张嘉任副主编，郑州动车段机械师王湘巍主审。具体安排为：王闪闪编写项目一的任务二、任务三，项目三的任务二、任务三，项目五，实训三，实训四，实训六；张龙华编写项目二，实训七；刘俊峰编写项目四；洪从鲁编写项目五的任务二、任务三；冯源编写项目三的任务一，项目五的任务一；张嘉编写项目一的任务一，实训一，实训二，实训五。本书在编写过程中，得到了中国铁路郑州局集团有限公司的大力支持，郑州动车段对编写给予了具体的指导和帮助，提供很多宝贵的资源，部分工程师直接参与了审稿工作，在此一并感谢。

由于编者水平有限，书中难免有疏漏之处，恳请读者批评指正。

编　者

2023 年 4 月

Digital Resources 数字资源

序号	资源名称	资源类型	页码	资源位置
1	动车组牵引系统概述	微课视频	12	项目一任务一
2	CRH380A—TSG19A 型受电弓	微课视频	21	项目二任务一
3	CRH380B 型受电弓	微课视频	27	
4	CRH380B 型受电弓	三维动画	27	
5	CRH380A 型动车组其他高压设备	微课视频	33	项目二任务二
6	主断路器原理	二维动画	34	
7	避雷器	三维动画	35	
8	高压电压互感器	二维动画	36	
9	高压连接器	三维动画	37	
10	高压接地开关	三维动画	38	
11	高压隔离开关	三维动画	38	
12	CRH380B 型动车组其他高压设备	微课视频	40	项目二任务三
13	接触器	微课视频	48	项目二任务四
14	电器触头	二维动画	48	
15	继电器 1	微课视频	55	
16	继电器 2	微课视频	55	
17	传感器	微课视频	68	
18	变压器基础知识	微课视频	89	项目三任务一
19	变压器工作原理	微课视频	89	
20	变压器工作原理	二维动画	89	
21	动车用变压器	微课视频	95	项目三任务二
22	动车变压器	三维动画	95	
23	CRH380B 型动车组牵引变压器	微课视频	109	项目三任务三
24	变流器基础知识	微课视频	117	项目四任务一

续表

25	CRH380A型动车组牵引变流器	微课视频	138	项目四任务二
26	CRH380B型动车组牵引变流器	微课视频	162	项目四任务三
27	直流电机工作原理	三维动画	168	项目五任务一
28	直流电机的启动调速	三维动画	168	
29	直流电机列车应用	三维动画	168	
30	三相异步电动机结构	微课视频	170	
31	异步电动机等效电路	二维动画	172	
32	三相异步电动机工作原理	微课视频	173	
33	牵引电动机保持额定磁通的恒磁通运行方式	二维动画	174	
34	CRH380A型牵引电机	微课视频	183	项目五任务二
35	CRH380B型牵引电机	微课视频	202	项目五任务三

目 录

上篇 理论篇

项目一 动车组牵引系统 ································· 3
  任务一 动车组发展史 ································· 3
  任务二 动车组牵引供电系统 ··························· 12
  任务三 动车组三种技术平台及关键技术 ··············· 15

项目二 动车组高低压电器 ································· 20
  任务一 受电弓 ··· 21
  任务二 CRH380A 型动车组其他高压设备 ············· 33
  任务三 CRH380BL 型动车组其他高压设备 ············ 40
  任务四 动车组常用低压电器 ··························· 47

项目三 动车组牵引变压器 ································· 86
  任务一 电力变压器结构及基本原理 ··················· 88
  任务二 CRH380A 型动车组牵引变压器 ··············· 95
  任务三 CRH380B 型动车组牵引变压器 ··············· 109

项目四 动车组牵引变流器 ································· 116
  任务一 电力电子器件及变流技术基础 ··············· 117
  任务二 CRH380A 型动车组牵引变流器维护与检修 ··············· 138
  任务三 CRH380BL 型动车组牵引变流器维护与检修 ············· 162

项目五 动车组牵引电机 ································· 167
  任务一 交流电机结构和控制 ··························· 167
  任务二 CRH380A 型动车组牵引电机 ··············· 183
  任务三 CRH380B 型动车组牵引电机 ··············· 201

下篇 实训篇

实训一　CRH380型动车组受电弓捆扎作业 …………………………………… 209
实训二　CRH380型动车组受电弓碳滑板更换作业 …………………………… 220
实训三　CRH380型动车组受电弓检测 ………………………………………… 224
实训四　CRH380动车组牵引变压器检查及清洁 ……………………………… 234
实训五　CRH380型动车组牵引变流器检查作业 ……………………………… 243
实训六　CRH380型动车组牵引电机检查与清洁 ……………………………… 252
实训七　CRH380型动车组网侧电压互感器、电流互感器、避雷器检查 …… 260

参考文献 ……………………………………………………………………………… 268

上篇 理论篇

项目一 动车组牵引系统

我们乘坐高铁时,既会被高铁超快的速度所惊艳,又会被高铁的稳定性所折服。当高铁列车从眼前飞驰而过,你是否思考过它有怎样的动力输入?又是由哪些设备带动轮对?列车的速度是靠什么设备调节的?背后又蕴含着怎样的黑科技?

本项目介绍了动车组的发展史、动车组牵引方式、动力配置方式的分类及牵引系统的组成结构,使学生学会牵引设备拆装与维修的基本技能。

项目描述

通过本项目学习,使学生了解中国动车组发展历史,掌握动车组供电牵引系统的组成及作用,动车组牵引方式的类型和各自的特点;同时了解国际上3种典型的动车组技术平台的技术性能。

知识目标

(1)掌握动车组发展历史。
(2)掌握动车组供电牵引方式的类型及特点。
(3)掌握动车组牵引系统的组成结构。
(4)掌握动车组动力配置方式。

能力目标

(1)能自主学习动车组发展历史。
(2)能自主学习动车组3种技术平台的技术特点。
(3)能自主学习动车组3种技术平台的结构性能。
(4)能描绘动车组关键技术特征。

任务一　动车组发展史

任务描述

- 掌握动车组的定义、分类、特点。
- 熟知动车组的发展和中国动车组类型。

> **相关知识**

动车组是由若干带动力的车辆（动车）和不带动力的车辆（拖车）组成的，在正常使用寿命周期内始终以固定编组运行、不能随意更改编组的一组列车。一般来说，由于需要双向运行，在列车的两端均设有驾驶舱。

常用术语如下：

动车组	Train Set With Power Car
固定编组列车	Train Set
单元化复合列车	MU Multiple Units
电力单元化复合列车	EMU Electric Multiple Units
柴油动力单元化复合列车	DMU Diesel Multiple Units
中国高速铁路	CRH China railway high speed

一、动车组的定义

动车组这个词流行之前，同样的事物也被称作列车组、机车组等。这个由国人创造出来的词在英文中没有明确的对应，最接近的翻译为 Train Set With Power Car——带有动车的列车编组。动车组其实是个似是而非的概念，为了更好地说明，可以人为地把它分为两大部分，即正统意义上的动车组和扩展意义上的动车组，在下文中分别称作狭义动车组和广义动车组。把动力装置分散安装在每节车厢上使其既具有牵引动力又可以载客这样的客车车辆便叫作动车。而动车组就是几节自带动力的车辆加几节不带动力的车辆编成一组。带动力的车辆叫动车，不带动力的车辆叫拖车。动车组的组成有多种方式：①由两节或两节以上的动车联挂组成；②由一节动车和一节或数节无动力的附挂车组成，尾部附挂车的末端设有驾驶台；③两端为动车，中间连接一节或数节无动力的附挂车；④两端为动车，中间连接多节附挂车但与动车相邻的附挂车中靠近动车的转向架是驱动转向架，另一转向架为无动力的关节式转向架，其他附挂车的转向架均为无动力的关节式转向架。关节式转向架的支承方式是相邻的两节附挂车的端部共同支承在一个转向架上；⑤两节动车为一单元，每单元有一个受电弓和司机室，每列动车组由一个单元或数个单元组成；⑥两节动车为一单元，每单元有一个受电弓，动车组两端的单元有司机室，每列动车组可以有多个中间单元也可没有中间单元；⑦两节动车为一单元，每单元有一个受电弓，用多个单元作为中间部分，两端挂接设有驾驶台的无动力附挂车；⑧一节动车和一节附挂车为一单元，由数个单元组成但两端均为动车；⑨两端各为2、3节附挂车，最外端为设有驾驶台的附挂车，中间为5节动车。

动车组的优点是黏着性能好，驱动装置平均分摊给各轴，每根动轴的功率可小些，因而轴重轻有利于高速运行和线路维修保养；转向架形式单一，零部件互换性高，个别驱动装置发生故障时对整列动车组的功率无重大影响。缺点是制造和修理费用较高，功率损耗和噪声都较大。动车组的运用范围最早只用于支线，后来扩大到地下铁道客运、城市市郊快速客运及大城市间特快客运。地下铁道和电气化铁路采用电力动车组，非电气化的铁路采用柴油动车组。大城市间特快客运速度接近或超过 200 km/h 的高速客运列车须用电力动车组或用燃气轮动车组。

(一) 狭义动车组

狭义动车组英文名为 MU（Multiple Units），意为单元式组合列车。单元是这种列车中最突出和最核心的概念。单元指若干车辆以特定方式连挂以实现特定功能的编组。而当这样的编组中一节车也不能再缩减时称作最小单元。某些情况下单元内会有可以摘除冗余车辆，但多数情况下单元就是最小单元。最小单元一旦被拆散，该单元用以实现的功能将消失或者不再完整。

为方便进一步描述可以按照以下方式划分单元：

1. 制动单元

若干车辆按照一定的组合或顺序连挂，连挂后的编组具备完整的制动能力。

最小制动单元被打破后编组失去制动能力。所谓丧失制动能力即编组无法下闸制动，这个相对好办；若用别的车拖着或者推着按调车方式慢慢走也无法缓解，就需要专门的处置措施了，在车轮抱死的情况下硬拖硬推会相当糟糕。

2. 自走单元

若干车辆按照一定的组合或顺序连挂，连挂后的编组具有若干个司机室，在本编组司机室控制下具备完整的运行动能力。多数情况下自走单元包含若干个完整的制动单元而其中又以一个自走单元即为一个制动单元的情况居多。最小自走单元被打破后编组失去自力运行能力并可能因制动单元被破坏而丧失制动能力。当前形态 CRH1 的自走单元为动车-拖车-动车，当前形态 CRH2A 的自走单元为 4 节编组为拖车-动车-动车-拖车。

3. 随走单元

若干车辆按照一定的组合或顺序连挂，连挂后的编组在其他编组中司机室控制下具备完整的运行与制动能力。多数情况下随走单元包含若干个完整的制动单元，而其中又以一个随走单元，即为一个制动单元的情况居多。随走单元可以不包含司机室，而自走单元在很多情况下也具备随走功能。最小随走单元被打破后编组失去自力运行能力，并同样可能因制动单元被破坏而丧失制动能力。

4. 运营单元

若干车辆按照一定的组合或顺序连挂，连挂后的编组能用来执行运营任务。不同的运营组织方式对运营单元有不同的要求，但运营单元一般包含若干完整的自行/制动单元有时也包含随走单元。最小运营单元被打破后运营变得很不方便，甚至事实上无法继续。以当前形态 CRH5 为例，该车由两个自走单元背靠背连挂组成，每个自走单元各有一个司机室连挂后分别位于列车两端。该列车的典型运用环境要求列车终到后无须调头即可立即折返。如果拿掉一个自走单元，只剩一个司机室列车在向某个方向行驶时，必然出现司机室在车尾的情况，事实上无法实现高速载客运营的目的。

5. 特殊单元

在 ICE3 型列车里 4、5 号车都是拖车没有动力，纯粹只是与列车首尾两个自走单元兼容的电气-制动单元。这样的单元在其他型号/系列列车中是非常罕见的。

在现代数量众多的单元式组合列车都具备以下特征：

（1）多个司机室。每个司机室都具备完全的列车操控能力。列车至少有两个司机室一般分布于列车两端在列车终到换向或中途换向时无须调头。有些列车具有更多司机室可以在中途停站时轻易分解成独立而完整的若干列车。

（2）编组完整风格统一。同一系列的列车各节车尺寸样式不会相差太远，甚至无法轻易与本系列之外的车辆连挂。这个特征在高速列车和新型通勤列车中尤为明显。

（二）广义动车组

传统列车的动力机车车厢可以随意地加一节、减两节，没有单元这个概念。它和动车组是大不相同的。然而，还有一些列车与传统列车似乎有一些关系，又与单元式组合列车有相似之处，处于灰色地带。它们有着某些单元式组合列车的特征，但又因为这些特征不是单元式组合列车的本质特征，或者特征继承得不完整而偏向于传统列车动车组。

这些列车同样拥有多个司机室特点类似单元式组合列车。

编组完整统一而且编成运营编组后不会再根据客流货流随意改动，编组相对固定。由于车钩、管线等连接设施不兼容很难添加不同系列的车厢，而且管线不兼容还可能破坏整列车的操控能力。但是抛开运营单纯从运行、制动等技术方面看，编组中可以相对随意地添加同系列的车厢或者减少车厢。

这些列车像单元式组合列车一样无须机车牵引，编组内自带的动力车能为编组提供运行动力。

然而这些动力车在编组中的数量稀少，往往只有编组总节数的 1/4 或更少。这些动力车拥有充斥车体大部分空间的庞大机械间，不承载乘客或货物或者只是象征性地在机械间之后的空位里，动力车在从编组中拆离出来后，只需简单出力甚至无须处理即具备完整的走行、制动等能力。综合来看这些列车形似单元式组合列车神似传统列车，然而又不严格符合单元式组合列车或者传统列车的特征。在国内这些混乱的集合即为扩展意义上的动车组或者说是广义动车组。也有一些人称之为伪动车组。国外对这些列车的认识也比较混乱，这些列车中的动力车有时被称作动车（Power Car），也有时被称作机车（Locomotive）。为免除麻烦，国外一般不刻意区分这些列车与传统列车的区别，通称固定编组列车（Train Set）。

二、动车组的发展

动车发明了，单节车厢会动了，由动车编成的动车列车和与无动力车厢混编的列车也有了。这使得编组更为灵活，加速能力更强，有些动车、动车列车或混编列车甚至两头都有司机室不用专门的调车作业就能往返运行。早期的动车各节自成体系不能相互操作，列车中每节动车都要有人操作。然而通勤线路九曲十八弯，通勤列车又走走停停，即使是经验丰富的老司机之间的配合也难免会出差错，一旦前车猛然减速而后车刚好加速又遇上弯道，频繁的脱轨事故使得动车列车编组只能很小，这大大扼杀了动车编组灵活的优势。好在车到山前自有路，一项来自新型电力机车的技术——重联，砸碎了动车发展的枷锁。重联指用特定手段将兼容机车联系在一起，由一个司机室操纵。最常见的手段是用一组重联电缆连接多台同系列机车的操控系统或动力系统。动车由电力机车发展而来，产生于电力机车的重联技术也很快用于动车列车。从此动车列车与无动力车厢混编的列车可以由一个司机全面操控了，动车组从此诞生。这种无动力车厢不会隔断动车之间的联系，因为它也安装了重联线。与动车相对，这种专门为动车组准备的无动力车厢叫从车，中文翻译为拖车。1903 年 8 月 14 日，由接触网供电的单相交流电动车组问世，同年 10 月 28 日，西门子公司制造的三相交流电动车组进行高速试验首创时速 210.2 km 的历史性纪录。一战结束后内燃机车开始普及，内燃动车出现。二战结束后内燃机车也能重联了，内燃动车组出现。20 世纪 60 年代，日本决心新建高速客运铁路网，于是有了世界上首列运营用高速动车组——新干线-0 系；70 年代法国试制了燃气轮机高速动车组——TGV-0；80 年代高速铁路网在欧洲延伸，风驰电掣的各系 TGV 以 300 km/h 的速度成为法国人的骄傲；90 年代 TGV 试验速度突破 500 km/h。新世纪 TGV 试验速度突破 570 km/h。然而在大多数场合动车组担负的都是市内、市郊、城际通勤任务。大多数轻轨、地铁以及国外大多数城际列车都是动车组。高速列车在动车组中只占很小比例。引用一份来自网络的统计，世界各国/地区的铁路系统中使用动车/动车组最多的为日本，占 87%；荷兰、英国次之，分别占 83% 和 61%；法国、德国又次之，分别占 22% 和 12%。

三、中国动车组

2003 年 6 月铁道部党组明确了推进技术装备现代化进程的新路子。2003 年 8 月 23 日铁道部装备现代化领导小组召开会议研究技术引进项目的操作方式与实施策略。2003 年 11 月 29 日铁道部部长办公会审议通过《加快机车车辆装备现代化实施纲要》。2004 年 4 月 1 日国务院召开专题会议，研究铁路机车车辆装备有关问题，形成《研究铁路机车车辆装备有关问题的会议纪要》，明确了引进先进技术、联合设计生产、打造中国品牌，确定重点扶持国内几家机车车辆制造企业、引进少量原装、国内散件组装和国内生产的项目运作模式。2004 年 7 月 29 日国家发改委与铁道部联合印发《大功率交流传动电力机车技术引进与国产化实施方案》和《时速 200 公里动车组引进与国产化实施方案》。2004 年 8 月铁道部公开招标采购时速 200 公里动车组项目。2005 年 10 月铁道部公开招标采购时速 300 公里动车组项目。2006 年 7 月 31 日国内首列国产化时速 200 公里动车组下线。2006 年 9 月铁路部门在胶济线以及第六次大提速既有线改造区段组织了多次全线拉通试验和提速平推试验动车组进入运行试验。2007 年 2 月动车组以 160 公里的时速投入春运。2007 年 4 月 18 日动车组全面上线投入运营。2008 年 8 月 1 日动车组投入运营的京津线是中国首条高速铁路客运专线是中国进入高铁时代的标志。

（一）抚顺电铁客车

抚顺电铁是中国最大的地方性准轨电气化铁路网，修建于 1904 年并运营至今。早期运行在其上的客运列车是在我国可以追溯到的最早的动车组。抚顺电铁客车早期运营编组为 MTTTTM，属于弱动力分散列车。按照现在的眼光看这样的列车并不很适合通勤。但抚顺电铁的运营速度很低，即使列车加速能力不那么强也足以在短时间内加到运营速度。目前正在运行的主型电铁客车均类似国铁的 30/31 型，客车头车前脸类似 DF4D，但仍然由少量翻修后的老车开行。由于客流萎缩目前电铁客车新车主要编组形式缩减为 MTT 或 MT 末端拖车，有和动车相似的前脸和司机室老车编组为 MTTM。自 20 世纪 90 年代，一列带有流线型前脸的客车加入后不再有新的客车加入。近年部分列车被重新涂装，前脸安装了和谐号三个大字。

（二）NC3 动车组

NC3 内燃动车组于 1962 年从匈牙利进口 8 组，交付原北京内燃机务段使用，担当北京到天津的客运任务，到 1975 年 5 月全部调到兰州铁路局，1987 年全部报废。

（三）和谐号动车组 CRH

中国铁路第六次大提速上线运行的动车组名称为和谐号，原名 CRH。CRH 是 China Railway High-speed 中国铁路高速的缩写。目前有 CRH1-CRH5、CRH380 几种型号。这些型号分别从日本、德国、法国等国引进先进技术并消化吸收及国产化成为具有我国自主知识产权的动车组产品系列。

1. CRH1

CRH1 型电力动车组是我国引进改造的客运列车种类之一，主要为市域铁路和城际铁路服务，在国家干线铁路中作为长途卧铺列车，构造速度为 200~250 km/h。

2. CRH2A

CRH2A 型动车组适用于短途与中长途运输，速度等级为 200 km/h，最高可提升至 300 km/h。动车组目前主要配置给郑州、济南、上海、南昌铁路局集团公司和广州铁路局集团公司。主要用于京广线、京沪线和杭州—宁波—深圳的沿海客运专线，辐射陇海线。

3. CRH3

CRH3 型动车组适用于短途和中长途运输，速度等级为 300 km/h，最高可提升至 350 km/h。动车组目前主要配属于京沪、京广等高速客运专线。

4. CRH5

CRH5 型动车组适用于高寒地区的短途与中长途运输，速度等级为 200 km/h，最高可提升至 250 km/h。动车组目前主要配置给北京、沈阳和哈尔滨铁路局集团公司，用于京哈线，部分开行至济南和郑州、武昌方向。

5. CRH380A（L）

CRH380A（L）型动车组是青岛四方机车车辆股份有限公司在 CRH2C 型动车组基础上自主研发的高速动车组，最高营运速度为 380 km/h。CRH380A 型动车组采用 6 动 2 拖的编组方式，牵引功率为 9 600 kW。CRH380AL 型动车组采用 14 动 2 拖的编组方式，牵引功率为 20 440 kW。

6. CRH380B（L）

CRH380B（L）型动车组是长春轨道客车股份有限公司与唐山轨道客车股份有限责任公司在 CRH3C 型动车组基础上自主研发的高速动车组，最高营运速度为 380 km/h。CRH380B 型动车组采用 4 动 4 拖的编组方式，牵引功率为 9 200 kW。CRH380BL 型动车组采用 8 动 8 拖的编组方式，牵引功率为 18 400 kW。

（四）复兴号动车组 CR

2012 年，由中国铁路总公司主导，中国铁道科学研究院技术牵头，中车所属企业设计制造，开展了中国标准动车组设计研制工作。2016 年 7 月，中国标准动车组在世界上首次实现时速 420 km 交会及重联运行试验；2017 年 2 月 25 日 10 点 33 分，G65 次列车驶出北京西站，运行于京广高铁，标志着我国自行设计研制的、拥有全面自主知识产权的中国标准动车组样车正式上线运营。2017 年 6 月 25 日，中国标准动车组被正式命名为"复兴号"。

2017 年 6 月 26 日，在京沪高铁两端的北京南站和上海虹桥站"复兴号"双向首发。2017 年 9 月 21 日，铁路实行新的列车运行图，"复兴号"动车组在京沪高铁率先恢复最高运营速度 350 km/h，中国再次成为世界上高铁商业运营速度最高的国家。2018 年 4 月 10 日起，铁路实行新的列车运行图，"复兴号"动车组开行数量增加。2018 年 6 月 26 日，"复兴号"动车组上线运营满 1 周年，累计发送旅客 4 130 万人次。2018 年 7 月 1 日 0 时起，中国铁路将实行新的列车运行图，16 辆长编组"复兴号"动车组首次投入运营。

图 1-1　CR400AF、CR400BF 动车组

四、动车组的分类

（一）按照动拖比分类

列车中有动力的车轴所承载的车重与无动力的车轴所承载的车重之比称为动拖比。列车动拖比大于 13 为动力集中，大于 11 但不大于 13 为弱动力分散，等于和小于 11 为强动力分散。当列车编组中动力车全部车轴均有动力、每节动力车轴数与非动力车轴数相同且

轴重接近的情况下,可以用动力车数量与非动力车节数之比粗略计算动拖比。这是最常见的动车组分类方式。需要注意的是这个分类方式也同样适用于传统列车。一个比较极端的强动力分散例子是一台132 t机车与两节55 t车厢组合的编组。动力集中系动车组非常少见,目前已知只有德国ICE1的2动车12拖车编组和我国新曙光的2动车9拖车编组,前者曾用于城际特快列车现用于长途直达班次,后者被不科学地用于城际线路。弱动力分散系动车组相对多见,多用于城际和中长途线路。法国的TGV、德国的ICE1-2动车10拖车编组和ICE2、美国的Acela、瑞典的X2000、我国的中华之星、蓝箭、神州等大多数推挽、推拉式动车组都是这样。强动力分散系动车组最为常见,多用于通勤场合但也常用于城际和中长途线路。地铁与轻轨中的动车组、日本的新干线各系、法国的AGV、TGV-V150、德国的ICE3、我国的春城、先锋、中原之星、长白山以及CRH系列均属此列。我国和谐号动车组的既有动拖比情况如表1-1所示。

表1-1 和谐号动车组的既有动拖比情况

速度等级	编组数量	车型	动拖比
250 km/h	8辆	CRH1A/CRH5A	5M3T
		CRH2A	4M4T
300 km/h	8辆	CRH2C/CRH380A	6M2T
		CRH3C/CRH380B/CRH380D	4M4T

(二)按照用途分类

目前绝大多数型号和数量的动车组都被用于客运领域。少量动车组被用于货运。还有极少一部分用于轨道检测等特殊用途如动检。

(三)按照动力燃料类别分类

动车组按动力装置可分为柴油动车组、燃气轮动车组和电力动车组三类。电力动车组按电流制又分为直流电力动车组和交流电力动车组两种。柴油动车组按传动方式又分为机械传动动车组、液力传动动车组和电力传动动车组三种。燃气轮动车组按传动方式又分为电力传动动车组和液力传动动车组两种。蒸汽动车之间无法联控所以到目前为止没有蒸汽动车组。符合狭义动车组定义的电力动车组英文名为Electric Multiple Units,缩写为EMU。符合狭义动车组定义的内燃动车组日文称气动车。符合狭义动车组定义且燃料为柴油的内燃动车组英文名为Diesel Multiple Units,缩写为DMU。汽油动车存在但尚不能肯定汽油动车组存在。

(四)动车组的附挂车按作用分类

动车组的附挂车按作用分为有动力的(转向架上装有牵引电动机)、无动力的以及无动力但一端有驾驶台三种。

五、动车组的特点

单纯就原理来讲,动车组不比传统列车更有优势反而增加了编组和维护上的麻烦。但在实际应用中,具体车型与具体应用环境的恰当结合能让动车组拥有传统列车不具备的巨大优势。当然也有配置与现实脱节的失误。具体到我国动车组,一般具有加速能力强、爬坡能力强、换向方便等优点。

1. 加速能力强

这个优点来源于较大的动拖比。做同重量折算在功率充足和功率输出控制合理的情况下动拖比越大,列车可发挥的牵引力越大。在中国常规的传统客运列车一般是一台机车牵引大编组客车机车(88 t 或 132 t),客车编组(880 t 或 1 100 t)动力集中,动拖比非常小导致列车可发挥牵引力很小,而动车组多为动力分散。即使偶有动力集中型号,其动拖比仍然大于传统的大编组客运列车。这两个特征同时作用使动车组加速能力更强。加速能力强,列车出站或通过限速缓行区段后能在短时间内恢复到正常运营速度,这个优点能带来一系列好处。对于乘客,这意味着最高限速相同的动车组在同样长的运行时间里能停靠更多车站,方便出行,或者在线路良莠不齐时旅行时间比传统大编组客车更短。对于调度部门,这意味着列车起动、加速附加时间少,更容易调度,更容易提高铁路的运用效率。对于生产厂家,这意味着不必为了保证列车平均速度,而拼命挤于提高列车最高允许速度的独木桥。这同时省了造车成本和修路成本。这个优点是绝对和不分场合的。小编组的传统列车、双机车牵引的传统列车和某些双节机车牵引的传统列车同样可以进入弱动力分散领域拥有较高的平地加速能力。这在国外比较常见,只是在国内比较少见,没有普遍意义。也有过报道,某通勤线路某天曾经使用 DF11G 牵引三节 22 型客车,这属于强动力分散,但这种情况出现得更为罕见。所以在国内这个优点几乎成为动车组的专利。

2. 爬坡能力强

这个特征同样来源于大的动拖比。强动力分散列车在功率充足的情况下,能在 2% 的连续坡道上仍然能保持准高速甚至高速运行的能力。而弱动力分散式只能小碎步上去,动力集中式甚至连起步都很困难,启动了也只能慢慢往前蹭。我国入围的高速列车都是强动力分散动车组,强悍的爬坡能力和坡道保速能力为高速铁路的选线提供了极大便利,单台机车的动拖比一般为 10,动力超级分散爬坡能力最强。多台机车拖带少量机车也具备很强的爬坡能力。而在日本坡度过大的线路上,即使是动车组也需要加挂补机,只是这样的情况不具备代表性。

3. 换向便利

我国的传统列车运营中的换向步骤是进站停车→摘除前端机车→列尾重挂上机车→再次开出。而动车组只要仍然保持在正常的成组运营状态则列车两端必然有司机室。每个司机室都可以操控整列车上的动力与制动设备,换向时只需要司机前往列车另一端的司机室。这省掉了机车调车作业的步骤从而节省了换向时间,也减少了车站线路被机车调车占用的时间,还降低了因摘车、挂车事故导致人身伤害的概率。传统列车也可以做到这一点,让列车两端都挂上机车,或者一端挂机车而另外一端挂带司机室的控制车,再用重联缆线贯通整列车,让两端的司机室都能操控整个列车的运行与制动能力即可实现换向不摘挂。但国内不存在这种运营模式,所以运营中换向不摘挂在国内只是动车组的专利。

4. 豪华舒适高速

动车组应用最多的场合是市内和近郊通勤,这类列车的核心价值是用可接受的速度和舒适度运送大量乘客。豪华、舒适来自高消费档次列车与动车组没有必然联系。目前国内某些媒体大力宣传的动车组尤其是 CRH 系列属于高消费档次高速列车,动车组豪华、舒适、高速。

任务二　动车组牵引供电系统

任务描述

(1) 掌握动车组供电牵引系统的组成及意义。
(2) 掌握动车组动力配置的方式及性能比较。

微课:动车组牵引系统概述

相关知识

动车组的电力牵引系统包括供电部分和动车组本身的牵引传动部分。供电部分指的是从变电站到受电弓的部分,而动车组自身的传动部分指的是从受电弓、牵引变压器、牵引变流器到牵引电机的主电路部分涉及的内容。从动车组的发展过程看,动车组的传动方式主要包括交-直流传动方式和交-直-交传动方式。

一、动车组供电牵引系统的组成及作用

交-直流传动系统是指机车或者动车组由交流供电而采用直流电机驱动的传动方式,从图 1-2 可以看出,列车从电网中获得电能,由变流器将交流电转换成直流电,并且通过变流器来控制牵引电机的工作速度。

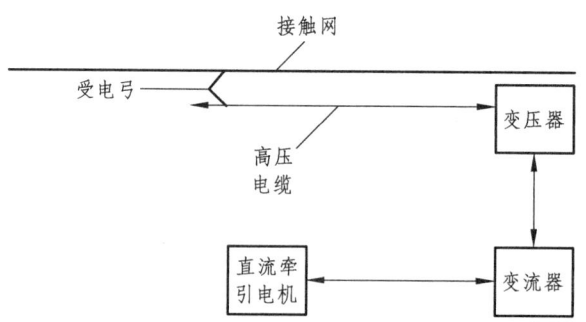

图 1-2　交-直牵引传动系统

交流传动系统是由变流器供电的异步或者同步电动机作为列车动力的传动系统。目前,变流器主要有交-交变流器和交-直-交变流器两大类。

列车受电弓从接触网上取得的是一定频率和恒定电压的电源,而牵引电动机在列车所要求的转速、转矩范围内工作,这就要求电动机电源的电压和频率可以进行调节,变流器就能实现这样的功能。交-交变流器是将电网的交流能量直接转换为电压和频率适合于交流电动机需求的能量,交-直-交变流器是将从电网所得的电能转换成直流电,然后进一步转换成电压和频率可以调节的交流电,如图 1-3 所示。

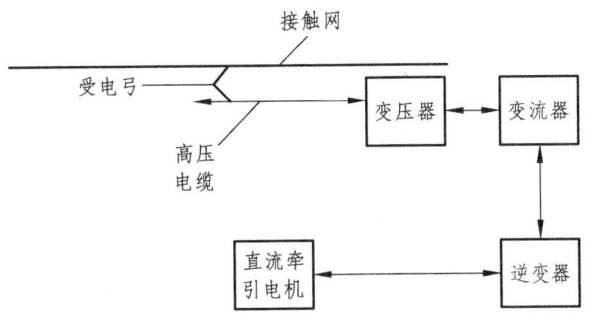

图 1-3 交-直-交牵引传动系统

目前机车或者动车组采用的交流传动系统基本结构可以分为 3 类,分别为电压型交-直-交变流器供电的异步牵引电机系统、电流型交-直-交变流器供电的异步牵引电机系统和交-交变流器供电的同步牵引电机系统。从世界铁路技术发展趋势来看,未来干线铁路牵引系统将主要采用电压型交-直-交变流器供电的异步电机系统。

功率半导体和变流技术的进步,控制方法和控制装置的完善,这些都促进了交流传动技术的发展,使变流器-电机牵引系统的性能得到了满足。图 1-4 所示为动车组牵引系统原理示意图,这些性能包括:平稳起步、抑制滑行和空转、再生制动、调速范围等,而且实现了由一个控制器控制多台电机并联运行。

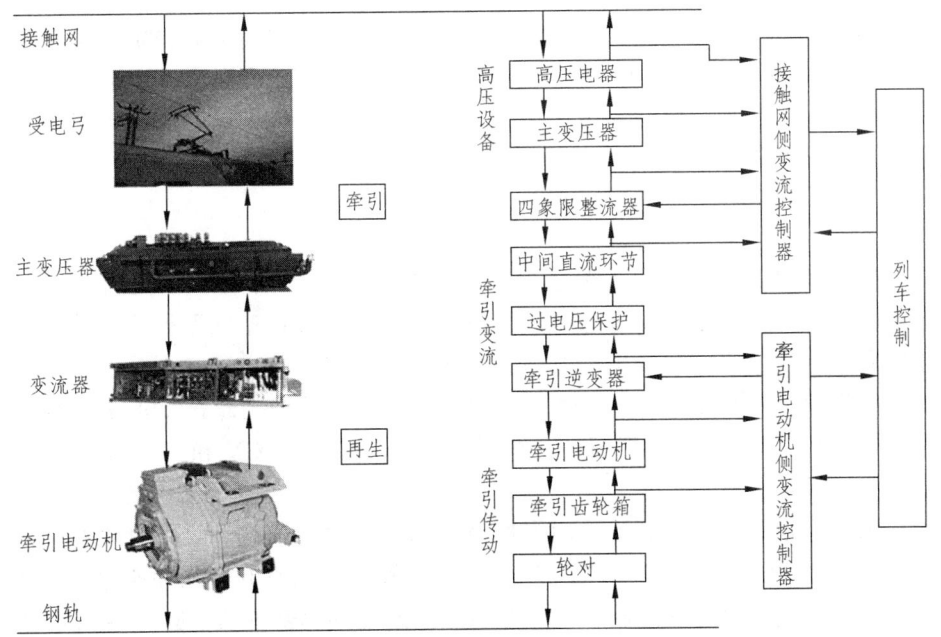

图 1-4 动车组牵引系统原理示意图

二、动车组牵引方式

高速列车动力配置方式可分为动力集中和动力分散两大类。所谓动力分散就是将列车动力分散置于各车辆轴或大部分车辆轴上,动力集中则是将列车动力集中于列车两端动力车的动轴上,形成推挽式牵引。

动力集中式高速列车,以法国 TGV 和德国 ICE 水平最高。摆式动车可运行于小曲线、线路改造量不大的线路上,尽管车辆结构复杂,但效果不错。瑞典 X2 摆式动车具有代表性。

日本新干线高速列车是动力分散的典型,其 300 系动车组的最高速度达到 270 km/h,已代替原有的 O 系和 100 系等直流传动动车组。我国高速动车组以和谐号和复兴号为例,均采动力分散式。

从 300 km/h 以内高速列车的牵引模式看,目前有日本采用的动力分散布置模式,也有西欧诸国采用的两端动力车(实质为机车)、中间为拖车的动力集中模式。

1. 动力分散方式

日本采用动力分散模式是由历史原因造成的。究其原因有以下几方面因素:

(1) 日本高速铁路的规划始于 1957 年。高速必然要求机车具有较大的功率,如日本新干线 O 系列每一车组的总功率为 11 840 kW。当时要研制功率大、重量轻的牵引电动机并且采用动力集中方式是不可能的,因此必然会考虑采用动力分散布置方式。就目前情况而言,日本国内运用的机车功率也是偏小的,不能满足动力集中式高速列车牵引的需要。

(2) 日本的铁路是松软路基,高速时如何减小机车对线路的动力作用,在当时还是缺乏经验,因而只能采用较轻的轴重,如 O 系动车组的轴重为 16 t。

(3) 日本铁路的站间距短,主要运载的是通勤旅客,因而必须适应频繁的起动和制动,这种情况下动力分散有其优越性。

(4) 为减少线路投资,采用了大的坡道,如东海道干线坡道为 20‰。同时列车要求有大的起动加速度和大的牵引力。当时由于对黏着机制没有充分的认识,也没有很好的抗空转、抗滑行的保护装置,只能采用较小的黏着系数。所以单轴极限牵引力受到限制,采用动力分散也是必然的结果。

2. 动力集中方式

欧洲发展现代高速列车比日本晚了近 20 年,工业技术水平已大大提高,日本高速化中出现的问题和教训,欧洲尤其是德国对高速运行中的基础理论问题做了大量的研究。如高速受流问题,日本采用多台受电弓受流,造成了弓网间共振,受流效果很差,接触导线严重电蚀,一般 2~3 年就要更换。研究认为两受电弓间的距离超过 200 m,即能防止共振。随着高速列车基础研究的突破和新技术的发展,出现了 TGV 和 ICE 两种不同技术风格的动力集中式高速列车。

欧洲各国的高速列车,几乎均采用推挽牵引的动力集中模式。两端为动力车,中间全部为拖车。法国的 TGV、德国的 ICE,均采用这种模式。意大利也从原来采用的 ETR450 动力分散型转而采用 ETR500 的动力集中型。所以就发展趋势而言,欧洲各国明显是以动力集中模式为主流。英吉利海峡隧道高速列车 TMST 的标准编组也是两端配置动力车,牵引 16 辆客车，即 2(1L+8T)，但可以分组运行，每辆动力车牵引 8 辆客车。它以 TGV-A 高速列车为样本，所以也是动力集中方式。要求能分组运行是为了更大的机动性，一旦在隧道内发生事故或者故障，可以从两端紧急疏散。

高速动车组经过了 40 多年的商业运营，随着运行速度的不断提高，技术日益成熟，但各技术平台性能的差异日渐明显，动力分散模式的优点较为明显，总体性能优于动力集中模式。

3. 动力分散型与动力集中型动车组的比较

动力分散型动车组轴重小，牵引动力大，起动加速快，驱动动轴多，黏着性能比较稳定，容易实现高速运转。其动力设备均可安装于地板底下，所有车辆（包括头车和中间车）均可作为客车使用，这样可提高列车定员。以新干线 300 系为例，其额定功率为 12 MW，起动加速牵引力可达到 360 kN，每吨起动加速牵引力可达到 0.5 kN，由起动加速到 250 km/h 的时间仅需 215 s，走行 9.6 km。新干线 300 系每米定员为 3.29 人，超过 TGV-A 的 2.04 人和 ICE 的 1.85 人。当然，法国、德国并不是做不到定员高，而是更讲究舒适性。基于这种特点，动力分散型动车组比较适用于铁路路基松软、站距较短的国家如日本等。

动力集中型动车组被世界许多国家广泛采用。其运行速度也可达 330 km/h，在现行电气化铁路的技术条件下，动力集中型动车组完全能满足目前和今后很长一段时间内铁路运营的需要。动力集中型动车组技术成熟，编组较动力分散型动车组更为灵活。另外，在成本方面，动力集中型动车组两端为动力车，设备集中，动力设备数量少；在车内环境方面，动力集中型动车组驱动装置集中在两端，远离旅客座位区，噪声小，而动力分散型动车组驱动设备分布在车下，有一定的振动影响。

经过分析可以看出：速度 200 km/h 等级的动车组，动力集中模式可以成为主要客运动力模式之一；速度为 250～300 km/h 的动车组，两种模式均可应用；但不可否认，动力分散型模式在速度 300 km/h 及以上有着独特的优越性。

一贯坚持动力集中模式的德、法两国，在新一代高速动车组的开发中，已放弃了动力集中模式，转为动力分散模式。德国 ICE3 新一代高速动车组采用动力分散模式（2M2T），最高运行速度达 330 km/h。法国 AGV 动车组也改用动力分散模式，速度为 320～360 km/h。由此可见，300 km/h 以上高速动车组采用动力分散模式是目前的发展趋势，也是新型高速动车组的发展方向。

任务三　动车组三种技术平台及关键技术

任务描述

- 了解 3 种技术体系的特点。
- 了解动车组的关键技术组成。

> 相关知识

一、新干线、TGV、ICE 三种技术平台比较

日本、法国、德国在高速铁路建设和高速列车研制技术方面各成体系，形成了三种不同技术特征的平台。由于各技术平台成长的土壤各不相同，水平有高有低，为了全面了解高速列车技术，主要围绕电力牵引技术问题，从技术特点、运营速度、运营管理、技术成熟情况等对三种技术平台进行分析。

1. 基本技术特征

日本高速列车（见图 1-5）一直采用动力分散配置模式，这主要与日本的国情、技术水平等有关。法国、德国一直坚持动力集中配置模式，并取得了骄人的业绩。

图 1-5　日本新干线 E2-1000 高速列车

运行速度在 300 km/h 以内，动力分散与动力集中模式都有良好的表现，在技术上不分伯仲，动力集中模式完全可以满足列车运行要求。运行速度超过 300 km/h，动力分散模式总体上要优于动力集中模式。因此，对于 300 km/h 级高速列车，动力配置模式应采用动力分散模式。

法国、德国第三代高速列车 AGV（见图 1-6）、ICE3，均已放弃了一直坚持的动力集中模式，采用动力分散模式。也就是说，运行速度在 300 km/h 以上的列车，采用动力分散配置模式是必然趋势，已得到了验证与认同。

图 1-6　法国 AGV 高速列车

新一代高速动车组均采用交流传动技术，变流器为四象限脉冲变流器，变流器元件应用以 IGBT 为基础的各种集成、智能化器件。牵引电动机采用交流三相异步电动机，控制策略主要为矢量控制和直接转矩控制。高速动车组在控制方面，采用了网络化控制方式，使列车的控制、智能化水平得到极大提高。

法国阿尔斯通公司研制的列车，以铰接式保证了列车的稳定性：相连的两节车厢以半刚性横向机械连接，使列车形成一个整体，没有了车厢间的冲撞，在发生重大事故（如脱轨）的情况下可避免列车解体；转向架设置在相邻的两节车厢之间，转向架数量减少 30%，重量轻（小于 17 t/轮轴），降低了运营和维护成本。

2. 运营速度

目前，在轮轨高速领域，日本、法国、德国先后掌握了时速 300 km 的技术，其中以法国列车的速度最高且历史最长：1986 年大西洋线上的高速列车时速达 300 km，1990 年创造了时速 515 km 的世界试验速度纪录，2007 年 4 月 3 日 V150 列车又创造了时速 578.4 km 的新纪录。目前运营时速达到 320 km，为世界最高。新一代的 AGV 列车系统，时速可达到 350 km。

法国高速列车已经安全行驶了 20 多亿 km，虽然行驶总里程低于日本新干线，但 20 多亿 km 中有 80% 是在 300 km/h 下行驶的。这个比例远高于日本。

日本新干线速度最高的是 500 系动车组，最高时速 300 km，但以这个速度行驶的线路只有 100 km，也就是说时速 300 km 的比例远低于法国。不过由于起步早、里程最长等因素，日本高速运营总里程最长，其他高速列车时速也接近 280 km。

德国高速列车 ICE3 系列（见图 1-7）于 1999 年投入商业运营，2002 年开通法兰克福至科隆段达到 320 km/h。西门子公司新研制的 Velaro 列车，最高时速可以达到 350 km/h。为西班牙研制的 Velaro-E 列车，最高速度为 350 km/h。

图 1-7　德国 ICE350 高速列车

3. 运营安全性

新干线运量大，除了定员高外，主要依靠发车密度高、追踪间隔短（仅 4 min）。也就是说，每隔 4 min 就能发出一班高速列车。能够做到这样的密集运输，是新干线独有的管理运营技术。这是新干线区别于法国、德国同行的优势所在。

在准点率方面，日本新干线走在世界首位，在多地震、多台风等国情条件下，包括自然灾害引起的晚点，平均只有 0.3 min，而且还是在班次高密度的前提下取得的，运营技术的确不一般。

在安全事故方面，法国自 1981 年开通高速铁路后，24 年来没有一例人员伤亡事故。日本这样的纪录一直保持了 40 年，2004 年发生了第一起人员伤亡的事故，出事地点不是在新干线上，事故原因是司机违章。德国 ICE 铁路 2001 年出现了列车颠覆事故。

法国、德国铁路采用欧洲铁路运输管理系统（ERTMS），德国 ICE3 列车系统采用 GPS 技术显示行车路线。

新干线运营管理系统庞大复杂，有综合调度室，有信息管理、信息处理、进路控制、运行显示 4 大系统，有列车集中控制、通信信息监控、变电所集中控制等装置。对所有的运行信息，实行一元化管理，保证列车的安全准点。

4．技术系统整合能力

高速铁路系统由基础网路设施、机车车辆与运营系统 3 个部分组成。

日本尚未掌握高速列车与现有基础设施的整合技术，新干线是一条高速列车专用线，与其他铁路没有联网。

阿尔斯通的高速列车自研发之初已考虑了 3 个子系统的整合，并已经成功地在 9 个国家新建，并在与原有不同的基础设施、不同信号系统的条件下商业运行。

德国虽然掌握了两种网路的整合技术，但其 300 km/h 的高速列车仅运营了 7 年时间，而且只在一条线上行驶，因此德国在系统整合方面的经验不如法国丰富。

5．市场占有与技术转让情况

法国阿尔斯通公司具备在国外成功地实施高速铁路项目所需要的技术、工业和管理。在西班牙和韩国项目的实施中，每次都是法国生产首批列车，继而通过技术转让将大部分技术转移至当地。阿尔斯通公司产品出口历史悠久，市场份额大，覆盖 9 个国家和地区，在时速 270 km 的高速列车市场，占有 85% 的份额。

德国在出口西班牙 6 列 Velaro-E 之后，又出口我国唐山轨道车辆有限公司 60 列 Velaro-E 改进型。

日本于 2000 年获得了向我国台湾出口高速列车的合同，是首次海外输出。2004 年又获得了向我国四方轨道车辆有限公司出口 60 列 200 km/h 动车组的合作合同。

阿尔斯通在高速铁路项目渐进式技术转让方面积累了经验丰富，先后成功地向西班牙、英国、韩国转让了技术，其合作伙伴都经受了全面的培训，并提供建立工厂的技术支持。交货期准时，韩国的 KTX 高速列车系统就是一个例证。

二、动车组关键技术组成

如图 1-8，高速动车组关键技术主要有 9 项，包括轻量化车体、高速转向架、制动系统、系统集成、牵引控制系统、牵引变流器、牵引变压器、牵引电动机、列车网络控制系统。主要配套技术包括空调、钩缓及内装饰等 10 项。

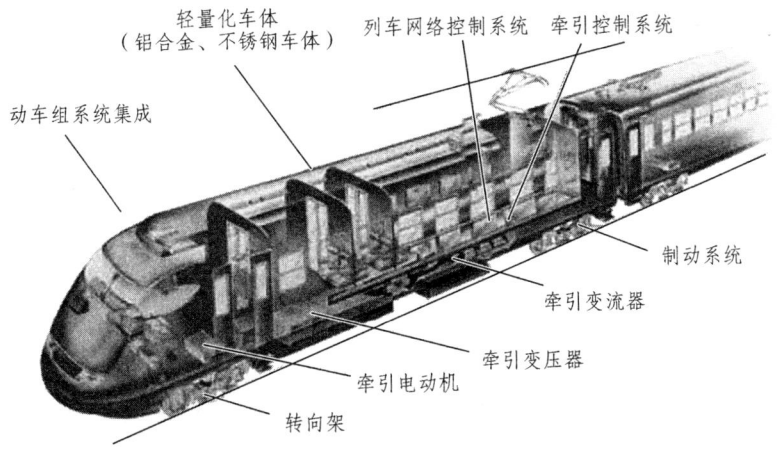

图 1-8 动车组关键技术

复习思考题

1. 试述动车组牵引传动方式及组成。
2. 试述动车组牵引系统组成原理。
3. 动车组的牵引方式有哪些？
4. 高速动车组的关键技术有哪些？
5. 简述我国引进动车组的基本技术特征。

项目二　动车组高低压电器　▶▶▶

案例 1：2012 年 9 月 25 日，配属××局的 CRH380AL-××××动车组担当×××次，运行中 13 车 1 位受电弓自动降弓，经随车机械师下车检查可见部分无异常后切除 13 车 1 位受电弓，升 5 车、13 车 2 位受电弓正常，恢复行车，到达终点站后折返担当××次，到达途中××站时，随车机械师站台检查发现 13 车 1 位受电弓 2 位碳滑板折断。按要求登顶捆绑，处理完毕后恢复正常运行。区间停车 16 min，登顶处理导致车站停车 188 min。

案例 2：2016 年 3 月 31 日，××局 CRH2A-2××9 动车组担当 D2××7 次（桂林北—广州南），运行中 02 车报牵引变流器故障（141），【牵引变流器 1】复位空开无效，远程切除 02 车 M 车，限速 220 km/h 维持运行。故障原因：牵引变流器模块故障 IGTFD，牵引不动作 MFD。

动车组的高速运行是以动车组各系统、各部件状态良好、功能正常为基础的，犹如身体的各组织、器官一样，如果哪里出了问题，动车组就会"生病"，影响其正常运营，这是我们不愿看到的。作为"高铁医生"的动车组机械师，要尽自己的力量减少甚至避免动车组在运行中发生故障，所以在对动车组进行检修的过程中，一定要认真对待每一个作业项目，绝不容许有半点马虎。要本着吃苦耐劳的品质和精益求精的工作作风，每一步的操作不将就、不勉强，用最高的标准、最好的状态、最精湛的技术完成每一次检修作业。要像保护自己的身体一样保护动车组各系统、部件，在平凡的岗位上绽放自己的光芒。

项目描述

通过本项目学习，使学生掌握动车组高压电器和低压电器的组成及作用，高压电器包括动车组受电弓及车顶其他高压设备，低压电器包括接触器、传感器、继电器等动车组上常用的电器部件，并掌握其常见的故障类型及检修维护方法。

知识目标

（1）掌握 CRH380A 型动车组受电弓及车顶其他高压设备组成及工作原理。
（2）掌握 CRH380BL 型动车组受电弓及车顶其他高压设备组成及工作原理。
（3）掌握动车组常用低压电器的结构及工作原理。

能力目标

（1）能够描述 TSG19A 型及 CX-PG 型受电弓的结构及维护方法。
（2）能够正确维护 CRH380A 及 CRH380BL 型动车组车顶高压设备。
（3）能够描绘动车组常用低压电器的工作原理。

任务一　受电弓

任务描述

- 掌握 CRH380A 型动车组受电弓组成及工作原理。
- 掌握 CRH380BL 型动车组受电弓组成及工作原理。

相关知识

受电弓是动车组从接触网取得电能的电气设备，安装在动车组车顶上。受电弓可分单臂弓和双臂弓两种，均由滑板、上框架、下臂杆（双臂弓用下框架）、底架、升弓弹簧、传动气缸、支持绝缘子等部件组成。负荷电流通过接触线和受电弓滑板接触面的流畅程度，它与滑板与接触线间的接触压力、过渡电阻、接触面积有关，取决于受电弓和接触网之间的相互作用。

一、CRH380A—TSG19A 型受电弓

（一）TSG19A 型受电弓概述

微课：CRH380A—TSG19A 型受电弓

CRH380A 动车组使用的受电弓型号为 TSG19A 型受电弓，弓头长 1 950 mm，滑板长 1 576 mm，质量（不包括绝缘子和阀板）不超过 130 kg，其结构如图 2-1 所示。

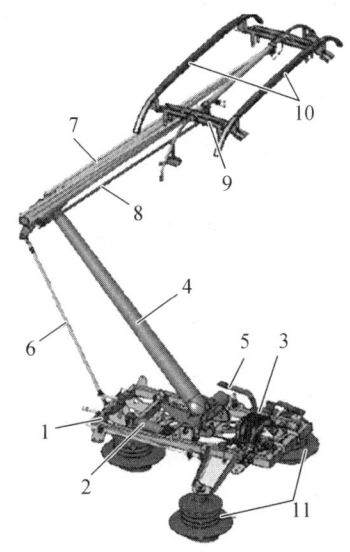

1—底架组装；2—阻尼器；3—升弓装置；4—下臂组装；5—弓装配；6—下导杆；7—上臂组装；8—上导杆。

图 2-1　受电弓结构

（二）主要参数

最小绝缘距离　　　　　　>310 mm（CRH380A 统型车为≥310 mm）

最大电流	1 000 A
车辆静止时最大电流	80 A
受电弓落弓时高度	666 mm（CRH380A 统型车为≥650 mm）
静态接触压力	80 N[可调，CRH380A 统型车为（80±10）N]
最大集电头（弓头）宽度	1 950 mm（+0/-10 mm）
两根滑板中心线距离	约 580 mm（CRH380A 统型车约 597 mm）
滑板材料	碳滑板（CRH380A 统型车为渗金属碳）
弓角材料	不锈钢（CRH380A 统型车部分绝缘）
最大上升时间	10 s
最大下降时间	10 s
输入空气压力	4～10 bar（接触压力为 80 N 时，压缩空气气压约：3.3～3.9 bar）

注： 1 bar=100 kPa。

工作原理如图 2-2 所示。

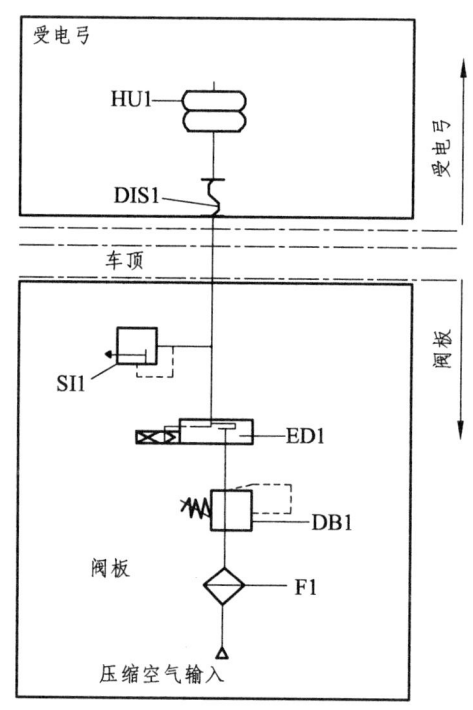

F1—空气过滤器；DB1—减压阀；ED1—电控阀；SI1—安全阀；DIS1—绝缘管；HU1—气囊。

图 2-2　受电弓工作原理

当受电弓的电磁阀得电时，压缩空气也经过减压阀、电控阀一路向气囊充气，同时一路向受电弓的集电头上的滑板气腔内充气；当气囊内气压达到一定压力时，受电弓开始升弓，与接触网接触获取电流。

当电磁阀失电时，气囊中的压缩空气压力迅速减小，压缩气体由电磁阀口排向大气，受电弓靠自重落弓。

压缩空气通过受电弓升弓装置进入到带有气腔的碳滑板,如果碳滑板出现空气泄漏,该故障会导致升弓装置(HU1)中的气体从快速降弓阀(SV1)中迅速排出,从而实现自动降弓(见图2-3)。

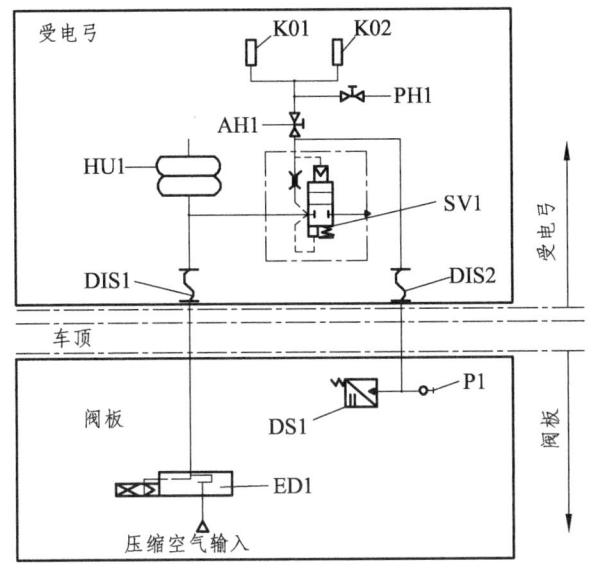

ED1—电控阀;DS1—压力开关;P1—测试口;DIS1—绝缘管1;DIS2—绝缘管2;HU1—气囊;
SV1—快速降弓阀;AH1—关闭阀;PH1—试验阀;K01/K02—碳滑板。

图2-3 自动降弓装置工作原理

(三)阀板的功能和调节

阀板为受电弓系统的气动控制单元,其外形如图2-4所示。

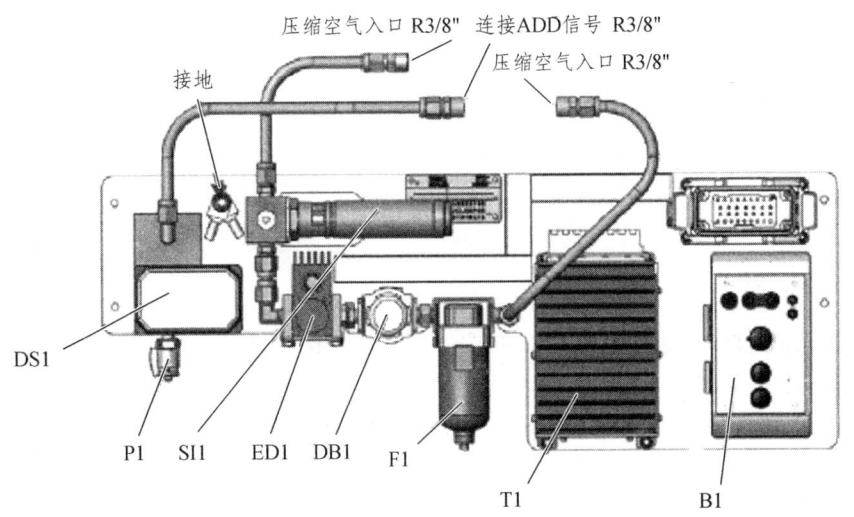

F1—空气过滤器;DB1—减压阀;ED1—电控阀;SI1—安全阀;DS1—压力开关;P1—测试口;
T1—直流电压;B1—控制单元。

图2-4 受电弓阀板

通过阀板,可以将来自车辆侧的压缩空气调整为适合受电弓正常工作的气压,通过安装在阀板上的压力开关,将受电弓的工作状态反馈给动车组。

阀板上有一个控制单元,控制单元的功能有:

(1)整个速度范围内的接触压力的调整。

(2)弹性接触网、简单接触网两种类型的接触压力的优化。

(3)双向(开口和闭口)下的接触压力的优化。

(4)升降弓动作的优化。

(5)自我诊断。

(6)通过控制单元上的按钮可相对于静态接触压力调节±0.5 bar 的压力(约±50 N 的接触压力)。

(7)可以识别的车内受电弓位置调整。

(8)可以通过旋转开关选择 3 种类型的接触网。

可以通过按钮调整接触压力。如果按"+"钮,接触压力会上升,如果按"-"钮,接触压力会下降(见图 2-5)。

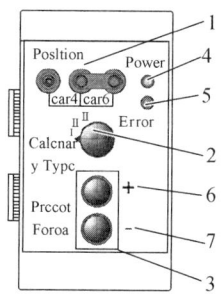

1—选择插头(未应用);2—旋转开关(3 种类型接触网);3—接触压力调整按钮;4—电源灯;5—故障灯;6—接触压力上升;7—接触压力下降。

图 2-5 控制单元

1. 接触压力测量

通过弹簧秤使受电弓以 0.05 m/s 的速度匀速朝下运动,然后以相同的速度使受电弓上升(上升和下降的运动在 916～2 880 mm 的高度范围内进行)。

注:向下运动时,力的最大值不超过 95 N;向上运动时,力的最小值不小于 65 N。

2. 接触压力调节

可以通过按钮调整接触压力。如果按"+"钮,接触压力会上升;如果按"-"钮,接触压力会下降(见图 2-6)。

把弹簧秤挂在受电弓的上交叉管上,如果需要的话,可在上交叉管上套上绳索。

(四)受电弓检查与故障处理

1. 碳滑板的检查更换

受电弓碳滑板是易损件,应经常检查碳滑板(见图 2-7)。存在以下情况时必须更换:

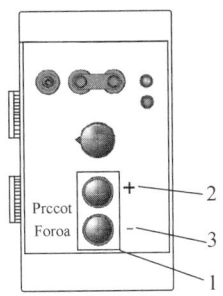

1—调整压力的按钮;2—加力按钮;3—减力按钮。

图 2-6 接触压力调整

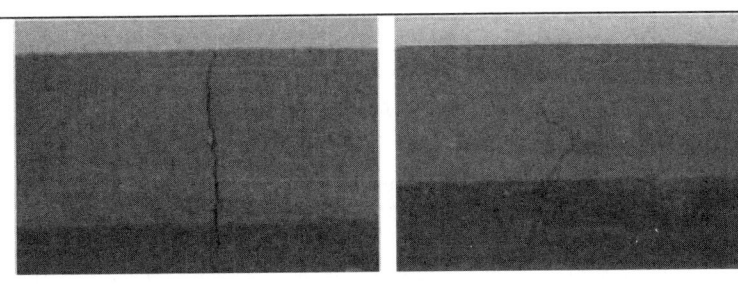

图 2-7 滑板裂纹图

(1)碳层高度小于 5 mm。
(2)超过 1 处横向裂纹并连续到了滑板基板或有 1 处裂纹接近碳滑板端部 200 mm。
(3)存在纵向裂纹。

2. 弓头的检查更换

1)软连线

软连线是短接所有绝缘轴承的,它们必须工作正常。检查相应的螺栓是否牢固。软连线是否断股。

2)弓头的弹簧

在新碳滑板安装后,使受电弓升高至约 1.6 m 处,调整弓头两滑板在同一水平位置。

3)组装和更换

弓头更换后应该先按组装图纸安装弓头(例如包括碳滑板和编织连接线)。

首先在上臂的顶管上移动连接轴。然后组装碳滑板和引导杆(设置是通过拧上弓头侧面端部上的接头零件)和编织连接线。

4)阻尼器

检查阻尼器是否存在过大阻尼(在升弓和降弓时,通过测量接触压力的差别),是否有咔哒声或者吱吱声或者漏油的痕迹。如果有,更换新的阻尼器。安装新的阻尼器可参考图 2-8。阻尼器先伸长并压缩 5 次。使 $A=54$ mm,安装尺寸 B 在落弓位时为 480 mm(±1.5 mm)。

更换步骤:

(1)阻尼器在安装前,对整个拉杆在垂向活塞里推拉 5、6 次,抽空空气形成活塞箱。
(2)检查标记必须在阻尼器的顶部侧面。

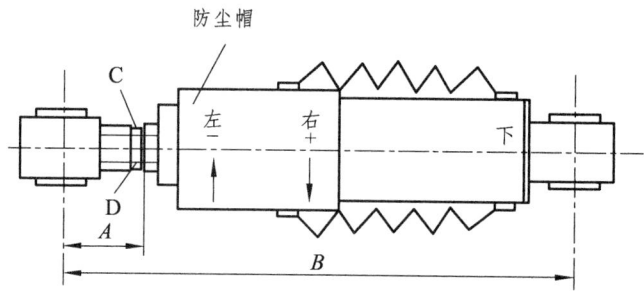

图 2-8 阻尼器

(3) 对泄漏进行试验。

为了检查空气管路和压缩连接的密封性,耗气量应小于 3 L/min。

(4) 检查轴承(轴承的维护周期为 6-8 年)

(5) 下臂中的基轴轴承是小的球轴承。轴承必须按维护周期润滑。每 6 个月检查所有基座轴承,测量升弓和降弓之间接触压力差。在高阻尼情况下(接触压力平衡超过 30 N),如果轴承发出回响或者感觉到咔哒声,则轴承已损坏,必须立即更换。

(6) 检查其他轴承。

所有其他轴承(起吊装置,弓头,引导杆,阻尼器连接)为低维护滑动轴承。建议每 6 个月检查和清洁所有的轴承。上臂中的顶管轴承是电隔离的。

更换破损的轴承。用低体积的矿物润滑油清洁污染的轴承,更换有摩擦痕迹的轴承套。

故障处理:几乎所有故障出自受电弓松动的紧固件。可能引起的原因,故障防止对策和维修故障的步骤见表 2-1。

表 2-1 受电弓故障原因及故障处理

故障号	故障	可能原因	故障的预防对策	维修故障的步骤
1.1	增加的碳滑板磨损 连续磨损	霜	注意天气	更换碳滑板
1.2	增加的碳滑板磨损 不规则的磨损	碳滑板或者破损的接触网上的缺陷或者破损	接触网故障	更换碳滑板并检查接触网
		高的降弓速度	节流阀 D_s 的设置	调节压力调节器
2.1	弓头上的火花	降低接触网上的接触压力	检查升弓机构	调节压力控制器
		降低接触压力或者空气压力(气胎泄漏)	升弓机构阀板 气动设备	调节接触压力 检查气动设备
		锁闭的或者变形的弓头	检查无移动空间	维修或者更换
		新接触网		运行后自修复
3.1	受电弓没有升起	机车内电气设备故障	检查功能	需要时修理
		压缩空气系统故障(ADD 管路泄漏或者试验阀打开)	检查设备的阻塞和泄漏,检查试验止动阀和 ADD 软管	需要时修理
		压缩空气系统故障	检查系统压力和系统管路	更换故障气动设备

续表

故障号	故障	可能原因	故障的预防对策	维修故障的步骤
3.1		风缸弹簧故障	检查连接和风缸弹簧	需要时修理
		轴承故障	检查轴承	润滑或者需要时更换
4.1	受电弓没有停在升弓位置	压缩空气系统故障	检查系统是否泄漏	需要时修理
		压缩空气系统故障	检查空气压力和管道路线	更换缺陷气动设备
		风缸弹簧故障	检查连接和风缸弹簧	需要时修理
4.2	受电弓降弓慢	节流阀 D 的错误设置	检查节流阀	
4.3	受电弓没有降弓	电气系统故障	检查功能	需要时修理
5.0	支持绝缘子破坏	空气污染 酸雨		更换缺陷的支持绝缘子

二、CRH380BL—CX-PG 型受电弓

（一）受电弓概述

微课：CRH380B 型受电弓　　动画：CRH380B 型受电弓

受电弓是获取并传递电流的机械装置。受电弓由气囊组成的气动平衡系统控制，气囊内的压缩空气由控制系统控制。在气囊中的压缩空气作用下，扭矩通过凸轮及下拉杆传递到下臂的铰链处。使受电弓上臂和下臂抬升，从而实现升弓动作。通过一个压力调节器调整压缩空气压力，使处于工作位置的弓头和接触线之间保持一定的接触压力。如果空气供应中断或者滑板磨损，ADD 系统工作并排空气囊内压缩空气，实现自动降弓（见图 2-9）。

受电弓以及与之相关联的高压开关设备布置在每辆变压器车（2、7、10、15 车）上。

CRH380BL 型动车组列车安装了 4 个相同的受电弓，采用双弓受流，其他备用，2 台工作的受电弓之间距离可以满足接触网过分相区的要求。

受电弓配备了一个压缩空气驱动的自动升降装置，当碳滑板破裂时驱动装置将快速降弓。在碳滑板的碳条中有一条沟槽，里面充满来自驱动装置的压缩空气，如果碳条断裂，压缩空气就会泄漏，底部驱动装置就会通过一个快速排气阀将受电弓降下，同时主断路器被断开以免由于拉弧引起设备损坏。当滑板托架被检测到损坏时采取同样的方法处理。

受电弓的所有功能以及监控是通过电子控制单元实现的。受电弓升起是通过安装在电子控制单元上的电磁阀实现的。升弓时间通过调节输入气路上的可调阀门。降弓时间、静态接触力、自动升降装置中压力开关的压力均通过阀控制面板设置。阀控制模块所需的压缩空气由 MR 管提供，当列车整备时辅助空气压缩机会被使用。

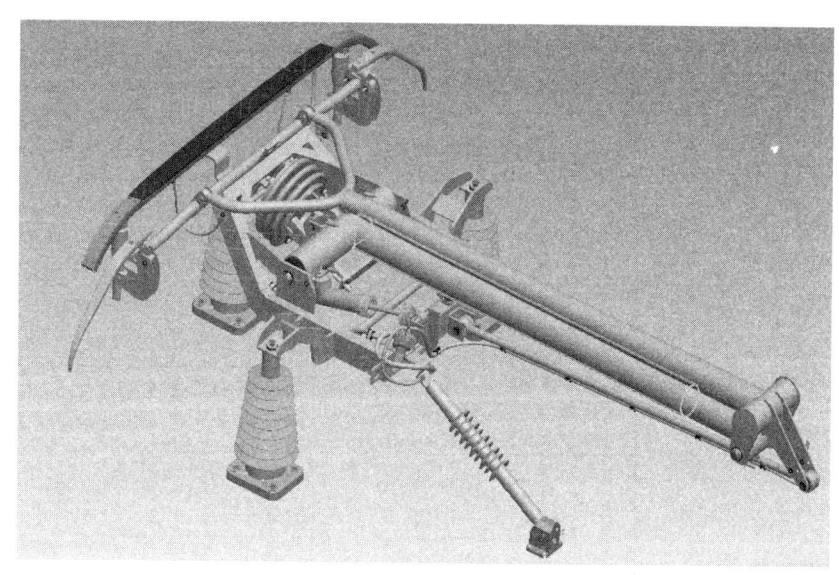

图 2-9 CX-PG 型受电弓

受电弓的动态接触压力通过电子控制单元进行控制，电子控制单元通过 MVB 接收列车速度信号、列车前进方向，并根据受电弓本身的地址来控制接触压力。

1. 受电弓参数

CX-PG 型受电弓受流 25 kV 电压接触网的电流并将该电流传输到车顶电路中，基本参数如下：

1）质量

绝缘子	3×8 kg
弓头	11.99 kg
不带弓头，绝缘子和控制单元的受电弓	115 kg
受电弓总质量	151 kg
气路电路控制单元	19 kg
系统总质量	170 kg

注意：质量与选择的配件有关。

2）伸长量

最大值 D_4	2.600 m
最大功能高度 D_3	2.400 m
最小功能高度 D_2	0.300 m
受电弓最低位 D_1	0.630 m

3）额定静止力

接触网上	70 N

4）气路中的压力

最大压力	10 bar
最小压力	5 bar

初始压力 3 bar

5）弓头受流板（见图2-10）

长度 L 　　　　　　　　　　　　　1 950 mm±10 mm

高 H 　　　　　　　　　　　　　　341 mm±5 mm（在额定静电压下）

类型-材料　　　　　　　　　　　　渗铜碳条

磨损高度　　　　　　　　　　　　　5 mm

宽度　　　　　　　　　　　　　　　54 mm

弓角　　　　　　　　　　　　　　　绝缘

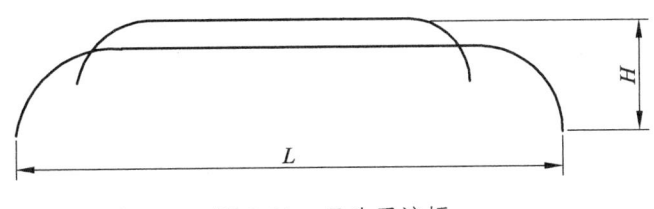

图2-10　弓头受流板

6）CX-PG型受电弓运行条件

额定运行电压　　　　　　　　　　　25 000 V

25 kV电压下额定电流

　　静止状态（110 °C 30 min以后）　120 A

　　运行（固定）：　　　　　　　　1 000 A

绝缘 EN50.124 25 000 V：　　　　　　310 mm

最大运行速度（接触网电压25 kV）　 380 km/h

环境温度（运行状态下）　　　　　　−25 ~ 40 °C

环境温度（储存状态）　　　　　　　−33 ~ 70 °C

7）CX-PG型受电弓基本参数

额定电压　　　　　　　　　　　　　AC 25 kV

额定电流可达　　　　　　　　　　　1 000 A

最大升弓高度　　　　　　　　　　　2 600 mm

最高运营速度　　　　　　　　　　　450 km/h

最高试验速度　　　　　　　　　　　380 km/h

工作温度范围　　　　　　　　　　　−25 ~ 50 °C

符合标准　　　　　　　　　　　　　EN50206-1 和 EN50155

结构形式　　　　　　　　　　　　　单臂式

操作机构形式　　　　　　　　　　　压缩空气升降机构

受流器头外形尺寸　　　　　　　　　符合 EN 50367

弓头的宽度　　　　　　　　　　　　$1\,950^{+5}_{-10}$ mm

滑板长度　　　　　　　　　　　　　1 250 mm

滑板材料　　　　　　　　　　　　　碳合金

运行高度（距轨面） 4 600～6 700 mm
与接触线的接触力（静态） 约 70 N（可调）
额定频率 50 Hz

2．受电弓基本组成

1）主体基本组成（见图 2-11、表 2-2）

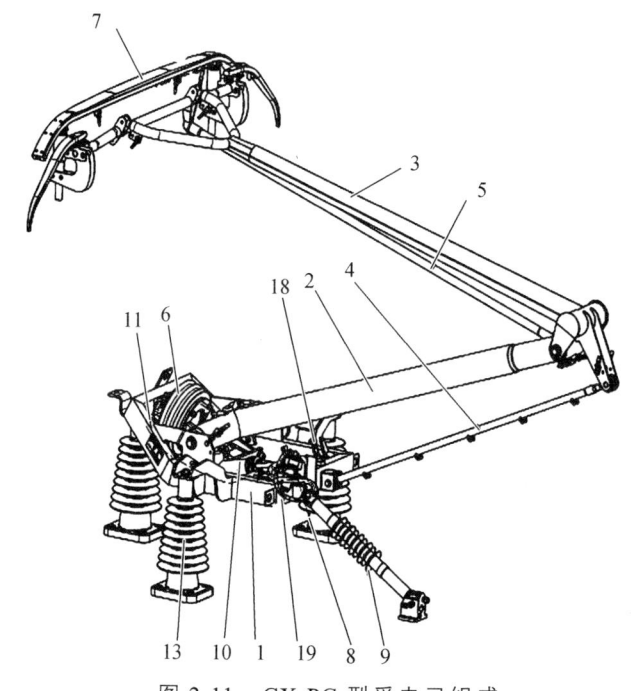

图 2-11 CX-PG 型受电弓组成

表 2-2 CX-PG 型受电弓组成

序号	组成部件	编号
1	底架	VE038804-101
2	下臂	VE038900-102
3	上臂	VE038901-101
4	下拉杆	VE038902-101
5	上拉杆	VE041942-0102
6	平衡系统	VE039747-0101
7	弓头	VL100661-0102
8	自动降弓装置	VL100566-0101
9	装置	VL100568-0102
10	减震器	VE038914-104
11	铭牌	YE032330-001

续表

序号	组成部件	编号
12	绝缘子	XL100797-0001
13	止挡	YE039205-001
14	管路	VL100720-0102

2）受电弓平衡系统

受电弓平衡系统由气囊及弹性连接轴构成。当压力空气充至气囊时，气囊膨胀，在一端固定的情形下，另一端拉动其上的弹性连接轴，实现升弓（见图 2-12）。

图 2-12　受电弓平衡系统

3）受电弓控制阀板组成

受电弓控制阀板由气路控制单元及电子控制单元构成，实现对受电弓的主动精确控制，如图 2-13 所示。

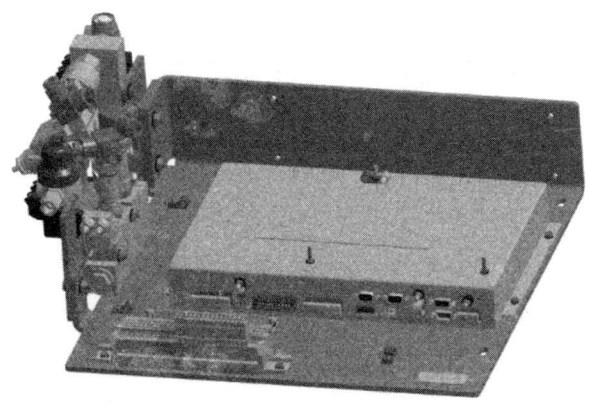

图 2-13　受电弓控制阀板

该控制单元有以下功能：
（1）受电弓升弓命令。
（2）受电弓升弓速度控制。
（3）受电弓降弓速度控制。

（4）在额定静力下控制气囊内压力。
（5）过滤气动控制单元的压力空气。
（6）在维护过程中命令受电弓升弓。
（7）提供受电弓升降弓信息。

3. CX 型受电弓控制原理（见图 2-14）

升弓过程：受电弓的升弓动作信号由驾驶室通过激活主供风阀来实现。此阀提供的过滤压缩空气通过压力调节器进入受电弓气囊。大约 8 s 之后，受电弓上升到接触网高度，同时压力继续上升，直到它达到需要的静态接触力的要求。

动态特性：受电弓的动态特性取决于与减震阻尼连接的两级悬挂。此系统能够保证高质量的受流性能。第一级悬挂由气囊完成功能。气动调节系统应确保保持气囊的压力恒定并与受电弓的升弓高度无关。第二级悬挂由弓头弹簧实现功能。

降弓过程：降弓命令由控制室内通过释放主供气阀而发出。通过该命令将气囊内的压力空气排出。受电弓开始向下移动，直至其完全降弓。

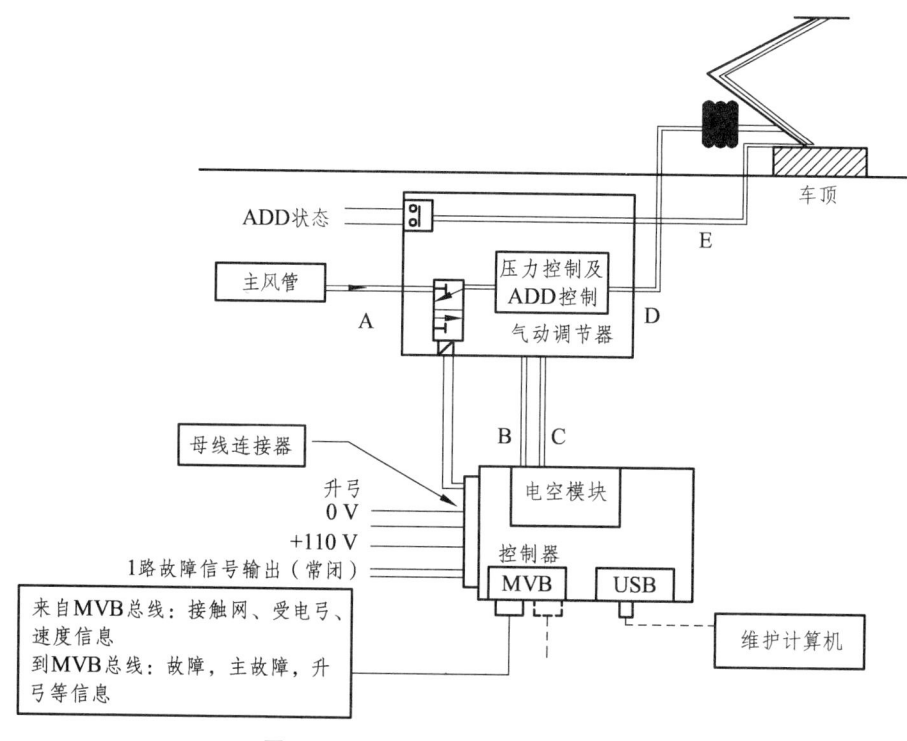

图 2-14 受电弓升降弓原理示意图

列车正常运营时，每个高压单元仅升起一个受电弓，且不允许中间及两端的受电弓同时升起（见图 2-15）。

受电弓的硬线电路设有升前弓、升后弓、降弓、ADD 降弓、紧急断电环路等列车线。TCMS 网络系统对受电弓的管理主要有以下几个方面：

（1）受电弓切除。
（2）受电弓选择。

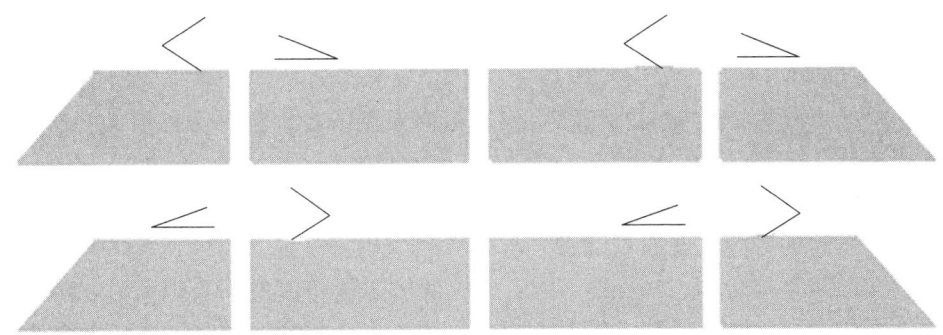

图 2-15 受电弓升弓示意图

(3) 受电弓降弓控制。
(4) 受电弓升弓控制。
(5) 受电弓互锁功能。
(6) 紧急运行模式。

ADD 自动降弓装置工作过程：当受电弓滑板因长时间工作磨损或冲击产生裂纹、破损等破坏时，炭滑板内的压缩空气便会通过破损处泄漏。安装在底架上的 ADD 阀被打开，同时排出空气囊中的压缩空气，受电弓降弓。

任务二　CRH380A 型动车组其他高压设备

任务描述

- 掌握 CRH380A 型动车组高压设备箱的结构。
- 掌握 CRH380A 型动车组主断路器、避雷器等高压设备的结构、性能参数及维护方法。

相关知识

一、CRH380A 型动车组高压设备箱

高压供电系统主要包括接收电能的受电弓、起开关作用的高压断路器、起电流回流通路作用的接地装置，以及提高电能质量的滤波器、防雷击的避雷器、测量用的电压互感器和电流互感器，此外还有导线、绝缘子等装置。通过这些装置，供电系统可以将接触网电能转化并传输到车辆的电气系统，其负荷有：电力牵引传动系统、电池系统和辅助用电系统。供电系统通过受电弓从接触网上接收电能并通过车轮上的接地装置确保电流流回接触网，出现紧急情况时断开高压断路器，所有负载将从高压供电系统上切断。

CRH380A 系列动车组高压系统主要由受电弓、真空断路器、避雷器、电流互感器、高压隔离开关、保护接地开关等设备及各设备的相互连接电缆等组成，其中真空断路器、

微课：CRH380A 型动车组其他高压设备

避雷器安装在车下高压设备箱内。

CRH380A 型动车组高压设备箱安装在 2、4、6 号车底架下,真空断路器、避雷器、地板下电缆接线盒安装在设备箱内。高压设备箱内安装的各部件可单独装卸,也可根据需要进行整体装卸。

高压设备箱使用铝合金型材,采用密封结构,以避免箱内安装的部件受到污损。为适应通过隧道时压力的变化,设有过滤器,与外界大气进行交换。此外,为降低避雷器的限压抑制,空中绝缘距离设为 230 mm。高压加压部按照确保大地绝缘距离为 230 mm 以上来配置其内安装的部件。设备箱上装有避雷器,侧面安装真空断路器、地板下电缆接线盒及指示灯。为安全起见,在接地保护开关接通时,设置指示灯加以确认。

高压设备箱底部设置检查盖,通过锁闭装置进行锁闭。内部各部件的安装全部在箱内进行。实施作业及检查时,操作锁闭装置后可以打开检查盖。

高压设备箱设置与车顶保护接地开关联锁的锁闭装置,是为了在检查高压设备箱内部件时,防止触电。锁闭装置由辅助空气压缩机(装在 M2 车底架下)单元内管座上的钥匙和高压设备箱的锁装置组成。各车厢的高压设备箱使用的钥匙不同(钥匙上标有号码)。

二、CRH380A 型动车组其他高压设备维护与检修

(一)断路器

真空断路器用来断开、接通 25 kV 电路,并作为故障状态的保护器件,兼有断路器和开关两种作用。当牵引变压器 2 次侧以后的电路发生故障时,能迅速、安全、准确地切断电路。CRH2/CRH380A 型动车组采用 CB201 型真空断路器,每个牵引动力单元配置 1 台真空断路器,每台真空断路器控制 1 台牵引变压器。

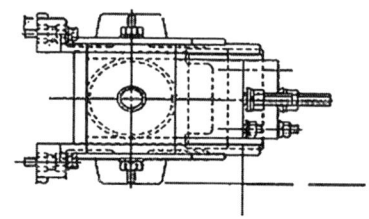

动画:主断路器原理

CB201 型真空断路器(通常称为 VCB)利用真空中的高绝缘性能电弧的扩散作用进行遮断,配置在动车底架下的高压设备箱内,真空断路器的外形结构如图 2-16 所示。

1. 断路器结构

真空断路器主要由 3 部分组成:

(1)高压电流分断部分:由可开断交流电弧的真空开关管、静触头、动触头组成。动触头的操作由电空机械装置和合闸过程中的导向装置同时完成。

(2)隔离绝缘部分:由安装在底板上的支持绝缘子绝缘、内部的绝缘导杆、恢复弹簧、接触压力弹簧组成。绝缘导杆连接电空机械装置合动触头。

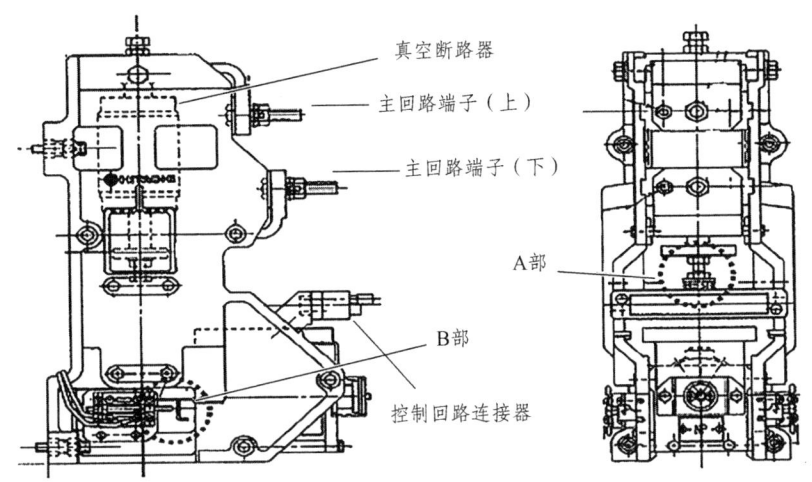

图 2-16　真空断路器的外形结构

（3）电空机械装置（低压部分）：由空气管、压力开关、储风缸、调压阀、电磁阀、保持线圈、传动风缸及活塞组成。当空气压力达一定值时压力开关闭合，压缩空气方能进入储气缸。储气缸内的调压阀用来调节储气缸内气压。

2．主要技术参数

额定电压	AC 30 kV（瞬间最大电压 AC 31 kV）
额定电流	AC 200 A
额定频率	50 Hz
额定开断容量	100 MV·A
额定闭合电流	10 000 A
额定瞬间电流	4 000 A（2 s）
额定断路电流	3 400 A
额定开断时间	≤0.06 s

3．真空断路器的维护

（1）各紧固件齐全、完好、紧固，插头、插座完好。

（2）绝缘子不允许有裂痕，并保持其清洁干净。

（3）调压阀、储风缸、管道、阀门不允许有漏气现象，应及时排净调压阀、储风缸内的水分。

（4）检查真空开关的主触头磨损状态及开距。

（5）检查高压连接部分、接地连接部分的固定螺栓不允许有松动现象。

（二）避雷器

1．基本结构

采用 LA205 型交流避雷器，避雷器由采用聚合物制成的瓷管与氧化锌（ZnO）组件组成。氧化锌组件由 14 个采用弹簧强力固定、带有止振橡胶的元件构成。在瓷管内部装有氧化锌组件，用氮气密

动画：避雷器

封。如果避雷器由于大电流而短路，内部压力异常上升，则通过特殊薄金属板的放压装置向外释放高压气体。

2．避雷器的参数

额定电压	AC 42 kV（RMS）
标准放电电流	10 kA（8×20 μs）
持续运行电压	AC 33 kV（RMS）
动作电压	≥AC 57 kV（U_{1mADC}，即直流 1 mA 电流流过时的端子电压）
限制电流：5 kA	≤AC 100 kV
10 kA（标准）	≤107 kV
耐放电量：冲击电流	100 kA（8×20 μs）
矩形波	400 A，2 周
质量	21 kg

3．避雷器的工作原理

避雷器是一种保护电器，用于限制电气设备运行过程出现的大气过电压及操作过电压，使电气设备免受过电压损害，减少系统的跳闸率及事故率。

氧化锌避雷器是采用 ZnO 等多种金属氧化物制成的，利用其相当理想的伏安特性，其中线性系数只有 0.025 左右，使得避雷器处于正常工作电压时，流过的电流非常小，可认为是一种绝缘体；而当电压值超过某一动作值时，电流急剧增加，电流的增加反过来抑制住电压的上升，从而保护了机车的绝缘设备不被击穿。待电压恢复到正常工作范围时，电流相应恢复极小值，避雷器仍呈绝缘态，不影响系统的正常工作。

一般来讲，避雷器的选择既要保证在正常工作电压下电流很小，且产品不易老化，又要保证在过电压下正常释放能量，使电压不会上升到损坏绝缘的程度，因此，考核避雷器主要有 3 个参数：大电流下残压、工作电压下续流和通流容量。

4．避雷器使用注意事项

避雷器操作时应注意以下几点：

（1）不要冲击本体。

（2）由于封入氮气，不能开盖。

（3）避雷器膜机械强度很弱，不要碰伤。为进行保护，避雷器膜贴有铝箔。

（4）在可能有露水的场合下应在捆绑状态下保管。

（5）试验车辆进行耐压试验时，必须在电路中切除避雷器。

（三）高压互感器

互感器是一种测量用设备，有电流互感器和电压互感器两种，其作用原理和变压器相同。

动画：高压电压互感器

使用互感器有三个目的：一是为了工作人员的安全，使测量回路与高压电网隔离；二是可以使用小量程的电流表测量大电流，用低量程电压表测量高电压；三是用于各种继电保护装置的测量系统。通常，电流互感器的二次侧额定电流为 5 A 或 1 A，电压互感器的二次侧额定电压为 100 V。

1. 电流互感器

与普通的变压器相比，电流互感器的一次绕组由 1 匝或几匝截面较大的导线构成，并串入需要测量电流的电路中；二次侧的匝数较多，导线截面较小，并与阻抗很小的仪表（如电流表，功率表的电流线圈等）接成回路。电流互感器的运行情况相当于变压器的短路情况，必须注意：

（1）电流互感器的二次绕组绝对不允许开路。

（2）必须将电流互感器的外壳和二次绕组的一端可靠接地，以防原、副边绕组间绝缘损坏，原边电压窜入二次侧，引起触电和仪表损坏。

CRH_2 采用 BB-S 隔离型高压电流互感器，用于检测牵引变压器原边电流值。一个基本动力单元配置 1 个电流互感器，全列共设置 2 个电流互感器。

技术参数如下：

额定工作电压	25 kV
变流比	200 A/5 A
额定频率	50 Hz
额定负载	20 V·A
质量	35 kg

2. 电压互感器

电压互感器工作时，一次侧直接接到被测的高压电路，二次侧接电压表或功率表的电压线圈。由于电压表和功率表的电压线圈内阻抗很大，所以电压互感器的运行情况相当于变压器的空载情况。忽略漏阻抗压降时，其一、二次绕组之比就等于一、二次绕组的电压之比，而电压互感器在设计时，为了保证其准确度，一般都采用高性能的硅钢片，以减小励磁电流和一、二次侧的漏电抗。

电压互感器在使用时，必须注意：

（1）电压互感器二次侧绝对不能短路。

（2）电压互感器的二次绕组连同铁心一起，必须可靠接地。

（3）电压互感器有一定的额定容量，使用时二次侧不宜接过多的仪表。

CRH_2 采用高压电压互感器检测接触网电压。一个基本动力单元配置 1 个电压互感器，全列车共配置 2 台。

电压互感器参数如下所述：

电压互感器变比	25 kV/100 V
额定负荷	100 V·A
输出精度	1.0 级

动画：高压连接器

（四）高压电缆及连接器

CRH_2 正常情况下只有 1 台受电弓升弓受流，而整列动车组有 2 台牵引变压器同时工作，因此，为了将 25 kV 高压电送至牵引变压器就需要使用高压电缆和高压电缆连接器。在 2 号车后部、3 号车前后部、4 号车前部、5 号车后部、6 号车后部的车顶上设置特高压电缆连接器。为方便摘挂，在 4 号车后部、5 号车前部的各车顶上，设置高压电缆用倾斜型电缆连接器，通过此高压连接器接通特高压电缆。

动画：高压接地开关

（五）接地保护开关

CRH_2 采用 SH2052C 型号接地开关，一个基本动力单元配置 1 台，全列车共配置 2 台。接地开关采用电磁控制空气操作，设置安全联锁。

技术参数如下：

结构	耐寒耐雪结构，设防冻电热器
额定电压	30 kV 单相
额定频率	50 Hz
额定瞬时电流	6 000 A（15 周）
额定操作空气压力	785 kPa
额定操作电压	DC 100^{+10}_{-30} V
最低开关动作电压	DC 60 V
最低开关动作气压	0.628 MPa
投入操作压力变动范围	0.628 MPa
主接触压力	（0.82±0.08）N
接通容量	15 kA（峰值）1 次
闭合时间	≤0.5 s（气压 0.078 5 MPa，操作压力 100 V）

（六）高压隔离开关

高压隔离形状的作用是优化配置 25 kV 电路内高压设备的运行工况，当车顶设备发生故障时，能将故障部分隔离，维持动车组运行。它的存在可大大减少因车顶设备故障而造成的机破事故，保证动车组的安全运行。CRH_2 采用 BT25.04 型高压隔离开关。

1．技术参数

动画：高压隔离开关

标称电压	25 kV
额定电压	30 kV
额定电流	400 A
额定频率	50 Hz
短时耐受电流	8 kA×1 s
控制电压	DC 110 V
最小动作电压	DC 77 V
额定工作气压	400～1 000 kPa
最小动作气压	350 kPa
质量	50 kg

2. 基本结构

高压隔离开关主要由隔离闸刀、支撑瓷瓶和转动瓷瓶、底座安装板、传动机构、锁固机构、辅助接点、手柄等组成。高压隔离开关结构如图2-17所示。

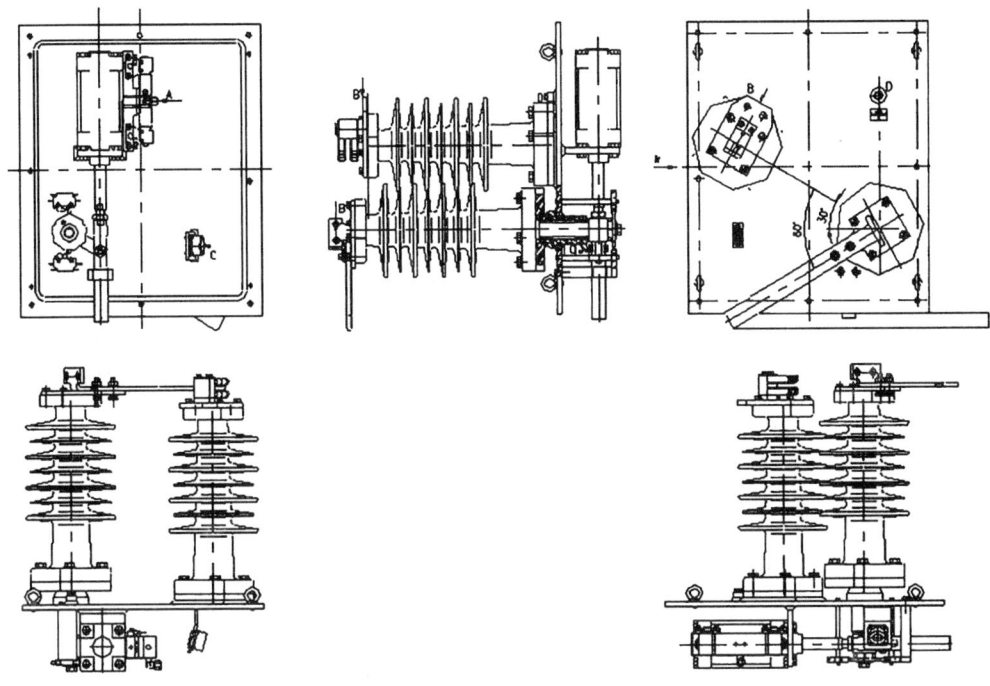

图2-17 高压隔离开关

3. 高压隔离开关维护

（1）各紧固件齐全、完好、紧固。
（2）刀杆闭合良好，闭合压力满足技术条件的要求。
（3）绝缘子不许有裂痕，并应保持其清洁干净。
（4）检查连接板是否良好，不允许有松动现象。
（5）检查闭锁机构完好、锁紧牢固，不允许有松动现象。
（6）检查开关导杆的闭合力，满足技术条件的要求。

（七）接地电阻器

动车设置接地电阻器，其作用是防止接地刷的异常磨损、轴承电腐蚀，使接地电流均匀。CRH_2采用MR139型接地电阻器，在通以最大负载电流时，即使电阻体或绝缘发生局部破坏也不会导致电阻开路。并依此原则设计电阻器的容量、电阻和框架绝缘等所需的最小值，以实现结构的小型、轻量化。

技术参数如下：

电阻值　　　　　　　　　　0.5 Ω（20 ℃）
连续电流　　　　　　　　　20 A

最大负载	300 A×0.25 s（电路不开路）
冷却方式	自冷
材质	铁铬铝合金
电阻体厚度	18.8 mm
质量	约 18.5 kg

任务三　CRH380BL 型动车组其他高压设备

任务描述

掌握 CRH380BL 型动车组主断路器、避雷器等高压设备的结构、性能参数、工作原理及维护方法。

微课：CRH380B 型动车组其他高压设备

相关知识

一、主断路器

每个独立的高压系统配置了两个主断路器，全列共 4 个主断路器（见图 2-18），分别安装在 02、07 和 10、15 车顶端部位。

图 2-18　主断路器

主断路器设计成单极真空主断路器，具有内置弹簧式压缩空气动作装置以及真空电弧放电室（见图 2-19）。在主断路器的外部装有接地开关（见图 2-20）。监控、触发断路器以及断路器的保护是通过 CCU（中央控制单元）控制实现。诊断系统确保主断路器发生任何故障时都能被发现而且发出相关的故障信息，接着发生故障的主断路器被锁闭。

主断路器通过激活电磁阀以及压缩空气触发后闭合，主触点闭合同时开启弹簧被恢复。断开过程通过保持电磁失电触发（通过切断保持电流）。主断动作气压从 MR 管获得。在列车整备时，可以从辅助空气压缩机获取压缩空气。

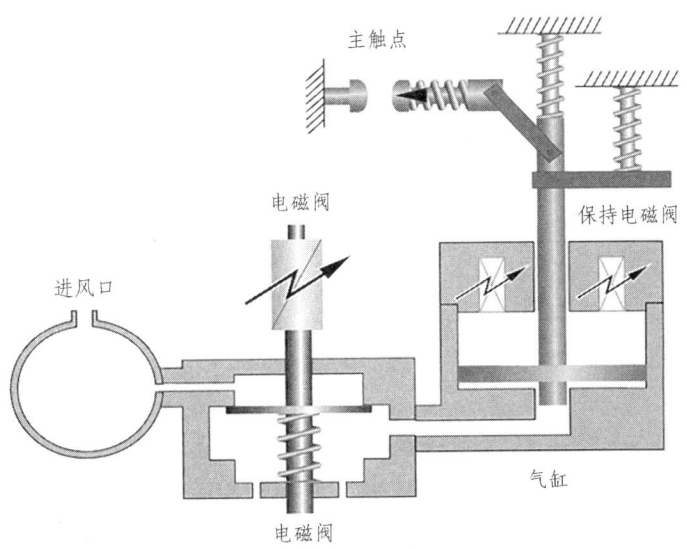

图 2-19　主断路器内部结构

图 2-20　保护接地开关

主断路器及接地开关的技术参数如表 2-3、表 2-4 所示。

表 2-3　主断路器的关键技术参数

主断路器规范		备注
额定频率	50 Hz	
额定电压	25 kV	
列车的标称电流	1 000 A	
短路电流（峰值电流）	40 kA	
瞬时耐电流值（有效值）	16 kA	
短路关断电流（有效值电流）	16 kA	
额定峰值电流（峰值）	50 kA	
断路器的机械服务寿命	200 000 开关动作（无电流条件下）	
断路关断能力	600 MV·A	

表 2-4　接地开关的关键技术参数

接地开关规范		备注
额定频率	50 Hz	
额定电压	25 kV	
短时耐受电流值	20 kA/8 kA（1 s）	
额定峰值电流	40 kA	
运行机构类型	手动操作	

二、避雷器

一个避雷器（见图 2-21）安装在每个受电弓的右后方，用于保护列车以及后段的电气系统，防止过压通过接触网进入列车（如，闪电过压）。

另一个避雷器位于变压器原边的前端，用于防止主变压器中不能承受的开关产生的过电压。

图 2-21　避雷器

避雷器的技术参数如表 2-5、表 2-6 所示。

表 2-5　车顶避雷器的主要技术参数

车顶避雷器规范		备注
额定电压	37 kV	
持续运行电压	30 kV	31 kV 持续 5 min
标称放电电流峰值	10 kA	
在 8/20 μs 下的最大剩余电压	100 kV	
压力放电	40 kA	

表 2-6 变压器避雷器的主要技术参数

变压器避雷器规范		备注
额定电压	37 kV	
持续电压	30 kV	
标称放电电流峰值	10 kA	
在 8/20 μs 下的最大残余电压	100 kV	
压力放电	40 kA	

三、车顶隔离开关

车顶隔离开关位于变压器车上（见图 2-22），在正常情况下处于闭合状态，当发生故障时隔离开关将车顶电缆隔离。其技术参数如表 2-7 所示。

图 2-22 车顶隔离开关

表 2-7 车顶隔离开关的主要技术参数

车顶隔离开关规范		备注
额定频率	50 Hz	
额定电压	25 kV	
额定电流	1 000 A	
瞬时耐电流值	16 kA	
额定峰值电流（峰值）	40 kA	

车顶隔离开关是一个单极开关，在内部有气动装置。通过绝缘子的支撑实现电气绝缘。气动装置使隔离开关绕一个垂向轴转动，隔离叶片的两端分别接触车顶电缆以实现主电路的开关。

电磁阀控制气动装置的动作缸，在开关位置有两个控制阀。控制阀通过脉冲信号触发并控制动作方向。隔离开关没有进一步的最终位置锁闭功能，在牵引状态下需要连续提供压缩空气，压缩空气从 MR 管中获得，列车在整备状态下通过辅助空气压缩机供风。

四、互感器

（一）电压互感器

一个电压互感器（见图 2-23）有两个次级绕组，每个绕组分别与一个受电弓连接，用于测量和监视电网接触线的电压，互感器位于受电弓与主断路器之间。

电压互感器符合 EN 60044-2 和 EN 60044-2/A1 要求。其技术参数如表 2-8 所示。

图 2-23 电压互感器

表 2-8 电压互感器的关键技术参数

电压互感器的规范		备注
额定频率	50 Hz	
额定电压	25 kV	
实际变比	150 V/150 V（25 kV 时）	
额定功率	2×5 V·A	
精度	0.5 级	达到额定电压 120% 时的精度为 0.5%

（二）电流互感器

一个电流互感器（见图 2-24）同时被接到每一个主断路器下口，用于测量动车组的电流。电流互感器为直通式互感器。

另外两个互感器（输入电流互感器和回流互感器）用于监测主变压器。这两个互感器用来测量变压器的输入电流以及回流电流。输入电流互感器位于主变压器的输入端，回流互感器安装在主变压器原边回流端。

图 2-24 电流互感器

电流互感器符合 N 60044-1 和 EN 60044-1/A1 要求。其技术参数如表 2-9 所示。

表 2-9 电流互感器的主要技术参数

线路电流互感器规范		备注
额定频率	50 Hz	
额定电流	500 A	
实际变比	500 A/1 A	
额定功率	4 V·A	
精度	0.5 级	达到额定电流 20% 时的精度为 0.75%
变压器输入电流互感器规范		备注
额定频率	50 Hz	
额定电流	250 A	
实际变比	250 A/1 A	
额定功率	4 V·A	
精度	1 级	达到额定电流 20% 时的精度为 1.5%

五、车顶电缆

每个独立的高压系统的两个牵引单元通过车顶电缆相互连接,车顶电缆穿过所有中间车。

车顶电缆是一种柔软的无卤单芯电缆,电缆穿过车顶铝型材的型腔,电缆从车顶到型腔内部的通道是密封的。车顶电缆封端在车上过渡也是通过绝缘子支撑。

在变压器车上同样的电缆被用作供电电缆。与车顶设备连接设计成端部热收缩密封。电缆在车顶部被布置成曲线状从车辆端墙处向下到达车底变压器区域。一个高压 T 型插头作为电缆的连接端子与变压器连接。

由于车顶电缆在动车组高压系统中的特殊应用，要求电缆按照 DIN VDE 0250 第 813 部分设计。其技术参数如表 2-10 所示。

表 2-10　车顶电缆的主要技术参数

车顶电缆规范		备注
适用标准	DIN VDE 0250 第 813 部分（05/1985）	
导体	IEC 60228	5 级
绝缘等级	DIN VDE 0207 Part 20	
绝缘外套	DIN VDE 0207 Part 24	
额定频率	50 Hz	
最大持续运行电压	31 kV	
额定电流	300 A（如果电缆在线槽内）	

六、车辆间的跨接电缆

在每个独立的高压系统中车顶跨接电缆将两节变压器车之间的车厢连接起来。连接通过位于端墙上的支撑绝缘子和跨接电缆实现（支架被固定在支撑绝缘子上），跨接电缆布置要确保绝缘间距。

复绕设计能够满足车体间的最大相对运动。每单个绕组的容量能够满足最大运行电流要求。如果一个绕组断了，电流会通过另一个绕组保持正常工作，而且通过目测就很容易检查断掉的绕组。

跨接电缆基本结构如图 2-25 所示。支撑绝缘子和跨接电缆的技术参数如表 2-11、表 2-12 所示。

图 2-25　跨接电缆

表 2-11　支撑绝缘子的主要技术参数

支撑绝缘子的规范		备注
耐雷击电压	170 kV	
工频耐受电压	70 kV	
最小爬电距离	1 000 mm	
电气间隙	320 mm	

表 2-12 跨接电缆的主要技术参数

绕组规范		备注
工作电压	25 kV	
额定电流（单绕组）	250 A	

七、工作回流/接地

工作接地（工作回流）以及保护接地（列车车体接地）分离用于在线路短路的情况下保护车体不产生接触电压。为了使车体在故障条件下维持较低的电压，通过增加车轮保护接地的数量，同时保护接地电阻不能越过轴承，为防止接地电流通过轴承，轴承在转向架中被绝缘。

工作电流从牵引单元回流到轨道（工作接地）是通过变压器车上的两个轮对实现的。运行电流的回流不需要和车体连接（保护接地）。

车体接地（保护接地）通过 08、09 车一个转向架的两个轮对实现，每个车通过车端等电势电阻连接。

任务四　动车组常用低压电器

任务描述

- 掌握常用接触器、继电器、传感器的组成。
- 描述常用接触器、继电器、传感器的工作原理。

相关知识

轨道交通车辆中，常用的接触器包括电磁接触器、真空接触器和电空接触器等。接触器可以利用其电磁系统和触头系统的配合，实现对主电路和辅助电路的控制。由于接触器的容量大，适用于频繁、远距离的电气控制，成为自动控制系统中的重要元件之一。

继电器是一种能够根据某种输入量的变化来控制电路的接通或断开,实现对电路的自动控制和保护的低压电器。继电器也是现代工业生产中不可缺少的自动化组件，还被广泛应用于交通行业。在电力机车的控制电路中，继电器常用于实现控制、保护或信号转换等功能。继电器种类繁多，常见的继电器包括电流继电器、电压继电器、中间继电器、热继电器等。本节主要介绍常见的继电器的组成和工作原理。

随着微电子技术和微处理器技术的不断发展，传感器作为获取信息的设备，在当今信息时代的重要性不言而喻。轨道交通车辆的控制系统日益复杂，自动化程度也越来越高。为了满足控制系统的要求，需要检测有关部件、系统或整车的各种参数。因此，传感器作为测量元件在轨道交通车辆上得到了广泛应用。使用传感器进行检测时，被测信号绝大部分是非电量，例如，使用速度传感器进行速度检测、使用温度传感器进行温度检测等。

一、接触器

（一）接触器的定义和基本特点

接触器一种是在工业控制领域应用十分广泛的电器，其广义上是指利用电流流过线圈时所产生的磁场使触头动作并实现电路控制的一种电器。在轨道交通车辆中，接触器一般用于频繁、远距离接通和分断带有负载的较大容量的电路，如电热器、照明灯等。

微课：接触器

与其他开关电器相比，接触器具有以下特点：

（1）动作频繁，每小时开闭次数可达 150～1 500 次。

（2）能够接通和分断较大的电流，有一定的过载能力，但一般情况下只能开断正常的额定电流，不能开断短路电流或故障电流。

（3）具有失压保护功能，即电压降低很多时，能够自动断开。

（4）可以实现较远距离的控制。

（二）接触器的组成

常见的接触器主要包括触头装置、传动装置、灭弧装置、支架和固定装置等。接触器各部分的功能如下：

1. 触头装置

动画：电器触头

触头分为主触头和辅助触头（联锁触头）。主触头一般由动、静主触头和触头弹簧支持件、导电板、固定连接用螺钉等组成。它是接触器的执行部分，用于直接控制相应电路的通断。主触头额定电流较大，接通和分断的是主电路。辅助触头通常由两对以上常开联锁触头和两对以上常闭联锁触头组成，用于控制其他电器、信号或电气联锁等。它的额定电流只有 5～10 A，用于接通和分断的是控制电路。

在触头系统中，常开（动合）联锁触头指的是接触器的吸引线圈失电时处于断开状态的触头；与此相反，常闭（动断）联锁触头指的是接触器的吸引线圈失电时处于闭合状态的触头。辅助触头与灭弧装置通常在产品上要分开安装，以避免电弧弧焰的危害。

接触器的辅助触头与主触头是联动的，在接触顺序上要求主触头闭合前常开联锁触头应提前闭合，常闭联锁触头应滞后分断；主触头分断时常开联锁触头应同时或提前分断，常闭联锁触头应同时或稍微滞后闭合。

2. 传动装置

传动装置包括驱使触头闭合的装置、开断触头的弹簧机构以及缓冲装置，用于可靠地驱使触头按规定要求动作。

在电力机车中主要采用的是电磁传动装置和电空传动装置，还有的采用手动式、机械式传动装置，个别的还采用了电动机传动（如调压开关）。

3. 灭弧装置

灭弧装置一般与主触头配合使用，在主触头断开电路产生电弧时，灭弧装置可以及时地熄灭电弧,切断电路、保护触头,并保证电弧不会与其他金属或带电体接触。根据电流的性质、灭弧方法和原理,可以制成各种不同灭弧装置。

4. 支架和固定装置

支架和固定装置包括各部件间的连接、固定、支持和传动部分。它属于非工作部分,用于合理地安装和布置电器各部件,使接触器构成一个整体。支架和固定装置应有足够的机械强度,并能对内部部件起到保护作用,保证接触器达到一定的寿命。

(三)接触器的基本参数

接触器的基本参数除了额定电压、额定电流以外,还有以下参数:

1. 动作值和释放值

对电磁接触器而言,动作值和释放值主要指电压和电流的动作值和释放值。对电空接触器而言,动作值和释放值主要指电空阀的动作电压和释放电压(或汽缸相应的气压值)。

2. 切换能力

切换能力又称开闭能力、通断能力。它是指接触器的主触头在规定条件下能可靠地接通和分断的电流值或电压值。在此电流值或电压值下接通和分断负载时,不应发生熔焊、飞弧和过分磨损等现象,能够保证接触器在较坏的条件下可靠地工作。

3. 操作频率

操作频率是指接触器在每小时内允许操作的次数。接触器的操作频率越高,每小时开闭的次数就越多,触头的工作任务也就越重。对交流接触器来说,其吸引线圈所受到的启动电流冲击次数和衔铁铁心受到的冲击次数也越多。操作频率直接影响到接触器的电气寿命和灭弧室的工作条件,对于交流接触器还影响到线圈的温升,所以这是一个重要的技术指标。目前,常用的接触器操作频率有每小时 150 次、300 次、600 次和 1200 次等几种规格。

4. 机械寿命和电气寿命

机械寿命指的是接触器在无负载操作下无零部件损坏的极限动作次数。电气寿命指的是接触器在规定的操作条件下,且无零部件损坏的极限动作次数。目前,接触器的机械寿命一般可达数百万次以至一千万次以上,而电气寿命则按不同的使用类别和不同的机械寿命级别有一定的百分比,一般为机械寿命的 5% ~ 20%。

5. 动作时间与释放时间

动作时间(又称闭合时间)是指从电磁铁吸引线圈通电瞬时起,到衔铁完全吸合所需要的时间;释放时间(又称开断时间)是指从电磁铁吸引线圈断电瞬时起,到衔铁完全打开所需要的时间。为了准确而可靠地控制有关电路,对接触器的动作时间也有一定的要求。如:直流接触器的闭合时间一般为 0.04 ~ 0.11 s,开断时间为 0.07 ~ 0.12 s。交流接触器的闭合时间一般为 0.05 ~ 0.1 s,而开断时间为 0.1 ~ 0.4 s。

接触器除了要满足以上基本参数的要求外,还应满足在 85% 额定电流时能吸合,而在

105%额定电流时不会烧坏吸引线圈的要求。另外,在选择接触器时还要考虑应用环境的具体需要。

(四)电磁接触器

电磁接触器通常可分为直流、交流、交直流三大类。电磁接触器的核心部件是电磁传动装置,它是一种能够通过电磁铁把电磁能转变成机械能来驱使电器触头动作的机构。电磁传动装置的形式有很多,如螺管式、直动式、E形、U形等,但它们的基本组成和工作原理却是相同的。

电磁接触器的应用广泛,在辅助电路和控制电路中都会用到电磁接触器。其中,交流电磁接触器主要应用在辅助电路中,直流电磁接触器用在控制电路中。

1. 直流接触器

图 2-26 所示是直流接触器结构示意图。可以看出其主要结构包括:吸引线圈、衔铁、主静触头、主动触头和反力弹簧等。

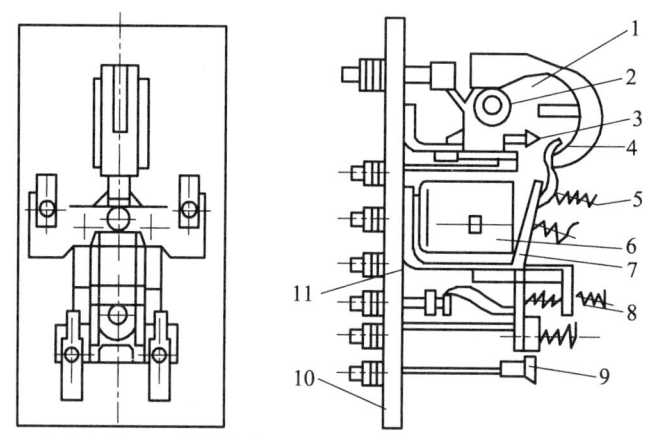

1—灭弧罩;2—吹弧线圈;3—主静触头;4—主动触头;5—触头弹簧;6—吸引线圈;7—衔铁;8—反力弹簧;9—辅助触头;10—底板;11—磁轭。

图 2-26 直流接触器结构示意图

直流接触器的工作原理与电磁铁类似,当吸引线圈(6)未通电时,衔铁在反力弹簧的作用下打开,使常开触头断开,常闭触头闭合。当吸引线圈(6)得电时,线圈产生磁场并将衔铁吸合,使常开触头闭合,常闭触头断开。

为了在电路中将直流电磁接触器表示出来,经常使用的直流接触器的文字符号和图形符号如图 2-27 所示。

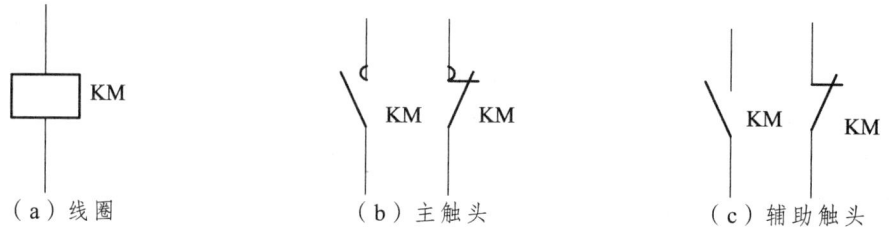

(a)线圈　　(b)主触头　　(c)辅助触头

图 2-27 直流电磁接触器的文字符号及图形符号

2．交流接触器

1）基本结构

交流电磁接触器主要由电磁系统、触头系统、灭弧系统和其他部分组成。其文字符号与图形符号如图 2-28 所示，其结构示意图如图 2-29 所示。

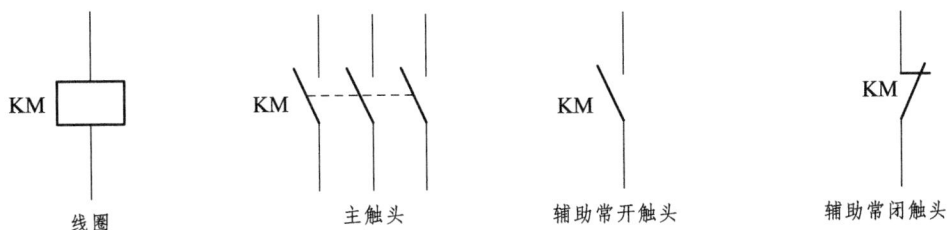

图 2-28　交流电磁接触器的文字符号及图形符号

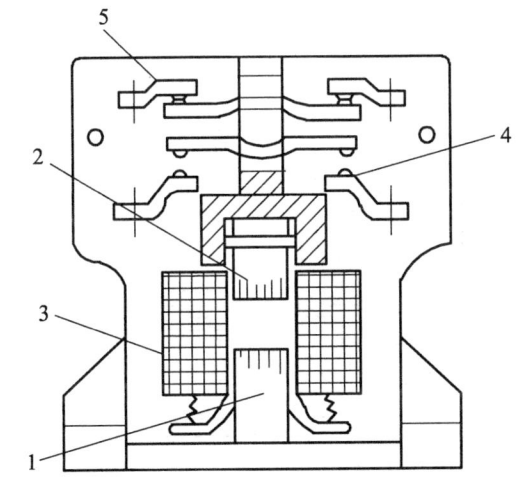

1—铁心；2—衔铁；3—线圈；4—常开触头；5—常闭触头。

图 2-29　交流电磁接触器结构示意图

交流接触器的电磁系统包括电磁线圈和铁心，一般为单 E 直动式。交流接触器的铁心由硅钢片叠压而成以减少铁心中的涡流损耗，避免铁心过热。电磁线圈一般加工成粗而短的圆筒形并与铁心间留有一定的间隙，以免与铁心直接接触而受热烧坏。电磁线圈的额定电压一般有 380 V、220 V、110 V 和 36 V 等几种类型。

触头系统主要包括主触头和辅助触头。其中，主触头一般是用于接通和分断主电路，控制较大的电流。辅助触头用于控制电路中，起电气联锁作用。交流接触器一般有 3 对主触头、2 对常开辅助触头和 2 对常闭辅助触头。

灭弧系统用来迅速熄灭主触头在分断电路时所产生的电弧，以保证主触头不受电弧灼伤。容量较小的交流接触器，采用双断点桥式触头，主要利用电动力灭弧。容量较大的交流接触器，采用灭弧栅灭弧。

2）工作过程

交流电磁接触器的工作过程与电磁铁的工作过程类似，通电和断电后的工作过程如下：

线圈通交流电→线圈电流建立磁场→静铁心产生电磁吸力→吸合衔铁→带动触头动作→常开触头闭合,常闭触头断开。

线圈失电→电磁吸力消失→反作用弹簧使衔铁释放→各触头复位。

(五) 真空接触器

真空接触器由于其灭弧原理上的特点(依据真空灭弧的零点熄弧原理),比较适用于交流电路。它比传统的空气交流接触器有更多的优点,具有耐压强度高,介质恢复速度快,接通和分断能力强,电气和机械寿命长等优点。

真空接触器的主要组成部分与电磁接触器相似,所不同的是它的主触头密封在高度真空的玻璃或陶瓷圆筒内,构成真空灭弧室。由于真空既是一种很好的绝缘介质又是一种很好的熄弧介质,因此真空接触器的触头只要分开很小的距离就能可靠地熄灭电弧,它的开距比其他类型接触器的开距都要小。

单极真空接触器是由真空开关管、联轴节、电磁驱动机构等组装在绝缘夹板上组成的,其结构如图 2-30 所示。

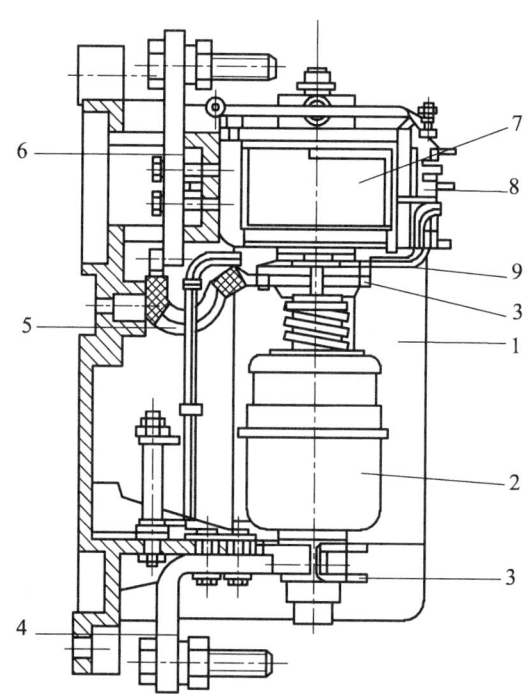

1—基座;2—真空开关管;3—连接卡圈;4—下连接板;5—软连接;6—上连接板;
7—电磁驱动机构;8—辅助开关;9—联轴节。

图 2-30 真空接触器结构的剖视图

在真空接触器的基座上,驱动机构和装在其旁的辅助开关组件位于真空开关管的上方。真空开关管的动触头经联轴节组件与驱动机构连接。真空开关管的静触头支杆经连接卡圈和下连接板连接。真空开关管是真空接触器的核心部件,如动触头、静触头和灭弧室等都安装在其内部。

图 2-31 为真空开关管的结构示意图。可以看出,静导电杆的上下端分别焊接上金属法兰盘和静触头,动导电杆的上端部与动触头相焊接,稍下部焊有一金属屏蔽罩,屏蔽罩的下端与波纹管相连。波纹管的下部和导向套的端部焊接在下金属法兰盘上。上、下金属法兰盘间为玻璃或陶瓷材料的外壳。壳内的空气由排气管排出,上部设有保护帽。动触头在上下运动时,都是由导向套进行导向。

屏蔽罩的作用:一是有效的凝结从触头间隙扩散出来的金属蒸气,以利于电弧熄灭;二是防止金属蒸气飞溅到绝缘外壳上,保护绝缘外壳;三是可以提高灭弧后介质的恢复速度。波纹管是可以伸缩的弹性元件,利用波纹管的可伸缩性,可以保证外部操作力在通过动导电杆使真空管内的动、静触头接通或分断时不会降低真空管的真空度。

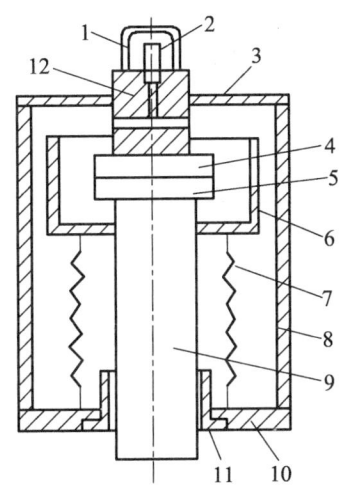

1—保护帽;2—排气管;3—上金属法兰盘;4—静触头;5—动触头;6—屏蔽罩;7—波纹管;
8—外壳;9—动导电杆;10—下金属法兰盘;11—导向套;12—静导电杆。

图 2-31 真空开关管的结构示意图

总之,真空接触器的开通和断开是通过驱动机构和动导电杆的配合来实现的。在断开状态时,真空开关管的两触头被驱动系统中的压力弹簧拉开,间距为 1.5 mm。由于是在真空中断开,这个距离已经能完全切断电路。

(六)电空接触器

电空接触器因其具有较大的开断能力,且具有体积小、重量轻、传动力大等优点,在动车组上得到广泛应用。一种典型的电空接触器的结构如图 2-32 所示。

可以看出,电空接触器的主要部件包括触头装置、灭弧装置和传动装置等,其各部件的作用如下:

1. 触头装置

触头装置主要由主触头和联锁触头组成。主触头为 L 形,采用线接触形式。它以紫铜触头为基座,表面镶有银碳化钨粉末冶金片,有较好的抗熔焊、耐电弧、耐机械磨耗和电磨耗的性能，且导电、导热性能好。联锁触头采用盒式桥式双断点触头，材料为纯银，有两个常开触头和两个常闭触头。

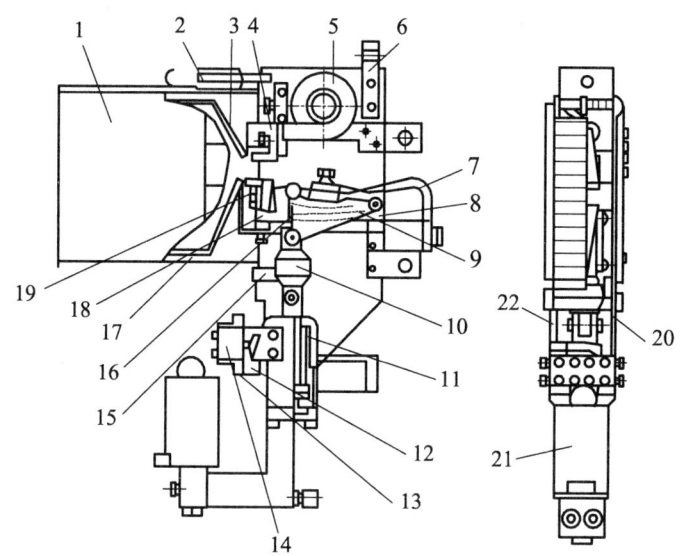

1—灭弧罩；2—挂钩；3—静触头弧角；4—静触头；5—吹弧线圈；6—安装杆；7—软连接；8—杠杆出线座；9—杠杆支架；10—绝缘杆；11—传动气缸；12—联锁板；13—联锁触头；14—联锁支架；15—火弧室支板；16—动触头弹簧；17—动触头弧角；18—动触头座；19—动触头；20—右侧板；21—电空阀；22—左侧板。

图 2-32 电空接触器的结构图

2. 灭弧装置

灭弧装置主要由灭护罩、灭弧角、吹弧线圈及磁吹铁心等组成。灭弧罩的结构为横缝式，采用长短弧相结合的横缝螺圈式灭弧方式；灭弧角由 2 mm 厚黄铜板压制而成用来导弧；在磁吹线圈中装有磁吹铁心，线圈两端用左、右侧板夹紧，组成了接触器的磁吹灭弧系统。

3. 传动装置

传动装置主要由电空阀、传动汽缸、绝缘杆等组成。电空阀采用闭式电空阀；传动汽缸竖放，缸内有活塞及连杆等，绝缘杆用以隔离带电体。

电空接触器传动装置的结构图如图 2-33 所示。

在电空阀的线圈得电时，压缩空气经电空阀进入传动气缸，缸内气压上升并推动活塞克服反力弹簧的作用力带动绝缘杆上移，并通过杠杆支架带动动触头与静触头接触完成触头的闭合。

当电空阀的线圈失电时，传动风缸内的压缩空气经电空阀排向大气，使活塞在反力弹簧的作用下复位，带动绝缘杆、杠杆支架及动触头下移。动触头与静触头分离，切断电路。触头带电分断时产生的电弧，在磁吹线圈的作用下，沿着分弧角进入灭弧罩，被分割、拉长、冷却进而熄灭；主触头动作的同时，活塞杆通过联锁支架带动联锁触头作相应的分合转换。

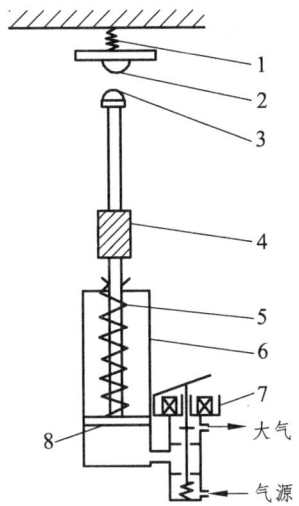

1—缓冲弹簧;2—静主触头;3—动主触头;4—绝缘块及活塞杆;5—开断弹簧;
6—缸体;7—电控阀;8—活塞。

图 2-33 电空接触器传动装置的结构示意图

二、继电器

(一) 继电器概述

1. 继电器的定义及组成

微课:继电器 1　微课:继电器 2

继电器是一种能够根据电物理量(如电压、电流)或非电物理量(如温度、时间、压力、速度等)的变化来控制电路的接通或断开,以实现对电路的自动控制、保护等功能的电器,即它是一种能够根据输入量变化来控制输出量跃变的自动电器。继电器常用于控制电路中,例如,在动车组的控制电路中,继电器可用于实现控制、保护或转换信号的功能。

所有的继电器,无论其形状、动作原理有何不同,均可认为是由测量机构、比较机构和执行机构所组成,其原理如图 2-34 所示。

图 2-34 继电器的原理框图

测量机构的作用是对输入量进行测量并进行相应的物理量转换。如电磁继电器的测量机构是线圈和铁心构成的磁系统,它们可用来测量输入量的大小,并在衔铁上将输入量转换成相应的电磁吸力。

比较机构的作用是将输入量与预先设定的整定值进行比较,根据比较的结果决定执行机构是否动作。如当电磁继电器的电磁力大于反力弹簧拉力时,衔铁吸合,触头(接点)动作,有输出。当电磁力小于反力弹簧拉力时,衔铁被释放,触头(接点)不动作,没有输出。

执行机构是反应继电器输出的装置,它可以根据比较的结果进行动作,作用于被继电器控制的相关电路,以得到必须的输出量。对于常见的有触头的继电器而言,执行机构就是触头;对于无触头电器而言,执行机构一般是晶体管。

2. 继电器的分类

继电器的用途很广,种类繁多,对不同类型的继电器有不同的要求。因此,继电器有很多种分类方法:

(1)按继电器的用途分,可分为控制用继电器和保护用继电器。
(2)按输入量的物理性质分,可分为有电量继电器和非电量继电器。
(3)按输入的电流性质分,可分为直流继电器和交流继电器。
(3)按动作原理分,可分为电磁式继电器、电子式继电器和机械式继电器等。
(4)按执行机构的种类分,可分为有触点继电器和无触点继电器。有触点继电器的执行机构为触头,无触点继电器是通过触发器状态的翻转变化(晶体管的导通和截止)来完成对电路通断的控制。

3. 继电器的继电特性

继电器的输入量与输出量之间的关系被称为输入-输出特性,又称继电特性。以常开触头为例,其继电特性如图2-35所示。

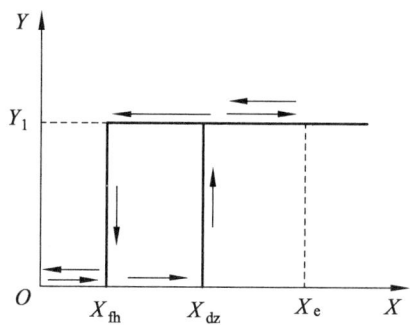

图 2-35　继电器常开触头的继电特性

图2-35中,输入量用X来表示,输出量用Y来表示。当输入量X从零增加时,在$X<X_{dz}$阶段,继电器不动作,衔铁不吸合,常开触点保持断开,输出量$Y=0$。当输入量X达到X_{dz}时,继电器立即动作,衔铁吸合,常开触点闭合,输出量跃变,即$Y=Y_1$,当输入量X继续增加到Xe(额定输入量),继电器的常开触头继续闭合,输出量$Y=Y_1$。

当输入量X从X_e减少时,在$X>X_{fh}$阶段,继电器的常开触头保持闭合,输出量$Y=Y_1$。当输入量减少到$X=X_{fh}$时,衔铁释放,常开触头断开,输出量Y由Y_1跃变到0,继续减少输入量X到零,输出均保持在Y为零的状态。

可以看出,继电特性曲线是由连续输入和跃变输出的折线组成,图中X_{dz}称为继电器的动作值,X_{fh}称为继电器的返回值。

4. 继电器的基本参数

1)额定参数

额定参数是指输入量的额定值及触点的额定电压、额定电流等。

2）动作值

动作值是使继电器产生吸合动作所需要的最小物理量的数值,如电流继电器的动作电流,电压继电器的动作电压等。

3）释放值

释放值也称返回值,它是指能使继电器发生释放动作所需要的最大物理量的数值,如电流继电器的释放电流,电压继电器的释放电压等。

4）整定参数

整定参数是指继电器中可调整的参数。继电器的动作参数需要有一定的调节范围,以满足被控对象或被保护对象对继电器的要求。调节继电器动作参数的过程称为继电器的整定。对于继电器而言,凡是有动作参数要求的,一般都可以调整,例如时间继电器的延时时间、电压继电器的动作电压等。

5）返回系数

返回系数是指继电器的释放值与动作值之比,用字母 K_{fh} 表示,即

$$K_{fh}=X_{fh}/X_{dz}$$

返回系数是继电器的重要参数之一,对于反映电气量上升而动作的过量继电器,其值都小于 1,如过电流继电器。对于反映电气量下降而动作的低量继电器,其值都大于 1,如欠压保护继电器。

过量继电器的返回系数越高（越接近 1）,说明释放值和动作值越接近,继电器越灵敏,其吸力特性和反力特性配合得越好。一般的电压或电流继电器都属于高返回系数的继电器,规定其返回系数要大于 0.65。

6）灵敏度

继电器的灵敏度是指按要求整定好的继电器能产生吸合动作所需要的最小功率或最小安匝数。一般用动作功率或动作安匝来表示继电器的灵敏度。不同类型的继电器在安匝数相同时,消耗的功率可能是不同的,继电器消耗的功率越小,灵敏度就越高。

7）动作时间和释放时间

动作时间是指继电器自通电（接收信号）起,到所有触点达到工作状态止所经过的时间。释放时间是指继电器自断电（接收信号）起,到所有触点恢复到释放状态为止所经过的时间。按动作时间或释放时间的长短,继电器可分为快速动作、正常动作和延时动作三大类。

5. 继电器的特点

继电器一般不直接控制主电路或辅助电路,而是通过控制其他较大容量的电器来间接实现对主电路和辅助电路的控制。与接触器相比,继电器没有灭弧系统,结构简单,体积小,质量轻,接触容量小,动作的准确性要求高。

对于不同用途的继电器有不同的要求,但无论是哪一种继电器,均应满足以下的要求。

（1）在规定的使用条件下,继电器必须保证高度的可靠性和准确性。

（2）在规定的使用条件下,继电器应有足够的控制功率。

（3）在控制功率较大的情况下,继电器必须有较小的动作功率,即有高的灵敏度。

（4）使用寿命长，允许的操作频率高。

（5）参数能够调整，具有足够的整定值调整范围。

（6）结构简单，尺寸小，质量轻，便于制造和维修。

（二）电磁式继电器

由于电磁式继电器具有工作可靠，结构简单，易于制造等优点，被广泛应用于各种轨道交通车辆中。电磁继电器的测量机构是电磁铁，执行机构是触头，其外观和结构示意图如图 2-36 所示。常用的电磁式继电器按照输入量的不同，可分为电压继电器、电流继电器、中间继电器、时间继电器和信号继电器等。按照流过线圈的电流的不同，可分为直流电磁式继电器和交流电磁式继电器。

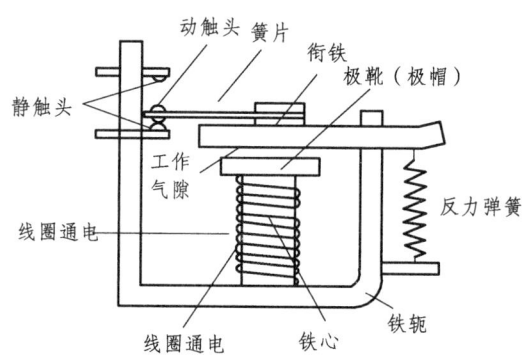

图 2-36　电磁式继电器的外观与结构示意图

1．电流继电器

根据线圈中电流的大小，接通或断开电路的继电器称为电流继电器，其输入量是电流信号。在正常使用时，电流继电器的线圈与负载电路串联，线圈线径较大，匝数较少，阻抗小，分压小，不影响电路正常工作，多作过载或短路保护之用。电流继电器的结构示意图如图 2-37 所示，其文字符号为 KA，图形符号如图 2-38 所示。

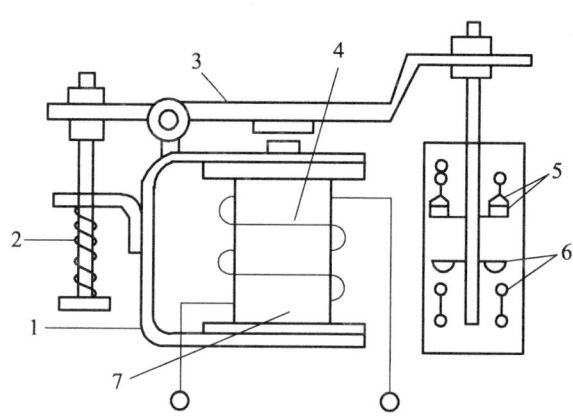

1—磁轭；2—反力弹簧；3—衔铁；4—电流线圈；5—常闭触头；6—常开触头；7—铁心。

图 2-37　电流继电器的结构示意图

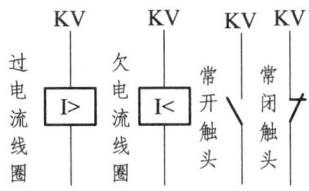

图 2-38　电流继电器的符号

电流继电器的测量机构是一个拍合式电磁铁。以过流保护用的电流继电器为例,当主回路正常工作时,流过电流继电器线圈的电流所产生的电磁吸力不足以克服反力弹簧的反作用力,此时衔铁不动作。当线圈中流过的电流超过整定值时,电磁吸力大于弹簧的反作用力,铁芯吸引衔铁动作,带动常闭触头断开,常开触头闭合。调整反作用力弹簧的作用力,可以实现对继电器动作电流值的整定。

2. 电压继电器

根据线圈两端电压的大小,接通或断开电路的继电器称为电压继电器,其输入量是电压信号。在正常使用时,电压继电器的线圈与负载电路并联,线圈匝数多且线径小,主要作控制用。常见的电压继电器有过电压继电器和欠电压继电器,主要用于蓄电池电压的监测、交流电源和直流电源电压的监测。

过电压继电器主要用于电路的过电压保护,当电路的电压超过一定值时,继电器动作并切断电源。欠电压继电器主要用于电路的欠电压保护,在电路电压正常时吸合,若由于某种原因电源电压降低过多或暂时停电,继电器动作并切断电源。例如,地铁车辆的蓄电池采用欠电压保护继电器,当蓄电池电压过低时,欠电压保护继电器断开,以保护蓄电池不受伤害。

如图 2-39 所示是 JSZD-1A 型的直流电压继电器,其前面板上有一个选择开关,可选择是用于欠压检测还是过压检测。电压继电器的文字符号和图形符号如图 2-40 所示。

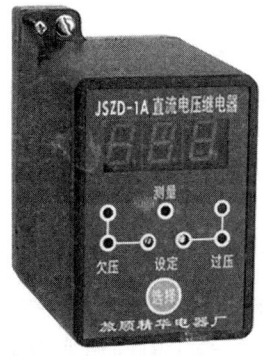

图 2-39　直流电压继电器的外观图

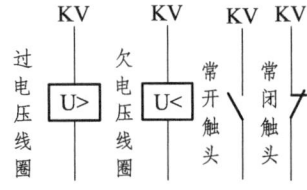

图 2-40　电压继电器的符号

3. 中间继电器

中间继电器实质上是一个电压线圈继电器,可以用来增加控制电路中的信号数量或将信号进行放大。通过控制线圈的通电和断电,可以实现对触点状态的调整。中间继电器的触点较多,有些型号的中间继电器可以包含 8 对触点（4 对常开和 4 对常闭）,触点的容量较大（额定电流是 5~10 A），且动作灵敏。

以 JZX-22F/2Z 型中间继电器为例，其外观图和引脚分布图分别如图 2-41、图 2-42 所示。可以看出，该继电器包含有 8 个引脚（1 对常闭触点、1 对常开触点、1 对公共点和线圈的正负极）。在继电器未动作时，常开触点断开，常闭触点闭合。继电器动作后，常开触点闭合，常闭触点断开。与线圈并联的二极管，可以直接指示出线圈的得电和失电情况。

图 2-41　JZX-22F/2Z 型中间继电器

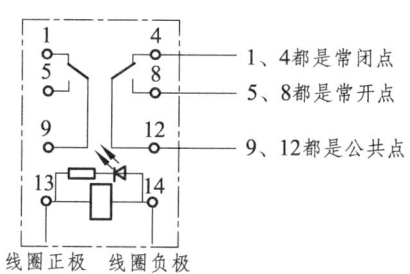

图 2-42　JZX-22F/2Z 型中间继电器电路图

4．时间继电器

时间继电器是指接收信号后，经过一定时间才输出信号（即触头动作）的继电器，用于实现触头的延时接通或断开。时间继电器的种类很多，主要包括电磁式时间继电器、空气阻尼式时间继电器和电子式时间继电器。其中，电子式时间继电器按构成可分为晶体管式和数字式两种。

按输出形式分类，时间继电器可分为有触头型和无触头型两种；按延时方式分类，时间继电器可分为通电延时型和断电延时型两种。通电延时型时间继电器是指在接收输入信号（线圈通电）后，经过一定时间输出信号才发生变化，即经过一定时间后常开触头闭合，常闭触头断开；当输入信号消失后，输出信号瞬间复原。断电延时型时间继电器是指在接收输入信号（线圈通电）后，瞬间产生相应的输出信号，即常开触头闭合，常闭触头断开；当输入信号消失后，经过一定时间后输出信号才复原，即常开触头断开，常闭触头闭合。

时间继电器中常见的通电延时线圈、断电延时线圈，延时断开触头和延时闭合触头的文字符号及图形符号如图 2-43 所示。

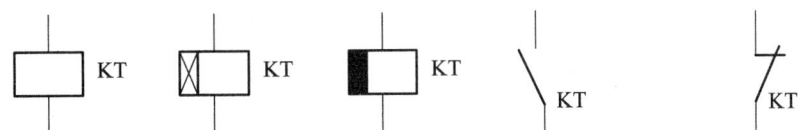

图 2-43 时间继电器及其触点的符号

1)电磁式时间继电器

图 2-44 所示是断电延时型直流电磁式时间继电器,其铁心和磁轭为一体,采用圆柱形钢材制成,用铝基座浇注,可以降低磁阻,有利于提高时间继电器的灵敏度。在磁轭上套装一个阻尼套筒(铜或铝),以达到断电延时的目的。

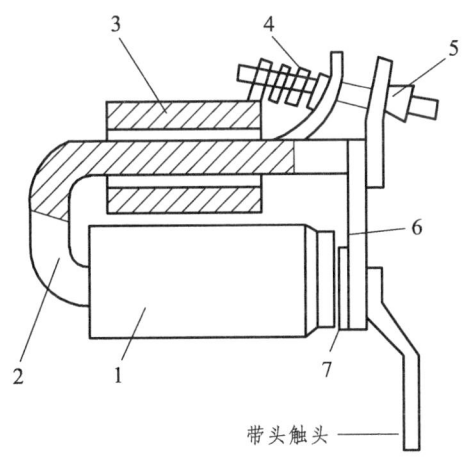

1—线圈;2—铁心;3—阻尼套筒;4—反作用弹簧;5—调节螺钉;6—衔铁;7—非磁性垫片。

图 2-44 断电延时型直流电磁式时间继电器的结构示意图

当线圈通电时,联锁触头的动作是瞬时完成的,即常开触头闭合,常闭触头断开。当线圈断电时,阻尼套筒内部产生感应电势,并流过感应电流,此电流产生的磁通与铁心中产生的主磁通方向相同,将阻止主磁通下降,使主磁通的衰减变慢,从而得到所需的延时时间,最终使常开触头延时断开,常闭触头延时闭合。

图 2-45 所示为地铁车辆上使用的 TDE4-U204 型电磁式时间继电器的外观和结构。

(1)基本结构:动、静铁心,吸引线圈,动、静触点,触点簧片,延时机构(电子电路)、接线端子、调节旋钮和外壳等。

(2)接线和调节:TDE4-U204 型电磁时间继电器的接线图如图 2-46 所示。在时间继电器上方的面板上有一个旋钮,如图 2-46(a)所示,可用于时间延时量的设定。

图 2-45 TDE4-U204 型电磁式时间继电器的外观和结构

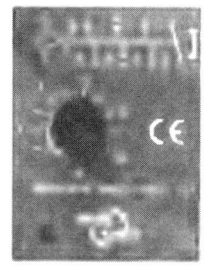

（a）面板　　　　　　　　　（b）接线图

图 2-46 TDE-U204 型电磁式时间继电器的接线图

（3）延时原理：时间继电器是带有延时机构的螺管线圈式继电器，具有交流和直流两种。交流继电器内部装有桥式整流器，将交流电源整流后供给电磁机构。每个时间继电器具有两对瞬时转换触头，一对滑动延时触点，一对延时主触点。

当线圈通电时，动铁心克服簧片的反作用力被吸向静铁心，则瞬时转换触点进行瞬时转换，同时延时机构启动，经过一定的延时，滑动延时触点和延时主触点闭合。主触点接触后由于上挡限制机构的转动，机构停止，从而得到所需的延时时间。当线圈断电时，在簧片的作用下，动铁心和延时机构返回原位。

2）空气阻尼式时间继电器

空气阻尼式时间继电器是利用空气阻尼原理来获得延时的，也可做成断电延时型。电磁机构可以是直流的，也可以是交流的，如图 2-47 所示。以通电延时型时间继电器为例介绍其工作原理。

图 2-47（a）所示为通电延时型时间继电器线圈不通电时的情况，当线圈通电后，动铁心吸合，带动 L 形传动杆向右运动，使瞬动接点受压，其接点瞬时动作。活塞杆在塔形弹簧的作用下，带动橡皮膜向右移动，弱弹簧将橡皮膜压在活塞上，橡皮膜左方的空气不能进入气室的右边，气体经过进气孔进入气室，因此活塞杆能够缓慢地向右移动。活塞杆的移动速度和进气孔的大小有关（通过延时调节螺丝调节进气孔的大小可改变延时时间）。经过一定的延时后，活塞杆移动到右端，通过杠杆压动微动开关（通电延时接点），使其常闭触头断开，常开触头闭合，起到通电延时的作用。

当线圈断电时，电磁吸力消失，动铁心在反力弹簧的作用下释放，并通过活塞杆将活塞推向左端，这时气室内的空气通过橡皮膜和活塞杆之间的缝隙排掉，瞬动接点和延时接点迅速复位，无延时。

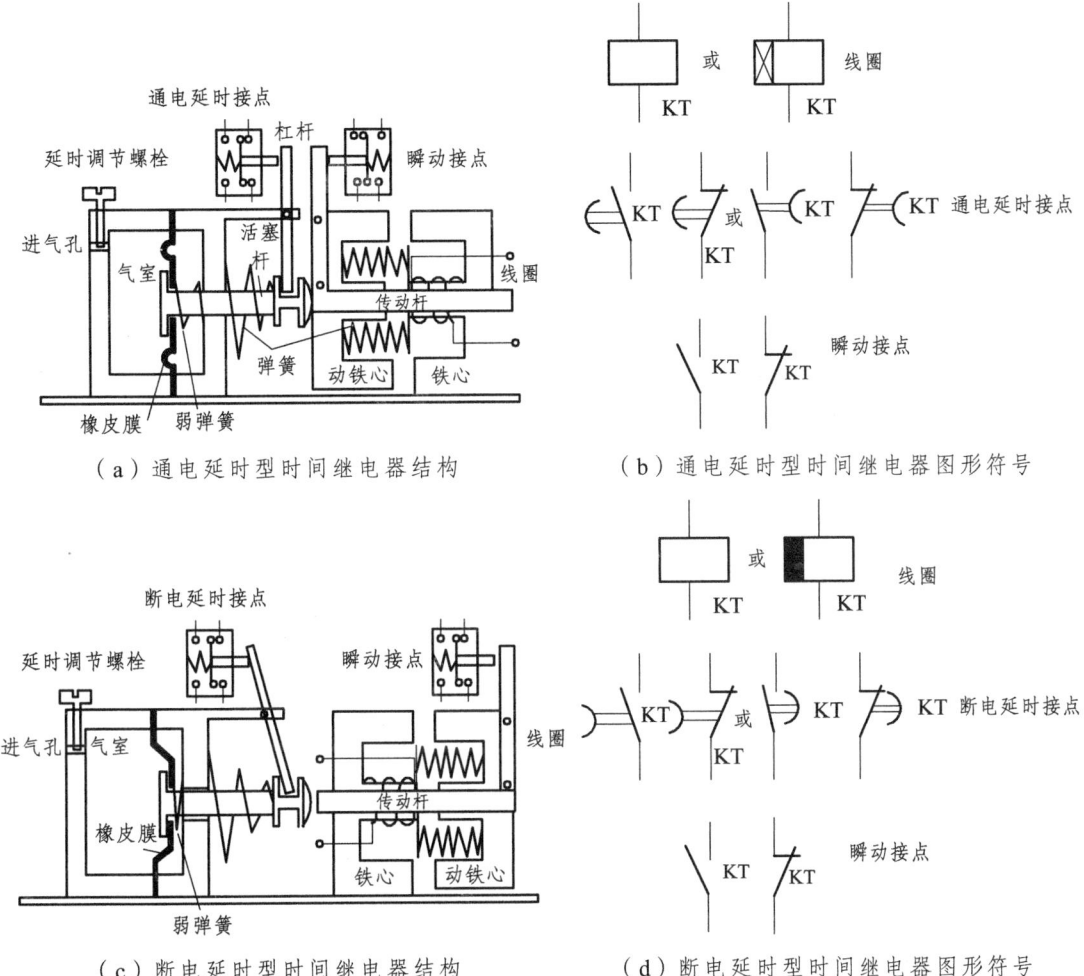

图 2-47 空气阻尼式时间继电器的结构示意图及图形符号

如果将通电延时型时间继电器的电磁机构反向安装,就可以将其改为断电延时型时间继电器,如图 2-47(c)所示。线圈不通电时,塔形弹簧将橡皮膜和活塞杆推向右侧,杠杆将延时接点压下(注意,原来通电延时型的常开接点现在变成了断电延时型的常闭接点,原来通电延时型的常闭接点现在变成了断电延时型的常开接点)。当线圈通电时,动铁心带动 L 形传动杆向左运动,使瞬动接点瞬时动作,同时推动活塞杆向左运动。如前所述,活塞杆向左运动不延时,延时接点瞬时动作。线圈失电时动铁心在反力弹簧的作用下返回,瞬动接点瞬时动作,延时接点延时动作。

时间继电器线圈和延时接点的图形符号都有两种画法,线圈中的延时符号可以不画,接点中的延时符号可以画在左边,也可以画在右边,但是圆弧的方向不能改变,其符号如图 2-47(b)(d)所示。

空气阻尼式时间继电器的优点是结构简单、延时范围大、寿命长、价格低廉,且不受电源电压及频率波动的影响;其缺点是延时误差大、无调节刻度指示,一般适用于延时精度要求不高的场合。

3）电子式时间继电器

目前，地铁车辆中已开始采用由单片机控制的电子式时间继电器，它是由晶体管、电子元件或集成电路等构成的，也被称为半导体时间继电器。它用微型大功率密封中间继电器作为执行单元，集成电路和元器件封装在一个金属盒内，具有延时范围广、精度高、体积小、调节方便及寿命长等优点。

电子式时间继电器是利用电容的充、放电特性，通过调节 RC 电路的电阻或者电容的大小，即改变电路的充、放电时间常数来调节延时时间的长短，实现延时功能。下面以一种晶体管延时电路为例，说明其工作原理。

如图 2-48 所示为一种晶体管式延时电路，刚接通电源时，16 μF 的电容两端的电压为零，两个晶体管都是关断状态，继电器不动作。随着 16 μF 的电容不断充电，经过一段时间后，其两端的电压达到高电平，两个晶体管都导通，继电器吸合。该电路的延时时间可以通过调节 10 MΩ 的滑动变阻器来调节。

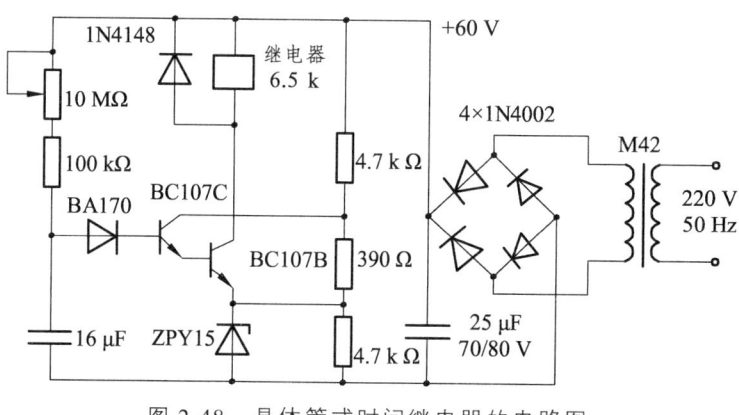

图 2-48 晶体管式时间继电器的电路图

5. 接地继电器

1）制动工况下的接地保护用接地继电器

当列车处于制动工况时，用于主电路接地保护的继电器是接地继电器，其结构与过电流继电器基本相同，也是由拍合式的电磁机构和触头系统两大部分组成。在制动工况下，当主回路的某处发生接地故障，接地电流达到整定值时，接地继电器动作，常闭触头断开，进而保护主电路不受影响。

在北京地铁的车辆上使用的接地继电器的代号为 DJ，其保护原理如图 2-49 所示。当主回路无接地故障时，接地继电器 DJ 的线圈中没有电流，因此接地继电器的触头处于释放状态。若主回路某处出现接地故障，接地继电器 DJ 的线圈中有电流通过，电流达到整定值时，接地继电器动作，切断主电路，达到保护的目的。

2）牵引工况下的接地保护用差动继电器

当列车处于牵引工况时，用于主电路接地保护的继电器是差动继电器，它也属于拍合式继电器，有两组线圈，即低压线圈和高压线圈。它是利用两组线圈的电流差而工作的。

差动继电器的工作原理如图 2-50 所示。正常工作时，两组电流线圈通过的电流方向相反，产生的磁场方向也相反，因此电磁吸力相互抵消，差动继电器不工作。

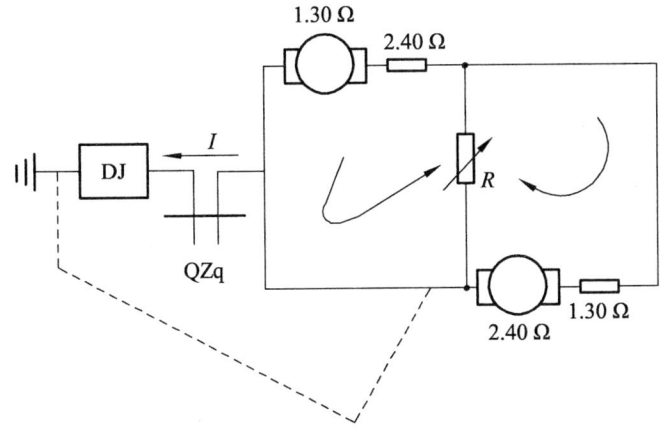

图 2-49 接地继电器的工作原理示意图

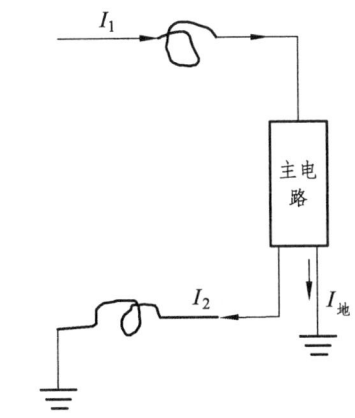

图 2-50 差动继电器的工作原理示意图

若主电路出现接地故障,导致电流泄漏,此时 $I_1=I_2+I_{地}$,即 $I_1>I_2$,使得电流线圈产生的电磁吸力不相等,这样在铁心周围产生的磁场吸力克服了弹簧的拉力,衔铁吸合,差动继电器动作,切断主电路,达到保护的目的。

(三) 热过载继电器

所谓热过载继电器,是利用输入电流的热效应而做出相应动作的一种继电器,属于非电量继电器。热过载继电器主要用于对异步电动机的过载保护,具有反时限保护的特性(被保护元件的过流允许时间与其电流值的大小成反比,即电流越大,过流允许时间越短)。

热过载继电器利用流入热元件的电流产生热量,使有不同膨胀系数的双金属片发生弯曲变形,推动传动机构动作,最终实现过载保护,由于是过载发热而引起动作的电器,其动作值自然要低于回路中主要电器零部件的允许温度值,这样就可以起到保护作用。

热继电器在地铁车辆中的空调单元、辅助电极等工作回路中均有广泛应用。3UA 系列热继电器的基本结构如图 2-51 所示,其文字符号、图形符号如图 2-52 所示。

（a）外观图　　　　　　　　　　　　（b）结构示意图

图 2-51　热继电器的基本结构

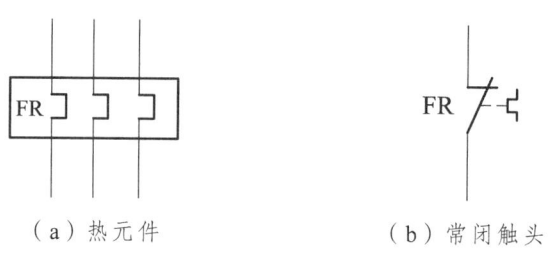

（a）热元件　　　　　　　　　（b）常闭触头

图 2-52　热过载继电器文字符号与图形符号

1．基本结构

热过载继电器主要由发热元件、双金属片、触点、传动机构和调整机构组成。发热元件是一段阻值不大的电阻丝，与被保护电动机的定子绕组串联。常闭触点串联在交流接触器的电磁线圈控制电路中。

双金属片由两种热膨胀系数不同的金属，用机械碾压而成（或焊接而成）的，一端被固定，另一端为自由端。受热后双金属片向膨胀系数小的金属一侧弯曲，如图 2-53 所示。

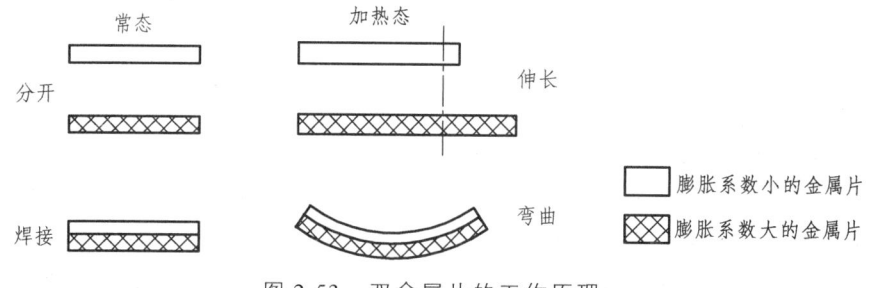

图 2-53　双金属片的工作原理

2．工作原理

热过载继电器的工作原理示意图如图 2-54 所示。

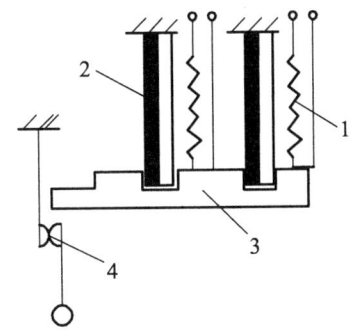

1—热元件；2—双金属片；3—导板；4—触头。

图 2-54 热过载继电器的工作原理示意图

当电动机正常工作时通过发热元件的电流是电动机的额定电流，双金属片受热弯曲，但形变量较小，不足以推动传动机构，所以电动机正常运行。

当电动机出现过载时，电动机绕组中电流增大，双金属片受热后向左弯曲，温度继续升高，弯曲程度加大，达到一定程度时就推动导板（3）向左推动执行机构发生运动，传动机构使常闭触点打开，切断控制电路，从而使交流接触器电磁线圈失电释放，保护电路断开，实现对电动机的过载保护。

热继电器动作后一般不能自动复位，而是要等双金属片冷却后按下复位按钮进行复位。热继电器动作电流的调节可以借助旋转凸轮来实现。

由于热惯性，当电路短路时热过载继电器不能立即动作使电路立即断开，因此不能用作短路保护。同理，在线路短时过载时，热过载继电器也不会动作，这可避免线路不必要的断电。每一种电流等级的热元件，都有一定的电流调节范围，一般应调节到与线路额定电流相等，以便更好地起到过载保护作用。

3. 主要技术参数

（1）额定电压：指热过载继电器能够正常工作的最高电压值，一般为交流 220 V、交流 380 V。

（2）额定电流：指被保护电动机的额定电流。通常热过载继电器的额定电流略大于电动机的额定电流。

（3）额定频率：45～60 Hz。

（4）整定电流范围：调整到电动机额定电流的 1.1～1.2 倍。

4. 常见的热过载继电器的型号

目前，国内生产的热过载继电器主要有 JR0、JR1、JR2、JR9、R10、JRI5、JR16 等系列。JR0、JR1、JR2 和 JRI5 系列的热过载继电器均为两相结构，是双热元件的热继电器，可以用作三相异步电动机的均衡过载保护和定子绕组为星形联结的三相异步电动机的断相保护，但不能用作定子绕组为三角形联结的三相异步电动机的断相保护。JR16 和 JR20 系列热继电器均为带断相保护的热过载继电器，具有差动式断相保护机构。

（四）继电器的选用

继电器是现代工业生产中不可缺少的自动化组件，也被广泛应用于交通行业。其品种多，用量大。因此，充分了解各种继电器的性能、参数、使用条件、正确选择和使用继电器是确保继电器及其控制和保护对象可靠工作的关键。

选用继电器的一般原则如下：

（1）根据被控制或保护对象的具体要求，确定应采用的继电器的种类。

（2）确定控制和被控电路的基本参数，如控制电流（继电器线圈电路）的线圈数量，电流的种类，继电器动作、释放和工作状态的电流、电压或功率值以及它们的变化范围。被控电路的常开和常闭接点的数量，电路中的电流的种类（直流或交流）及其大小，负载的电阻和电感参数等。

（3）根据控制和被控电路对继电器的要求，在考虑使用寿命、工作制、使用条件、继电器各主要技术参数及质量和尺寸的基础上，选择合理的继电器。

三、传感器

（一）概述

1. 传感器的定义

传感器是一种能够感受到被测量并能将检测到的信息按照一定的规律变换成电信号或其他所需形式的检测装置。传感器输出的信号可以满足信息的传输、处理、存储、显示、记录等要求，它是实现自动检测和自动控制首要的、不可缺少的环节。常见的传感器输出信号多为容易处理的电信号，如电压、电流等。

2. 传感器的组成

传感器一般由敏感元件、转换元件、转换电路和辅助电源4个部分组成，其结构框图如图2-55所示。

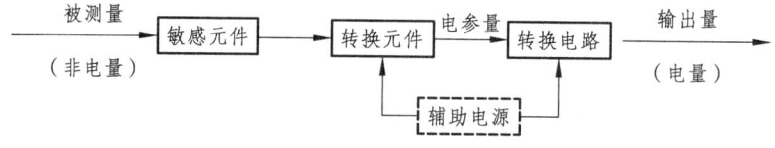

图2-55　传感器组成框图

传感器的各元件中，敏感元件是传感器中直接感受被测量的元件，它可以将被测量转换成一个与之有确定关系的且更易于转换的非电量，这个非电量通过转换元件被转换成电气量。例如：电感式压力传感器的作用是将输入的压力信号变换成电压信号并完成输出，它的敏感元件是一个膜盒，作用是将压力转换成膜盒上半部的移动，产生相应的位移量。

传感器中将敏感元件输出的中间非电量转换成电参量并输出的元件是转换元件。例如，电感式压力传感器的转换元件是电感线圈，它能够将输入的位移量转换成电感的变化量。

转换电路的作用是将转换元件输出的电参量转换成易于处理的电压、电流或者频率量。例如，电感式压力传感器中的转换电路是一个电桥电路，它可以将电感值转换成为电压信号，该信号经过放大后可以推动记录、显示仪表工作。但若转换元件输出的已经是上述电参量，就不需要用转换电路了。

辅助电源用于提供传感器正常工作时所需的电能，尤其是一些需要电源才能正常工作的转换电路和转换元件。

在实际的应用中，有些传感器只由敏感元件和转换元件组成，没有转换电路。但是有些传感器含有多个转换元件，要经过多次转换才能得到想要的电参量。

3. 传感器的分类

传感器的种类很多，分类方法也不尽相同，常用的分类方法有以下几种：

（1）按被测物理量分类，可分为位移传感器、压力传感器、速度传感器、温度传感器、湿度传感器、流量传感器、气体成分传感器等。

（2）按工作原理分类，可分为电阻式传感器、电容式传感器、电感式传感器、压电式传感器、磁电式传感器、霍尔传感器、光电传感器、光栅传感器、热电偶传感器等。

（3）按传感器的输出信号分类，可分为开关型传感器、模拟型传感器（输出为模拟量）、数字型传感器（输出为脉冲或代码）。

以下将逐一介绍在轨道交通车辆中常用的传感器，主要包括：速度传感器、位移传感器、电压传感器、电流传感器、温度传感器、压力传感器、接近开关等。

（二）常用的传感器

1. 速度传感器

轨道交通车辆上安装的速度传感器用于检测列车的实际速度，常用的速度传感器主要包括磁电式速度传感器、光电式速度传感器、霍尔式转速传感器与霍尔位移传感器。

1）磁电式速度传感器

磁电式速度传感器是利用电磁感应原理将被测量信号转换成电信号的一种传感器，可用于速度检测。它不需要辅助电源，若要实现转速的测量，只需要对传感器输出的脉冲信号进行计数即可。

转速测量中，根据传感器的安装方式不同，可分为接触式和非接触式测量。这里介绍一种非接触式的磁电式传感器，其结构如图 2-56 所示。

磁电式传感器的外壳、永久磁铁和感应线圈固定不动，齿轮安装在车轴端部并随着车轴一起旋转，传感器安装于轴箱盖上。当车轮转动时，齿轮随之一起旋转，齿轮和齿谷交替通过传感器并切割磁力线，即，在传感器的输出线圈上感应出相应的电脉冲信号，且产生的电脉冲信号的频率正比于运行速度。另外，在运行过程中，齿轮和软铁磁轭之间的气隙长度会周期性地变化并引起气隙磁阻和穿过气隙的主磁通发生变化，在线圈中感应出电动势。假设车轮每旋转一圈，传感器发出 N 个脉冲，则脉冲信号的频率是：

$$f = nN/60$$

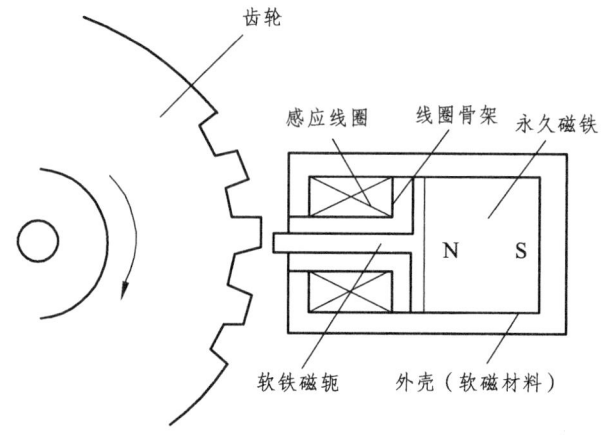

图 2-56 磁电式速度传感器结构示意图

式中,f 为输出的脉冲信号的频率,单位为 Hz;n 为车轮每分钟旋转的转数,单位为 r/min;N 为车轮旋转一圈,传感器发出的脉冲数。

脉冲信号经过整形和放大之后输出整齐的矩形波信号,经过定时计数器,把频率转换成转速。这种传感器的结构简单,工作可靠。在编组车辆的动车上,每根轴装有一只双通道式传感器,分别为牵引和电制动系统的空转与滑动保护系统及空气制动的滑动保护系统提供速度信号。图 2-57 所示为包括脉冲发生器、磁轮、密封件和外盖等组件的速度传感器,磁轮部分如图 2-58 所示。安装在车辆上的速度传感器如图 2-59 所示。

2)光电式速度传感器

光电传感器是将光信号转换为电信号的装置,使用它测量非电量时,需要将这些非电量的变化转换为光信号的变化。光电传感器的基本转换原理就是将被测量信号的变化转换为光信号的变化,然后将光信号作用于传感器中的光电元件并转换成电信号进行输出。光电传感器具有精度高、反应快、非接触式等优点,而且其结构简单,可测量的参数很多。因此,光电传感器在检测和控制中系统中被广泛应用。

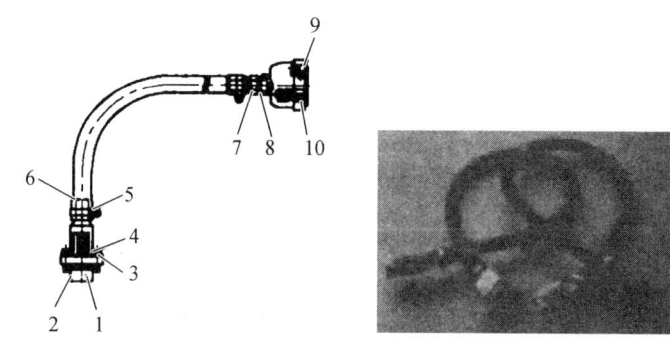

1—脉冲发生器;2—O 形环;3—自锁垫圈;4—螺栓;5—夹子;6—耐压胶管;7—胶管座;8—密封环;9—插座;10—接触件。

图 2-57 地铁车辆上用的速度传感器

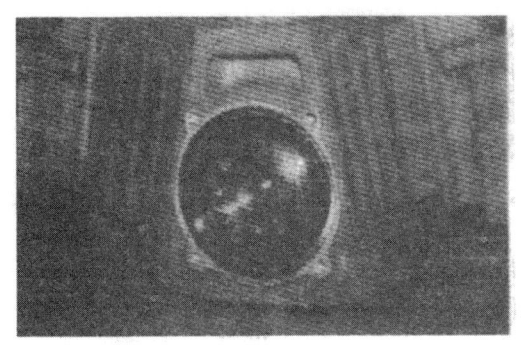
图 2-58 速度传感器上的磁轮

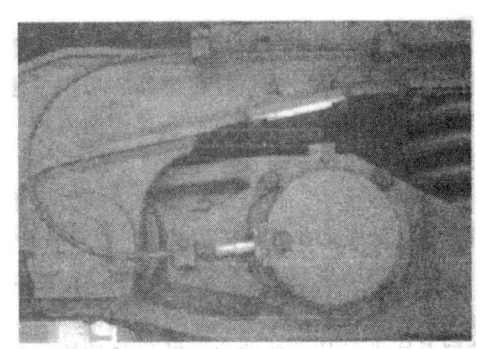
图 2-59 安装在车辆上的速度传感器

光电传感器由光源、光学通路和光电元件三个部分组成,其工作基础是光电效应。

（1）光电效应和光电元件。

① 光电效应。

光电传感器中能够将光信号转换成电信号输出的元件称为光电元件,而光电元件的这种特性就是光电效应。目前,利用各种光电元件制成的光电传感器广泛应用于转速、位移、温度、距离等参数的测量。随着电子技术的发展以及新光源、新光电元件的出现,光电传感器的应用范围日益扩大,成为一种很有发展前景的传感器。

② 光电元件。

光电元件的种类很多,下面仅分析几种典型的光电元件的基本工作原理。

a. 光电管。

常见的光电管的外形如图 2-60 所示,其阳极 A 和阴极 K 封装在一个玻璃管中。

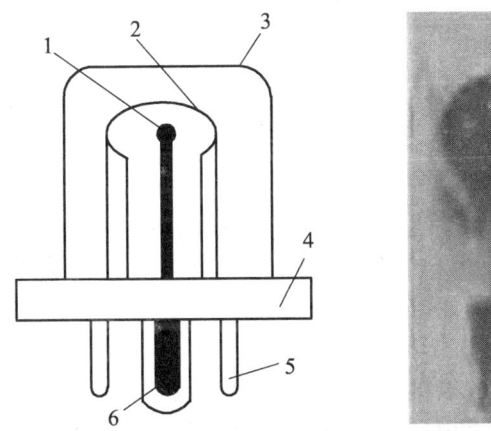

1—阳极 A；2—阴极 K；3—玻璃外壳；4—管座；5—电极引脚；6—定位销。

图 2-60 常见的光电管的外观图

当入射光照射在阴极上时,阴极表面的电子吸收光子的能量,当其自身能量足以克服阴极的束缚力时,就会从阴极表面逸出。若在阴极和阳极之间加以正向电压,逸出的电子就会定向地向着阳极运动并形成光电流。

光电管的图形符号及测量电路如图 2-61 所示,负载电阻 R_L 与光电管串联接入电路,该电阻上的压降随着光电流的大小而变化,而光电流的大小又直接取决于光照强度的变化，从而利于光电管实现光电信号的转换。由于光电管的灵敏度较低，所以在微光测量中，常使用光电倍增管。

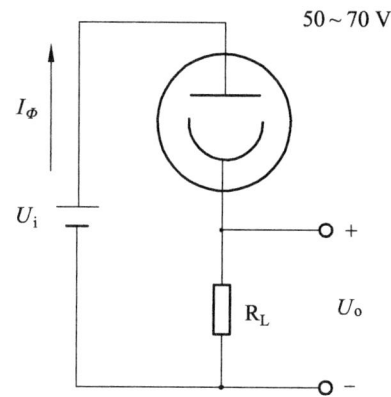

图 2-61　光电管的图形符号及测量电路

b. 光电倍增管。

光电倍增管的结构原理和图形符号如图 2-62 所示。

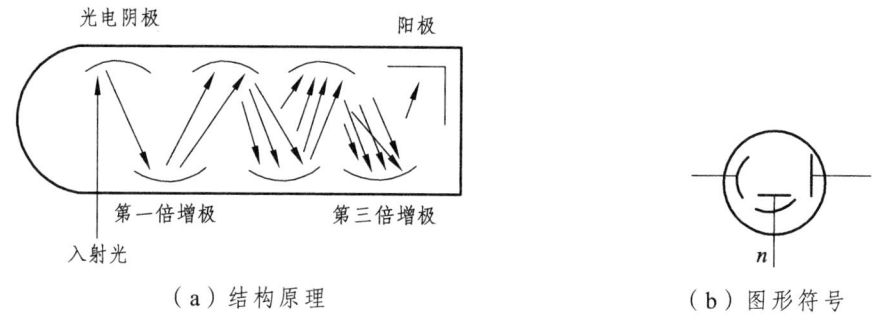

（a）结构原理　　　　　　　　　　（b）图形符号

图 2-62　光电倍增管的结构原理和图形符号

光电倍增管在普通光电管阴极和阳极的基础上，又加入了光电二次发射的倍增极。光电倍增管由光电阴极、光电阳极和倍增电极三个部分组成。光电阴极由半导体光敏材料锑-铯（Sb-Cs）制成。光电倍增管的灵敏度比普通光电管高出几万倍甚至更多，因此在很微弱的光照下就能产生很大的光照电流。

c. 光敏电阻。

在半导体光敏材料两端装上电极导线，并将其封装在带有透明窗口的管壳里，就构成了光敏电阻（由于光敏电阻的灵敏度容易受到湿度的影响，所以要严密封装）。光敏电阻又称为光导管，为纯电阻元件，其电阻的阻值随着光照的增强而减小。光敏电阻一般由金属的硫化物、硒化物等材料制成（如硫化镉、硒化铅等）。

光敏电阻的结构、图形符号及其连线电路如图 2-63 所示。

如图 2-63（c）所示，如果把光敏电阻连接到外电路中，在外加电压的作用下，有电流流过，若有光照，电流就会增大，即用光照射就能改变电路中的电流的大小。由于光敏电阻的光电效应只限于受光照的表面层，所以，光敏电阻一般都做成薄片状。为了获得更高的灵敏度，光敏电阻的电极一般采用梳状的形状，如图 2-63（a）所示。

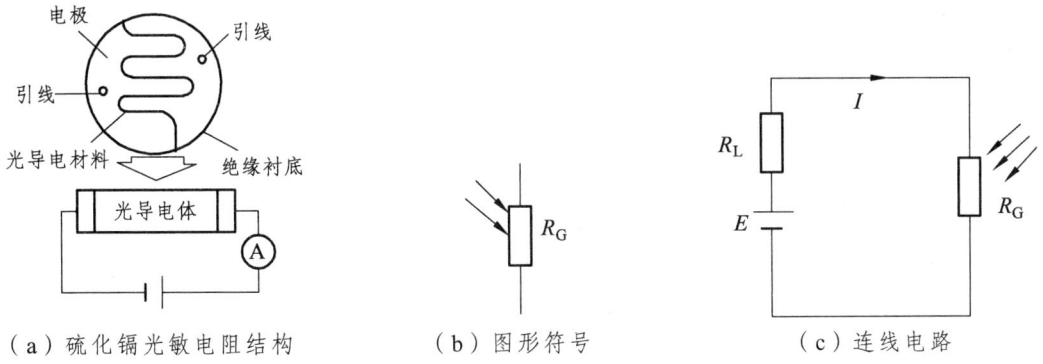

图 2-63 光敏电阻的结构、符号及连线电路图

d. 光敏二极管。

光敏二极管的结构、图形符号以及测试电路如图 2-64 所示。

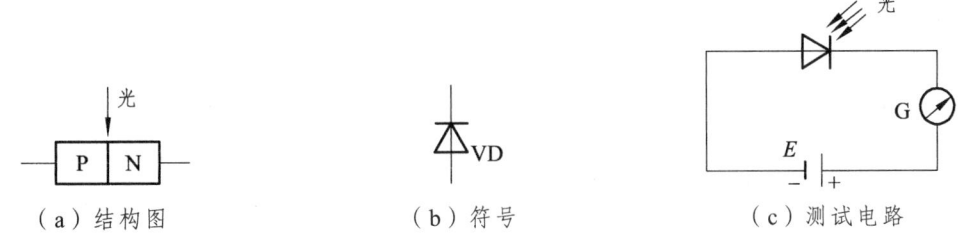

图 2-64 光敏二极管的结构、符号和测试电路

光敏二极管的结构与普通的二极管相似,是两层半导体组成的元件,含有一个 PN 结。PN 结装在透明管的顶部,直接接受光照。光敏二极管在电路中处于反向偏执的状态。当没有光照时,由于 PN 结反偏,光敏二极管截止,反向电流很小(可忽略)。当有光照射到二极管的 PN 结时,PN 结附近产生很多对电子和空穴,它们在外电场和内电场的共同作用下,漂移越过 PN 结,产生光电流。此时,光电流和光照强调成正比,光敏二极管处于导通状态。

e. 光敏三极管。

光敏三极管的结构、电路符号和开关电路如图 2-65 所示。

光敏三极管由三层半导体组成,形成两个 PN 结。它与普通三极管不同,通常只有两根电极引线,如图 2-65(a)所示。当光线通过透明窗口照在集电结上时,会使集电结反偏、发射结正偏,此时在集电结附近产生电子-空穴对。电子受集电结电场吸引流向集电区,基区留下空穴。由于空穴带正电,则基区电位升高,使电子从发射区流向基区。又由于基区很薄,只有很小的一部分从发射区来的电子与基区的空穴结合,大部分电子越过基区流向集电区。这一过程与普通三极管放大基极电流的作用很相似,所以,光敏三极管放大了光电流,它的灵敏度比光敏二极管高出许多。

利用光敏三极管可以实现简单的光电开关,电路如图 2-65(c)所示。图中两个光电开关在有光照和无光照的条件下,实现的开关状态截然相反。

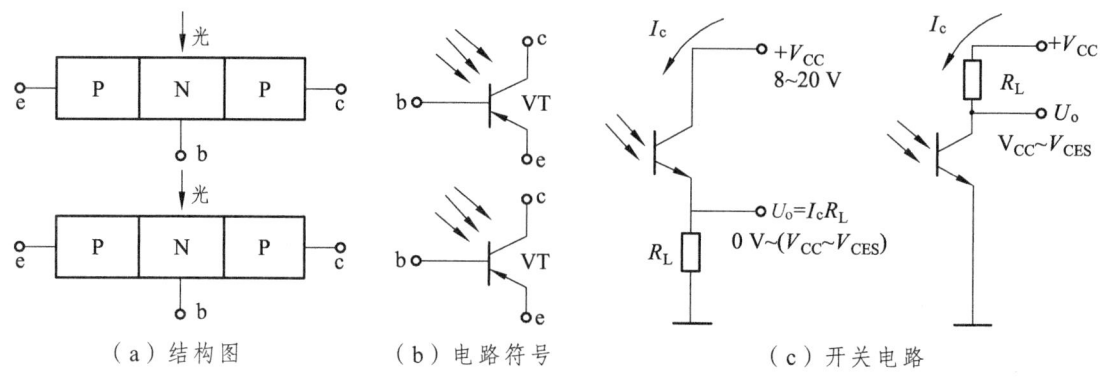

图 2-65 光敏三极管的结构、电路符号和开关电路

f. 光电池。

光电池是一种自发式的光电元件，为有源器件。当光电池受到光照时，会产生一定方向的电动势，在测量时无须外接电源。光电池的种类很多，常见的有硒光电池、硅光电池、砷化镓光电池等。其中，硅光电池具有性能稳定、光谱范围广、频率特性好等优点，是应用最多的一种光电池。

硅光电池的结构与图形符号如图 2-66 所示。硅光电池的结构简单，核心部分是一个大面积的 PN 结，即在 N 型硅片上用扩散的方法掺入一薄层 P 型杂质，从而形成了一个大面积的 PN 结。当光照射在硅光电池的 PN 结区时，会在半导体中激发出光生电子-空穴对。PN 结两边的光生电子-空穴对在内电场的作用下，多数载流子不能穿越阻挡层，而少数载流子却能穿越阻挡层。结果，P 区的光生电子进入 N 区，N 区的光生空穴进入 P 区，使每个区中的光生电子-空穴对被分割开来。光生电子在 N 区的集结使 N 区带负电，光生电子在 P 区的集结使 P 区带正电，从而使 P 区和 N 区之间产生光生电动势。当硅光电池接入负载后，光电流从 P 区经负载流向 N 区，负载中可以得到功率输出。

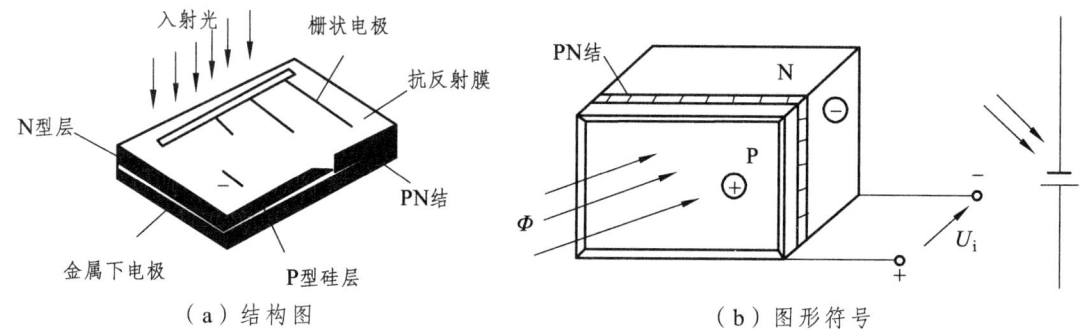

图 2-66 硅光电池的结构和图形符号

（2）光电传感器的应用。

① 光电式转速传感器。

光电式转速传感器的结构和工作原理如图 2-67 所示。当被测的车轴转动时，带有缝隙的转盘会随之一起转动。带缝隙的圆盘每旋转一圈，光敏元件输出与圆盘上缝隙的个数相同的电脉冲。根据测量时间 t 内产生的脉冲的个数 N，就可以测出转速为

$$n = 60N/Zt$$

式中，Z 为圆盘上的缝隙的个数；n 为转速。

电脉冲被送入测量电路进行放大和整形后，再送入频率计显示即可。

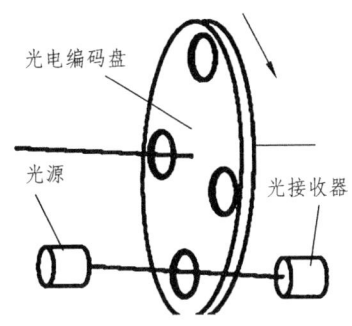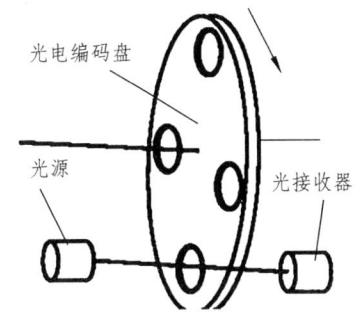

（a）光线被遮住，接收器无信号　　（b）光线未被遮住，接收器有信号

图 2-67　光电式转速传感器的工作原理示意图

② 光电耦合器。

光电耦合器是由一个发光元件和一个光电元件同时封装在一个外壳内组合而成的转换元件，目前广泛应用于隔离电路、开关电路和逻辑电路中。常见的光电耦合器有金属密封型和塑料密封型两种结构，如图 2-68 所示。

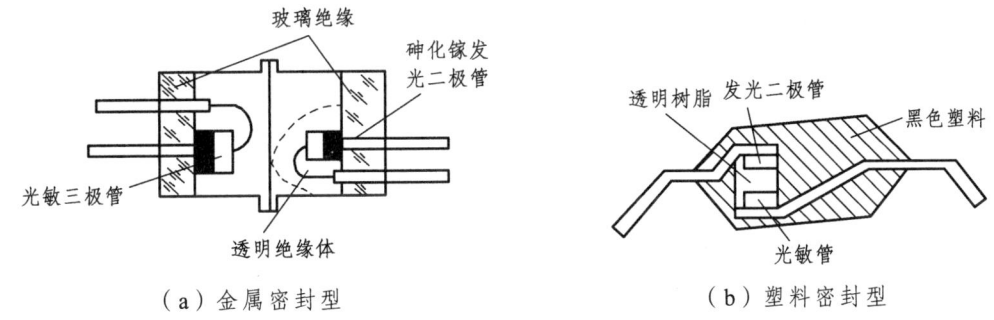

（a）金属密封型　　　　　　　　（b）塑料密封型

图 2-68　光电耦合器的结构示意图

金属密封型采用金属外壳和玻璃绝缘结构，为了提高灵敏度，其中心装片用环焊的方式保证发光管和光敏管对准。塑料密封型采用直插式塑料封装结构，管芯先装于管脚上，中间再用透明树脂固定，具有聚光作用，这种结构灵敏度较高。

光电耦合器的发光元件常采用砷化镓发光二极管。当 PN 结外加正向电压时，引起载流子的相遇、复合而释放出能量，这种能量是以发光的形式表现出来的。

光电耦合器的工作原理是在输入端加电信号使发光源发光，光的强度取决于激励电流的大小。当光照射到封装在一起的受光器（光敏三极管）上后，会因光电效应而产生电流，并从受光器输出端引出，实现了电-光-电的转换。

③ 光电传感器在轨道车辆上的应用。

HXD3 型电力机车采用 DF16 型速度传感器，该传感器是上海德意达公司组装生产的光电式速度传感器。针对不同的应用场合，有单、双、三及四通道多种类型可供选择，各通道间彼此隔离，且带有极性保护和输出短路保护。

列车运行时，传感器内部的光电模块扫描与轮轴同步旋转的光栅盘，传感器可输出和速度成线性比例的方波信号。此外，该传感器可方便地安装于轴箱盖上，传动部分采用软性连接，能克服安装不同心及驱动间隙带来的影响。此外，它还具有坚固、密封性好、抗震、抗冲击、测速范围宽、温度适应范围宽、可靠性好、使用寿命长等优点，适用于国内外各种类型电力机车的速度检测。

DF16 型速度传感器的外形如图 2-69 所示，其主要部件包括光电模块、光栅、外壳、传动轴、软性连接器、14 芯防水插头、座和外附导线等，各模块彼此隔离，可安装于内或外轨道上，其接线图如图 2-70 所示。

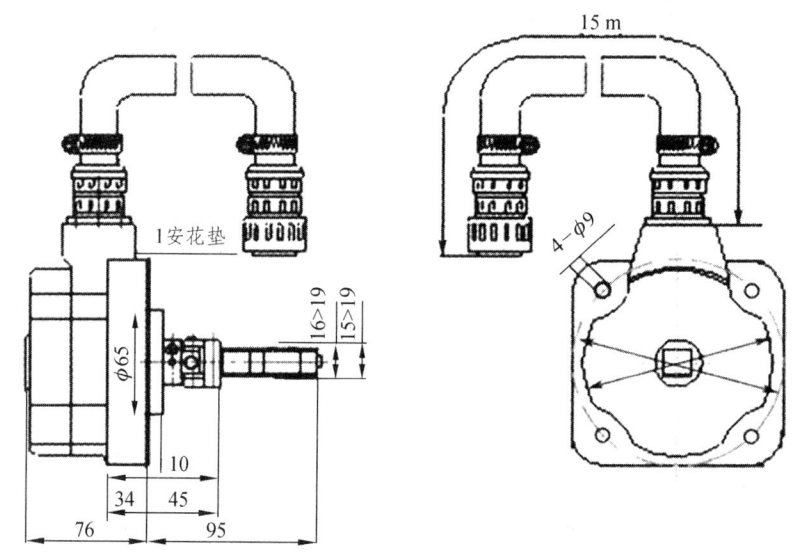

图 2-69 DF16 型速度传感器外形

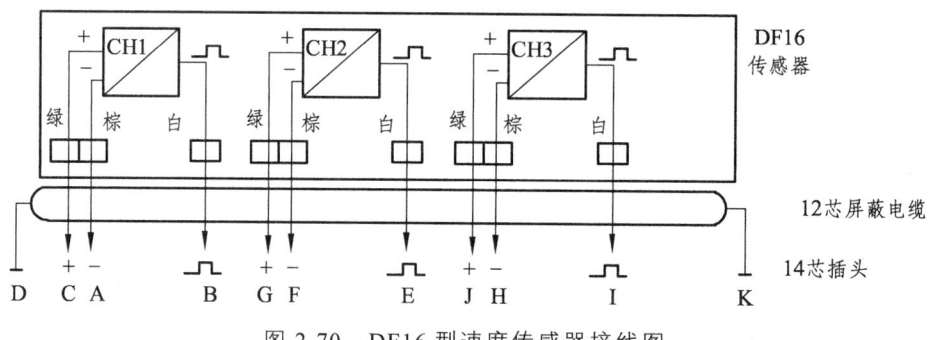

图 2-70 DF16 型速度传感器接线图

当车辆运行时，传感器输出方波信号，其频率和轮轴转速的关系为

$$f = nP/60$$

式中，n 为转速，单位是 r/min；P 为车轮每旋转一圈产生的脉冲数。

3）霍尔式转速传感器与位移传感器

（1）概述。

霍尔式传感器是基于霍尔效应的一种传感器，它利用霍尔效应来实现磁-电转换，主要用于电磁、压力、位移、速度和振动等方面的测量。霍尔传感器具有结构简单、体积小、无触点、使用寿命长、可靠性高、易于微型化和集成电路化等特点，因此在测量技术、自动化技术和信息处理等方面得到了广泛应用。

① 霍尔效应。

将金属或半导体薄片置于磁场中，当有电流流过时，在垂直于电流和磁场的方向上将产生电动势，这种物理现象称为霍尔效应，所产生的电动势称为霍尔电动势，这种金属或半导体薄片称为霍尔元件。

② 工作原理。

霍尔元件工作原理如图 2-71 所示，金属或半导体在磁场作用下，两端会产生电位差 U_H。利用霍尔电动势的产生原理，可用霍尔元件检测磁通。一般的霍尔元件均有 4 根引线，其中 2 根为外加电压输入，提供电能，另外 2 根引线输出霍尔电动势 U_H。当外加电压和电流 I_1 恒定时，输出的霍尔电动势 U_H 与磁场有良好的线性关系。

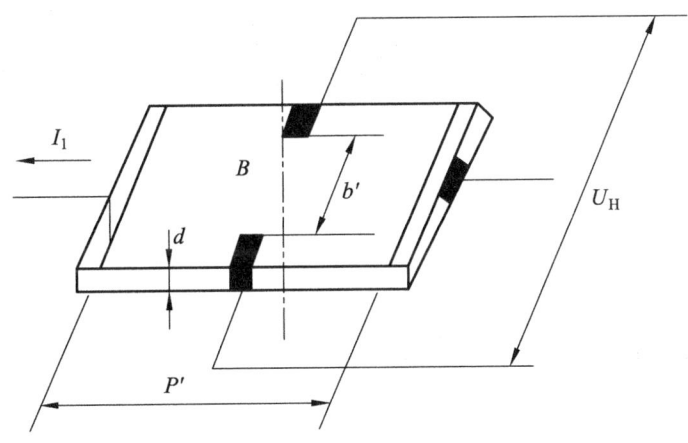

图 2-71　霍尔元件的工作原理示意图

③ 基本结构。

如图 2-72（a）所示的霍尔元件由霍尔片、4 根引线和壳体组成。霍尔片是一块矩形半导体单晶薄片（一般为 4 mm×2 mm×0.1 mm），在它的长度方向两端面上焊有两根引线（1 和 1'），用来施加激励电压或电流，称为激励电极。另两侧端面的中点对称焊有两根引线（2 和 2'），为霍尔输出引线，称为霍尔电极。霍尔元件的壳体由非导磁金属、陶瓷或环氧树脂封装而成。

在电路中霍尔元件可用几种符号表示，如图 2-72（b）所示。

（2）霍尔式转速传感器。

利用霍尔开关器件测量转速的原理很简单，只要在被测转轴上安装一个非金属圆形薄片，将磁钢嵌在薄片圆周上，转轴每转动一周，霍尔转速传感器就输出一个检测信号。当磁钢与霍尔器件重合时，霍尔转速传感器输出的是低电平；当磁钢离开霍尔器件时，霍尔转速传感器输出的是高电平。信号可经非门整形后，形成脉冲，只要对此脉冲信号计数就可以测得转速。为了提高转速的分辨率，可增加薄片圆周上磁钢的个数。几种不同的霍尔转速传感器的结构如图 2-73 所示。

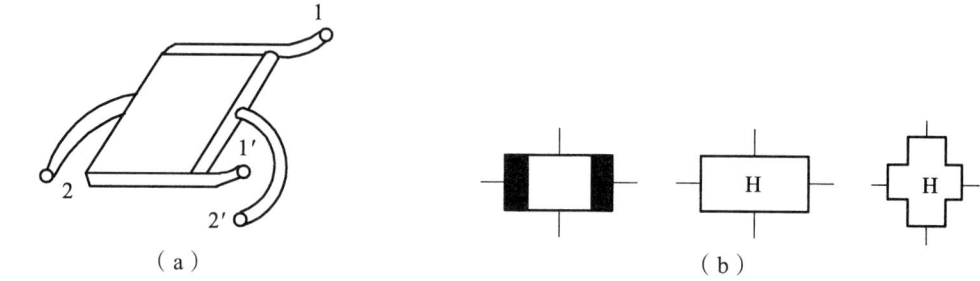

图 2-72 霍尔元件的外形结构和图形符号

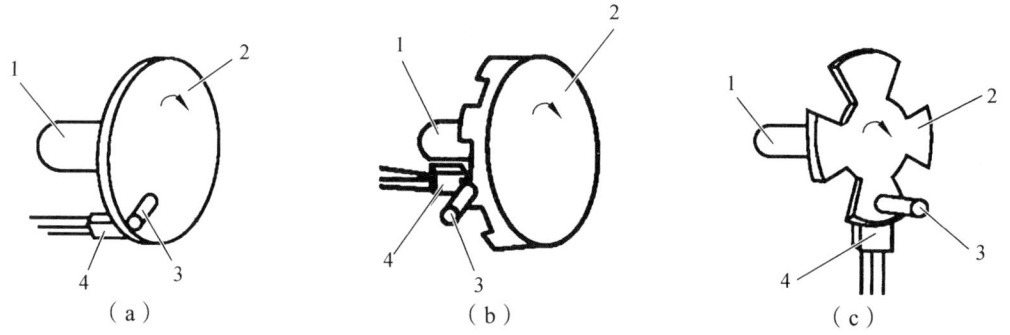

1—输入轴；2—转盘；3—小磁铁；4—霍尔传感器。

图 2-73 几种霍尔转速传感器的结构示意图

③ 霍尔式位移传感器

霍尔式位移传感器的工作原理如图 2-74 所示。

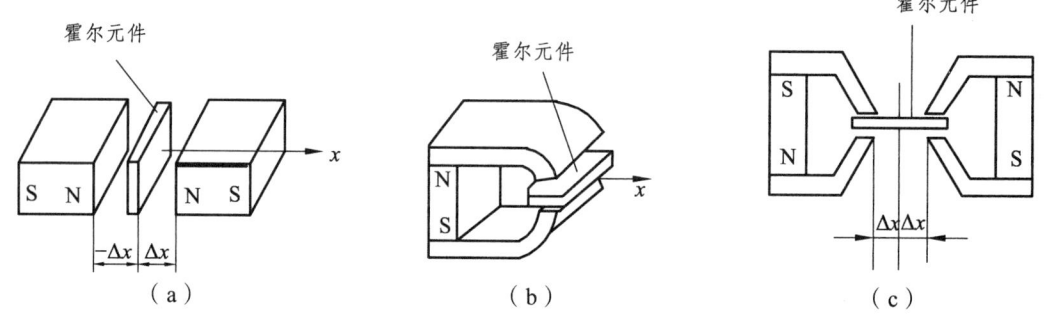

图 2-74 霍尔式位移传感器的工作原理示意图

图 2-74（a）为磁场强度相同的两块永久磁铁同极性相对放置，霍尔元件处在两块磁铁中间。由于磁铁中间的磁感应强度为零，因此霍尔元件输出的霍尔电势也等于零，此时位移等于零。若霍尔元件在两磁铁中产生相对位移，霍尔元件感受到的磁感应强度也随之改变，这时霍尔电势不为零，其量值大小反映出霍尔元件在磁铁之间相对位置的变化量。

图 2-74（b）所示为另一种结构简单的霍尔式位移传感器，是由一块永久磁铁组成磁路的传感器，在位移等于零时，霍尔电压不等于零。图 2-74（c）所示为一个由两个结构相同的磁路组成的霍尔式位移传感器，为了获得较好的线性分布，在磁极端面装有极靴，霍尔元件调整好初始位置，可以使霍尔电压为零。这种传感器灵敏度很高，即便位移量很

小也能够被检测出来,适合于微位移量及振动的测量。

2. 电压、电流传感器

常见的电压和电流传感器是基于霍尔效应制成的霍尔电压传感器和霍尔电流传感器。

1)霍尔电压传感器

霍尔电压传感器被广泛应用于需要进行电压测量的场合,其使用方法简单,将其直接跨接在被测元件的两端,就能检测出该元件上电压的大小。

霍尔电压传感器中的关键器件是霍尔元件,如图 2-75 所示,霍尔元件通入合适的控制电流 I_C 后,在磁场不变的情况下,其输出电压正比于所在磁场的磁感应强度 B。

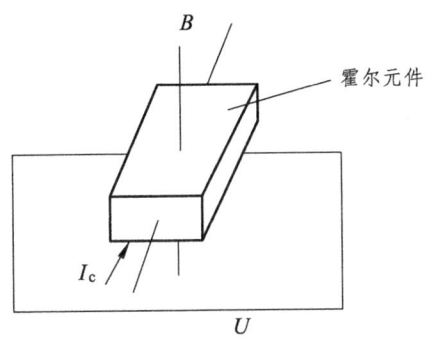

图 2-75 霍尔元件

如图 2-76 所示,传感器是由限流电阻 R_1、一次侧线圈 W_1、霍尔发生器、二次侧线圈 W_2 及放大电路等部分组成。当被测电压 U 在限流电阻 R_1 和一次侧线圈 W_1 中产生电流 I_P 时,该电流流经 W_1 并产生磁场 H_P,使霍尔发生器有霍尔电势输出。

该信号经过放大电路进行放大,推动功率管,从电源获得补偿电流 I_S,I_S 经过 W_2 所产生的磁场 H_S 的方向和 H_P 的方向相反,从而补偿了 H_P,直到 $I_PW_1=I_SW_2$ 为止。根据 $I_PW_1=I_SW_2$,可以求得 $I_P=I_S(W_2/W_1)$。另外,被测电压 $U=I_PR_X$,其中 R_X 是 R_1 和一次线圈的内阻之和。因此,测得电流 I_S 就可以求出电流 I_P 并求出被测电压 U 的值。

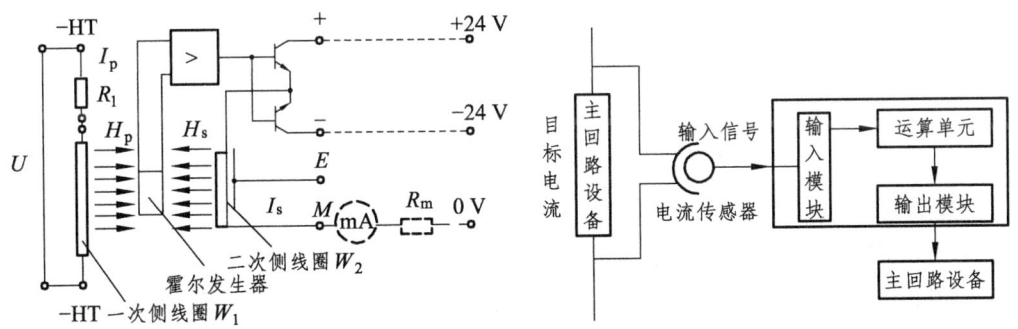

图 2-76 电压传感器的工作原理示意图

电压传感器的输出最终被输入控制系统的输入模块中。这些输入的模拟量将被牵引控制系统检测、计算和比较,一旦发现某些电压值和设定值之间的差值超过允许范围,控制系统将根据故障的危害程度决定如何处理该故障。

以城轨列车为例,其主回路的工作电压范围为 1 000~1 800 V,如果超出该范围,就有可能对主回路系统造成损害,甚至影响运营安全,因此必须进行监控。主回路的电压检测设备是电压传感器,它的主要作用是检测主回路相关的电压,并反馈给控制单元,当出现过电压或欠电压时,由控制单元控制相应的保护动作。

图 2-77 所示是检测主回路电压的霍尔电压传感器的外形。其工作原理如图 2-78 所示,被测电压 U_n 作用在电阻 R 上,R 中流过的电流 I_n 通过导体产生的磁场,由霍尔元件输出信号控制的补偿电流 I_m 流过次级线圈产生的磁场补偿,当原边与副边的磁场达到平衡时,其补偿电流 I_m 即可精确反映原边电流 I_n 的值。该类电压传感器的输出也是电流。

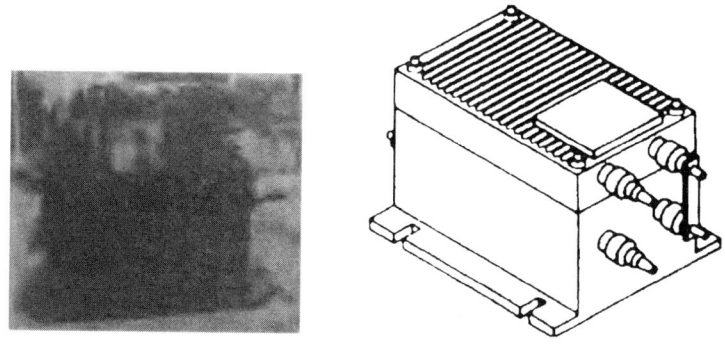

图 2-77 电压传感器外形

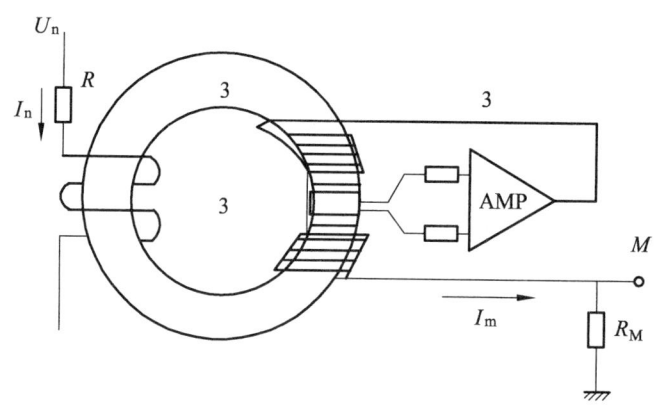

1—磁心;2—副边补偿线圈;3—霍尔元件。

图 2-78 电压传感器工作原理的示意图

2)霍尔电流传感器

霍尔电流传感器被广泛应用于需要进行电流测量的场合中,例如,在电机控制驱动中,它可作为电流反馈元件,构成电流反馈回路。此外,利用电流传感器还可以制成电流过载检测器或过载保护装置。

霍尔电流传感器结构如图 2-79 所示。标准软磁材料圆环中心直径为 40 mm,截面面积为 4 mm×4 mm(方形);圆环上有一个缺口,放入集成霍尔元件;圆环上绕有一定匝数的线圈,当通过检测电流时会产生磁场,则霍尔器件有信号输出。霍尔电流传感器中的关键器件也是霍尔元件。

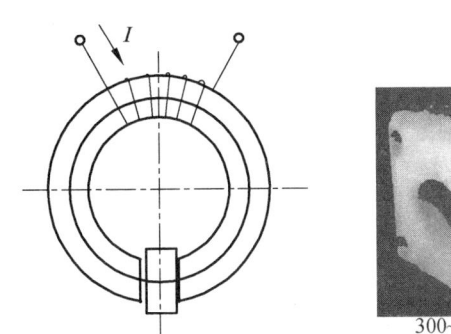

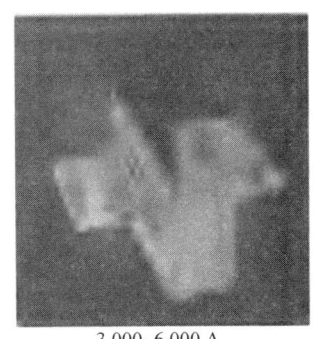

300~2 000 A　　　　　3 000~6 000 A

图 2-79　霍尔电流传感器外形及结构

如图 2-80 所示为霍尔电流传感器的原理框图。霍尔电势经过运算放大器差分放大推动功率放大电路中上方的三极管导通并产生电流信号 I_s，电流 I_s 流经次边线圈并产生磁场，该磁场与被测电流 I_p 产生的磁场大小相等但方向相反。因而，使置于该磁场中的霍尔发生器工作在零磁通的状态，即

$$I_s N_s = I_p N_p$$

假设原边的匝数 $N_p=1$，N_s 为次边匝数，为 5 000，因此 $I_s=I_p/5\,000$。若 $I_p=1\,000\,A$，则 $I_s=I_p/5\,000=200\,mA$；若 $I_p=500\,A$，则 $I_s=I_p/5\,000=100\,mA$。

电流传感器的输出最终被输入控制系统的输入模块中，这些输入的模拟量会被牵引控制系统检测、计算和比较。一旦发现某些电流值和设定值之间的差值超过允许范围，控制系统将根据故障的危害程度决定如何处理该故障。

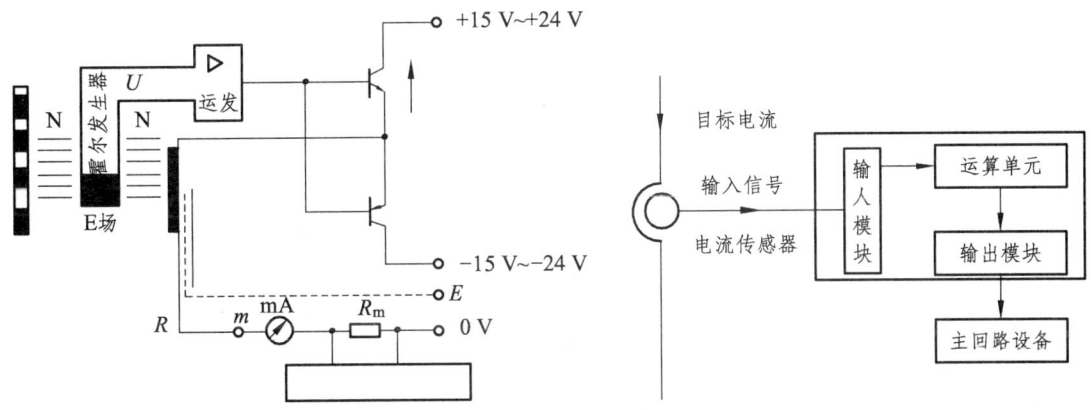

图 2-80　电流传感器的原理框图

值得注意的是，使用电流传感器时，必须先接通电源，然后再加上被测电流。测量结束时必须先断开被测电流，然后再断开电源，否则将因剩磁而影响测量精度。

图 2-81 所示是安装在设备柜中的电流传感器。它的主要作用是检测主回路相关电流并反馈给控制单元，其工作原理如图 2-82 所示，被测电流 I_n 流过导体产生的磁场，由通过霍尔元件输出信号控制的补偿电流 I_m 流过次级线圈产生的磁场补偿，当原边与副边的磁场达到平衡时，其补偿电流 I_m 即可精确反映原边电流 I_n 的值。

 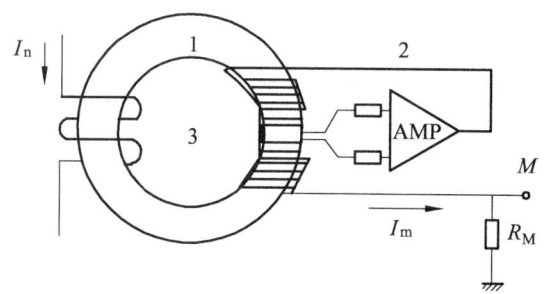

图 2-81　安装在设备柜中的电流传感器　　　图 2-82　电流传感器的原理示意图

3. 温度传感器

温度传感器是指能够将温度量转化为电阻或者电势的传感器,最常见的是热电阻和热电偶,其中将温度变化转换为电阻值变化的称为热电阻传感器,将温度变化转换为电势变化的称为热电偶传感器。这两种传感器在诸多领域得到应用。

以下将主要讲解热电阻传感器。

热电阻传感器用于 500 ℃ 以下的中、低温测量,它是利用导体或者半导体的电阻值会随着温度变化而变化的原理制成的。从物理学可知,一般金属导体具有正的电阻温度系数,也就是说电阻的阻值随着温度的上升而增加,在一定的温度范围内,电阻与温度的关系为

$$R_t = R_0 + \Delta R_t$$

式中,R_t 是指温度为 t 时的电阻值;R_0 是温度为 0 ℃ 时的电阻值;ΔR_t 是温度上升 t 而增加的电阻值。

对于线性度较好的铜电阻或一定温度范围内线性度较好的铂电阻而言,其阻值可以表示为

$$R_t = R_0[1 + \alpha(t - t_0)] + \Delta R_t$$

式中,α 是电阻的温度系数。对于绝大多数金属导体,α 并不是一个常数,而是温度的函数。但是在一定的温度范围内,α 可以近似地看作是一个常数。不同的金属导体,α 保持常数所对应的温度范围不同。选作感温元件的材料应满足材料的电阻温度系数 α 较大。α 越大,热电阻的灵敏度越高。

热电阻传感器中的热电阻大多都是由纯金属材料铜、铂或镍制成,通常将铜、铂或镍丝绕在陶瓷或云母基板上,或是采用电镀的方法,将某种金属涂敷在陶瓷材料基板上形成薄膜。其电阻率随温度变化而变化,致使它的电阻值随温度变化而变化,并且当温度升高时阻值增大,温度降低时阻值减小,这样就达到了测量温度的目的。图 2-83 所示为热电阻外形。

图 2-84 所示是地铁列车上使用的一种 Pt100 热电阻温度传感器的外形。地铁车辆上,常用该元件监测牵引逆变器相关模块、制动电阻等的温度。该热电阻的受热部分(感温元件)是用细金属丝均匀地双绕在绝缘材料制成的骨架上,当被测介质中有温度梯度存在时,所测量的温度是感温元件所在范围内介质中的平均温度。

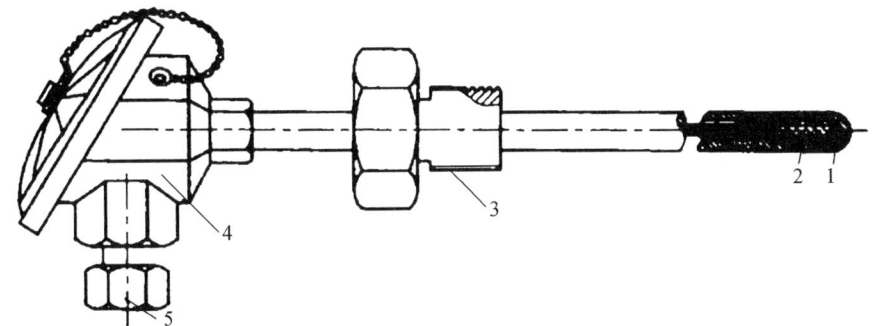

1—保护套管；2—感测元件；3—紧固螺栓；4—接线盒；5—引出线密封套管。

图 2-83 热电阻的外观图

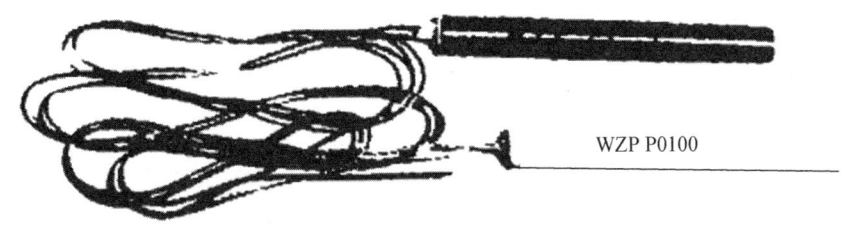

图 2-84 Pt100 热电阻温度传感器

热电阻的输入电路如图 2-85 所示，由 R_1、R_2、R_3 和被测电阻组成的普通的四臂桥温度测量电路。热电阻温度传感器的输出为模拟量，只要将 $V+$ 和 $V-$ 之差值乘以一个系数再加上常数，即 $T=(V+-V-)A+B$，便可得到被测设备的具体温度。

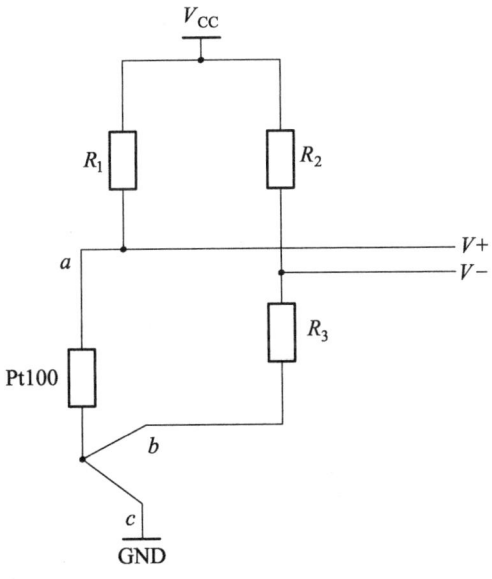

图 2-85 热电阻输入电路

4．压力传感器

1）霍尔式微压力传感器

（1）霍尔式微压力传感器的结构。

霍尔式微压力传感器的结构示意图如图 2-86 所示。

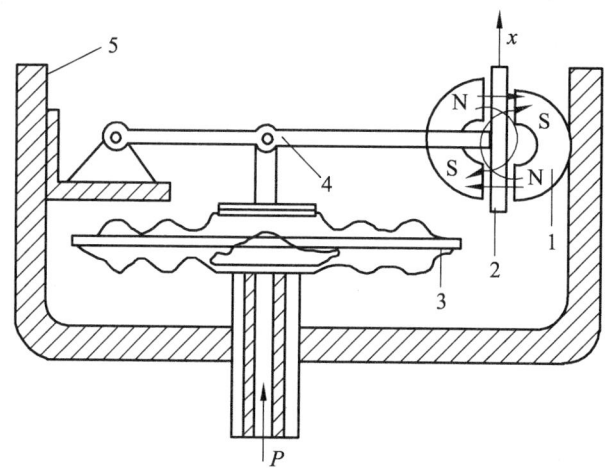

1—磁铁；2—霍尔元件；3—波纹膜盒；4—杠杆；5—外壳。

图 2-86　霍尔式微压力传感器的结构示意图

霍尔式微压力传感器由霍尔元件、磁系统和压力弹性元件（波纹膜盒）组成。霍尔元件固定在弹性元件上，当弹性元件产生位移时，将带动霍尔元件在磁场中移动，从而产生霍尔电势，以将压力变换为电量。压力弹性元件（波纹膜盒）用来感受压力，并将压力转换为位移量。

（2）霍尔式微压力传感器的原理。

当被测压力平衡时，霍尔元件的上半部分和下半部分感受的磁场方向相反，大小相等，相互抵消，霍尔电动势为零。当被测微压力 P 从进气口进入弹性波纹膜盒时，膜盒膨胀，带动杠杆移动，从而使霍尔元件在磁系统中移动，改变了霍尔元件感受到的磁场大小及方向，引起霍尔电势的大小和极性改变，故霍尔元件输出的总电势不为零，实现了压力-位移-电势的转换。由于波纹膜盒与霍尔元件的灵敏度很高，所以可用于测量压力的微小变化。这种传感器可以使用线性型霍尔集成电路。

2）压电式压力传感器

压电式压力传感器是利用压电效应把非电量转换为电量。压电式压力传感器是一种典型的有源传感器，它还具有一定的可逆性，因其体积小、质量轻、结构简单、灵敏度高、固有频率高得到了广泛应用。压电元件是一种典型的力敏元件，凡是能够变换为力的物理量，如应力、压力、加速度等均可测量。

压电式压力传感器的结构如图 2-87 所示。

（1）压电元件材料。

压电元件材料主要分为单晶体，如天然石英（SiO_2）；多晶体，如人工制造的压电陶瓷。压电陶瓷在进行极化处理之前，因各单晶体的压电效应都互相抵消而表现为电中性，所以必须先对压电陶瓷进行极化处理。经极化处理的压电陶瓷具有非常高的压电系数，为石英的几百倍。

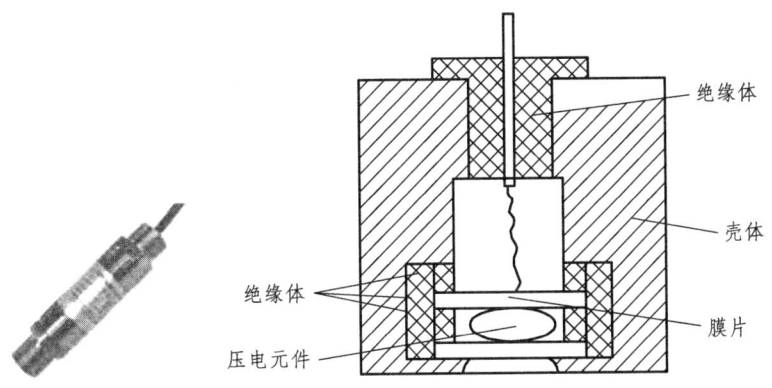

图 2-87 压电式压力传感器的结构示意图

（2）压电效应。

压电效应是指将压电元件承受的作用力转换成压电元件表面所带的电荷，即压电材料受压时会在其表面产生电荷，产生的电荷量与所受的压力成正比。外力消失后，压电材料又重新恢复到不带电状态。当作用力的方向改变时，电荷的极性也随之改变。当在电介质极化方向施加电场时，这些电介质也会发生变形，这种现象称为逆压电现象。压电式压力传感器都是利用压电材料的正压电效应而制成的。

（3）工作原理。

压电式压力传感器的工作原理主要是压电效应，它是利用电气元件和其他机械把待测的压力转换成为电量，再进行相关的测量工作。压电式压力传感器主要由膜片、压电元件和绝缘体组成。膜片起密封、预压和传递压力的作用。由于膜片的质量很小，而压电晶体的刚度很大，所以传感器具有很高的固有频率，非常适合于动态压力测量。

复习思考题

1. 简述受电弓的结构和各部分的功能。
2. 简述受电弓升降弓及自动降弓装置的工作原理。
3. 受电弓的维护方法是什么？
4. 简述车顶高压设备的组成及各部件的功能。
5. 车顶各高压设备的维护方法是什么？
6. 动车组常用低压电器有哪些？说出它们的组成及工作原理。

项目三　动车组牵引变压器

我们乘坐复兴号动车组列车时，可以使用移动设备一边充电一边通过高铁 Wi-Fi 访问网络。那么大家想过没有，电能是怎么从牵引网经过受电弓转换成供动车组驱动的动能的呢？

作为电力机车和动车组的核心部件，牵引变压器有着"心动力"的称号，是车辆牵引、制动、通信等重要功能的电力来源。外部电网上的 25 kV 高压接入车辆后，首先经牵引变压器进行降压，达到安全可用的电压后，方能被使用。那么，牵引变压器是什么呢？

本项目介绍了常用的动车组牵引变压器，目的是了解动车组牵引变压器的工作原理、基本结构、各部分的作用及其分类，使学生学会动车组牵引变压器拆装与维修的基本技能。

项目描述

通过本项目学习，了解电力变压器的结构原理、发热及冷却，掌握动车组牵引变压器的组成及作用，动车组牵引变压器运用与维护方法。

知识目标

（1）掌握动车组 ATM9 型牵引变压器的基本工作原理。
（2）掌握动车组 ATM9 型牵引变压器的结构及参数。
（3）掌握动车组 ATM9 型牵引变压器的冷却系统的结构及工作原理。

能力目标

（1）掌握动车组 ATM9 型变压器的拆卸、移动及安装方法。
（2）掌握动车组 ATM9 型变压器常规维护及检修项目的处理方法。
（3）掌握动车组 ATM9 型变压器常见故障排查及处理方法。

情景分析

案例 1：在监视主菜单页面下方闪现故障提示界面，并伴有声音报警。触按"故障详细"键后，故障显示页面显"主变压器油泵停止"。

故障原因：
（1）油泵控制 NFB 断开。
（2）油泵故障。

故障处理：

（1）机械师闭合油泵控制 NFB 开关。

（2）如未有恢复，司机通过 MON 切除故障动力单元，闭合 ACK2。

保护装置动作时，依据表 3-1 调查原因。

详细记录故障发生时的运行状况、各种继电器的动作状况和其他机器的异常情况，对于调查原因时会有较大帮助。

表 3-1 故障原因分析

保护装置名	动作确认	原因
温度继电器	油温度升高到 135 ℃ 以上时 MTThR 动作，闸门断开	1. 过负荷； 2. 油冷却器堵塞； 3. 送风机故障； 4. 温度继电器自身故障
油流继电器	循环油量减小到大约 120 L/min 以下时 MTOFR 动作，闸门断开	1. 油泵故障； 2. 漏油导致吸入空气； 3. 异常低温造成循环油量不足； 4. 油泵电源电路故障； 5. 油流继电器自身故障
自复位型卸压阀	变压器内部压力升高 0.1 MPa 以上时，油或分解气体喷出	1. 内部异常过热； 2. 内部放电； 3. 呼吸管堵塞； 4. 外部短路冲击

案例 2：牵引变压器油泵故障。

故障原因及其分析如表 3-2 所示。

表 3-2 牵引变压器油泵故障

名称	主变压器油泵停止（165）
现象	相应动力单元 VCB 跳闸，司机室操纵台故障显示灯"VCB"灯点亮，相应动力单元 CI 停机
车种	CRH2A、CRH2B、CRH2C、CRH2E
原因	【牵引变压器油流】断路器断开；牵引变压器冷却油泵故障。
行车	继续运行
步骤	处理过程

续表

步骤	处理过程	
1		当 MON 屏主菜单页面闪现"故障发生信息"提示,并伴有声音报警时,司机触按左下方【故障详情】键,确认故障情况,并通知随车机械师。
2		MON 屏切换至"主变压器 油泵停止（165）"故障信息页面。
3	3.1 随车机械师立即确认故障车运行配电盘中【牵引变压器油流】断路器是否处于闭合状态。若断开,则闭合;若闭合,则断开后再投入。 3.2 确认完毕,通知司机。	
4		4.1 若故障消除,司机重新闭合 VCB,正常运行。 4.2 若故障未消除,远程切除故障单元 VCB,闭合 ACK2 进行扩展供电,维持运行。

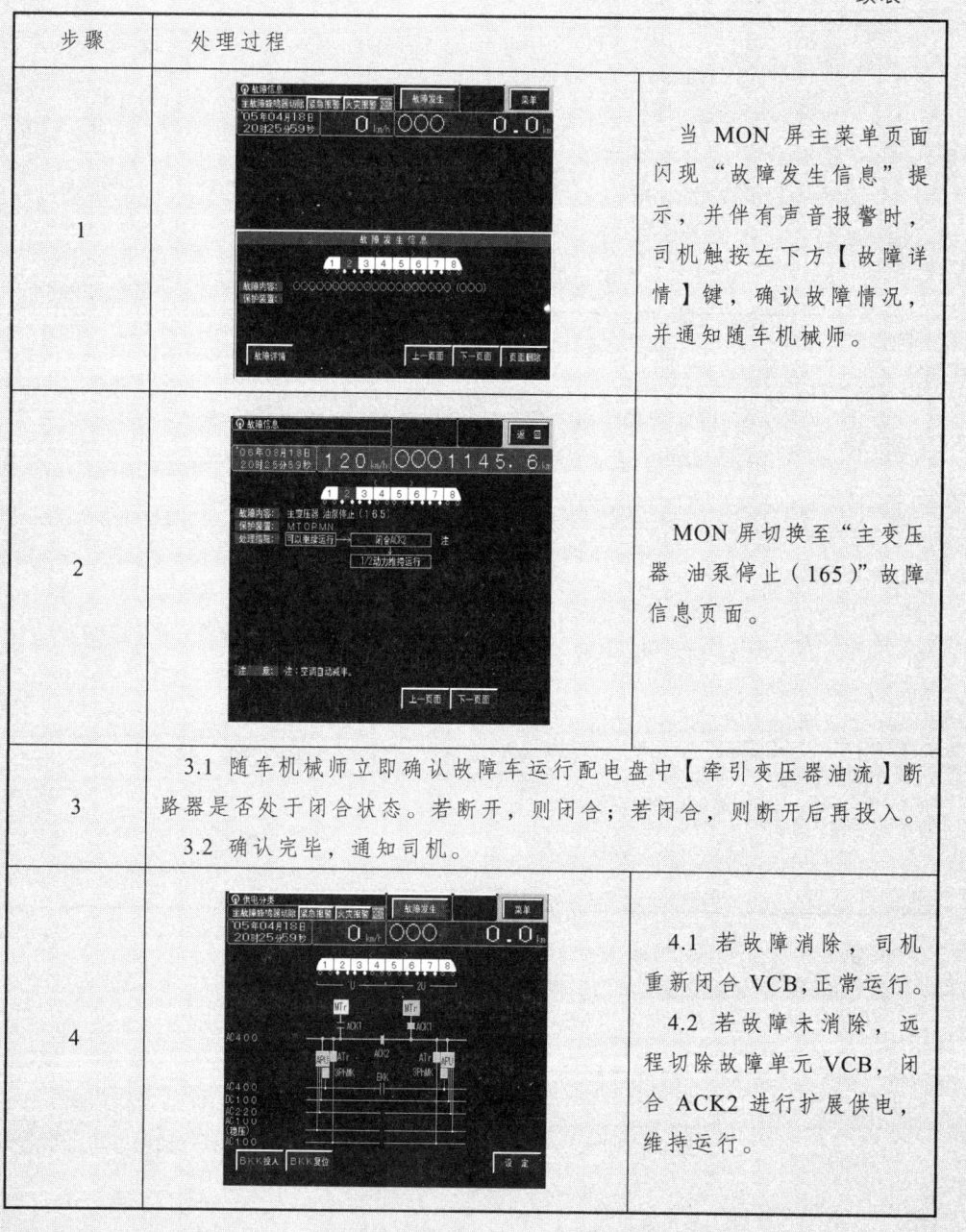

任务一　电力变压器结构及基本原理

> 任务描述

- 了解电力变压器的基本结构和原理。
- 了解电力变压器发热的原因及冷却方式。

相关知识

一、电力变压器基本原理

微课：变压器基础知识　　微课：变压器工作原理

变压器是一种电磁能量转换器，它利用电磁感应作用将一种电压、电流的交流电能转换成同频率的另一种电压、电流的电能。变压器由绕在共同铁心上的两个或两个以上绕组通过交变磁场联系，它们之间有磁耦合，但没有电的直接联系。

将其中一个线圈作为一次（原边）绕组，其他一个或两个线圈作为二次（副边）绕组。在外接电源作用下，一次绕组中有交流电流通过，并在铁心中产生交变磁通，根据电磁感应定律，在一、二次绕组中产生了感应电动势，除去铁心的损耗以后变为电能输出到负载上去。在这一能量传递过程中，一次侧和二次侧电动势的频率都等于磁通的交变频率，也就是一次侧外接电源的频率；而一、二次侧感应电动势之比，等于一、二次绕组匝数之比。

变压器的工作原理是以电磁感应定律为基础，即

$$e = -W \frac{\mathrm{d}\Phi}{\mathrm{d}t}$$

式中　e——感应电动势；
　　　W——线圈匝数；
　　　Φ——主磁通。

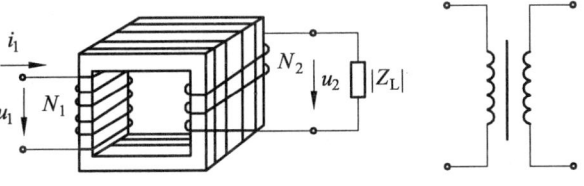

动画：变压器工作原理

图 3-1　变压器原理图

当原边电压有效值 u_1 一定时，只要改变原/副边绕组匝数比（N_1/N_2）时，就可以得到不同的副边电压有效值 u_2。变压器负载运行时，原副边电流的大小与绕组匝数成反比。变压器负载运行时匝数多的高压绕组中电流小，匝数少的低压绕组中的电流大，由此说明变压器不仅可以改变电压也可以改变电流。

二、变压器的基本结构

电力变压器一般是由铁心、绕组、油箱、绝缘套管和冷却系统等主要部分组成。铁心和绕组是变压器进行电磁能量转换的有效部分称为变压器的器身。油箱是油浸式变压器的外壳，箱内灌满了变压器油，变压器油起绝缘和散热作用。绝缘套管是将变压器内部的高、低压引线引到油箱的外部，不但作为引线对地的绝缘，而且担负着固定引线的作用。

1. 铁　心

铁心是变压器的磁路，又是套装绕组的骨架。铁心分为铁心柱和铁轭两部分，铁心柱上套绕组，铁轭将铁心柱连接起来，使之成为闭环磁路。为提高变压器磁路的导磁率，铁

心材料采用高导磁性能的硅钢片,为减少交变磁通在铁心中引起的涡流损耗,铁心通常用 0.28~0.35 mm 相互绝缘的硅钢片叠成,片上涂绝缘漆,以避免片间短路。

变压器铁心的基本结构有两种,一种叫芯片铁心,一种叫壳式铁心。由于芯式变压器结构比壳式简单,且绕组与铁心间的绝缘易处理,故电力变压器铁心一般都制造成芯片铁心。

三相芯式变压器有三相三柱式和三相五柱式两种。三相三柱式是将 A、B、C 三相的 3 个绕组分别放在 3 个铁心柱上,3 个铁心柱与上下两个磁轭共同构成磁回路。三相五柱式与三相三柱式比较,它在铁心柱两头多了两个分支铁心,称为旁轭,旁轭上没有绕组。随着电力变压器单台容量的不断增大,其体积也相应地增大,与运输的高度限制产生矛盾,解决的办法之一是采用三相五柱式铁心。它能将变压器的上下铁轭高度几乎各减去一半,即整个变压器降低了一个铁轭的高度,而降低后铁轭中的磁通密度仍保持原值。

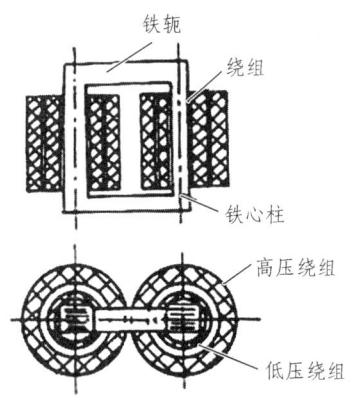

图 3-2 单相芯式变压器铁心

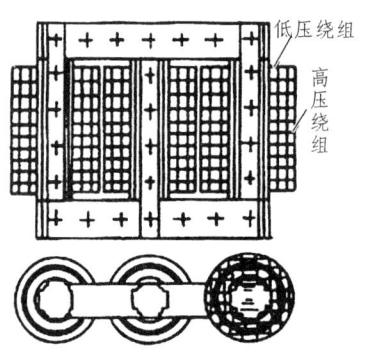

图 3-3 三相芯式变压器铁心

在大容量变压器中,为节省材料和充分利用空间,铁心柱的截面一般做成一个外接圆的多级阶梯形。随着变压器容量的不断增大,铁心柱的直径也随着增大,阶梯的级数也随着增加。为了使铁心中发出的热量被绝缘油在循环中充分带走,以达到良好的冷却效果,除铁心的截面做成阶梯形外,铁心上还设有散热沟(油道),散热沟的方向与硅钢片平行,也可垂直。

2. 绕 组

绕组是变压器的电路部分,由铜或铝的导线绕制而成。变压器中接到高压电网的绕组称为高压绕组,接到低压电网的绕组称为低压绕组。电力变压器的高低绕组在铁心柱上按同心圆筒的方式套装,在一般情况下,总是将低压绕组放在里面靠近铁心处,以利于绝缘,把高压绕组放在外面,高、低压绕组间以及低压绕组与铁心柱之间留有绝缘间隙和散热通道。

按其结构不同,绕组可分为圆筒式、螺旋式、连续式、内屏蔽式等形式。为了减少大型电力变压器在采用多股导线并绕时所产生的附加损耗,绕组往往需要作换位处理,通常采用换位导线。所谓换位导线,就是将多股分散的并绕导线,在绕制前,先按照一定的规律,360°连续地进行换位。在应用时,把换位导线当作一根导线来绕制。

图 3-4 为圆筒式绕组,其中图 3-4(a)的线匝沿高度(轴向)绕制,如螺旋状。制造工艺简单,但机械强度和承受短路的能力较差,所以多用在电压低于 500V,容量为 10~

750 kV·A 的变压器中。图 3-4（b）为多层圆筒绕组，可用在容量为 10～560 kV·A、电压为 10 kV 以下的变压器中。

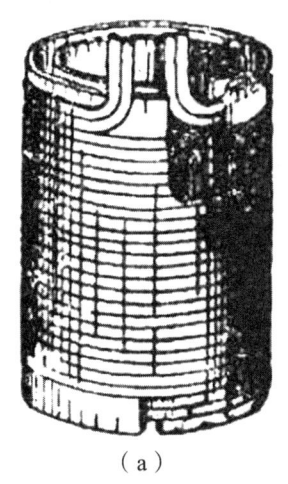
（a）

（b）

图 3-4　圆筒式绕组

为了使绕组有效地散热，绕组设有散热油道。在双绕组变压器强迫油循环导向冷却系统中，压力油在高、低压绕组之间有各自的流通路线，绕组中有纵向和横向油道，压力油在油箱中按指定的导向有规律地定向流动，保证所有低温冷却油流过油道，把热带走，使绕组得到有效的冷却，所以冷却效果比较理想。因此，目前大型变压器几乎都有采用这种强迫导向冷却的方式。

3. 油　箱

油箱是油浸式变压器的外壳，是用钢板焊成的，器身就放置在油箱内（见图 3-5）。按变压器容量的大小，油箱结构上有吊器身式和吊箱壳式两种。由于大容量变压器体积和重量大，都毫无例外地做成吊箱壳式，这种箱壳犹如一只钟罩，又称钟罩式油箱。当器身需要检修时，吊去外面钟罩形状的箱壳，即上节油箱，器身便全部暴露在外，可进行检修。显然，在检修时吊箱壳式比吊器身式容易得多，不需要特别重型的起重设备。

吊箱壳式变压器由上节油箱（钟罩式箱壳）、下节油箱、器身组成。箱壳上装有储油柜（又称油枕）。油浸式变压器的油箱内充满了变压器油，变压器油既起冷却作用，又起绝缘作用。油中含杂质或水分将降低油的绝缘性能，故要求盛在油箱内的变压器油最好不与外界空气接触，为此需将油箱盖紧，但当油温变化时，油的体积会膨胀或收缩，因而引起油面升高或降低，对小型变压器，一般采用预留空间的办法，即箱壳内的油不充满到箱盖，但对大、中型变压器，如仍用小型变压器预留空间的办法，则因其油箱截面积较大，油面将与空气大面积地接触，使油质变坏，尤其是大、中型电力变压器的高压侧，电压较高，当油的绝缘强度下降时，会立即威胁变压器的安全运行，储油柜可解决这个问题。

储油柜又称油枕，或油膨胀器，通过气体继电器的连通管与箱壳连通，其上部装一个呼吸器，正常时，储油柜中一半是油，一半是空气，箱壳内总是充满变压器油，当油受热膨胀后，储油柜的油面上升，上半部的空气通过呼吸器排到外面大气中去；当冷却时，油面下降,外部空气通过呼吸器的管子又进入储油柜,油面随温度的变化而自由升降,油与空气的接触面始终是储油柜的截面,减少了油与空气体的接触面,呼吸器的下端装有能够吸收水分和杂质的物质。此外,储油柜上装有全密封式带磁性的油位计,变压器装设了储油柜后,还有利于装设气体继电器(亦称瓦斯继电器),当变压器任何一部分因过热而使绝缘损坏,产生某些气体分解物时,气体继电器发出信号;当变压器内部发生严重故障时,有大量气体突然产生,气体继电器接通断路器的跳闸回路,将变压器切除,为防止变压器油因氧化而变质,大型变压器在储油柜上接氮气袋,储存氮气,进行充氮保护和空气隔离。

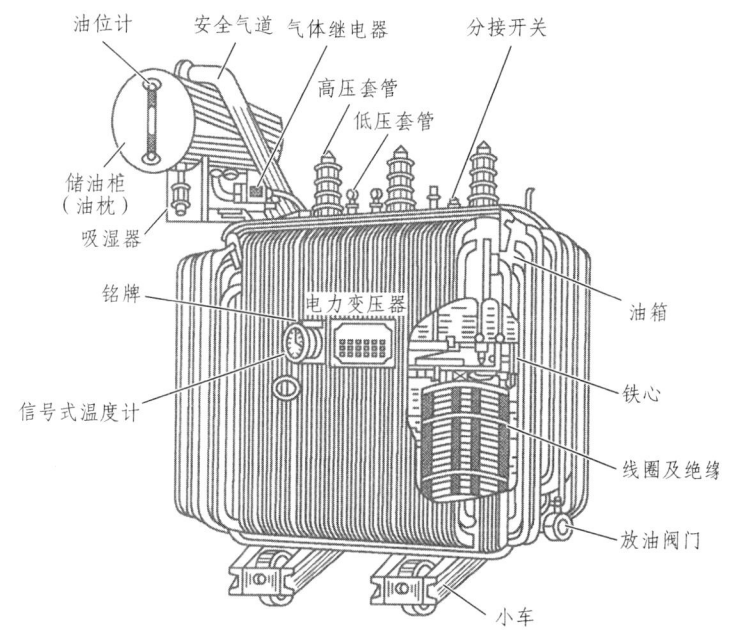

图 3-5　油浸式变压器结构图

4. 绝缘结构和绝缘套管

变压器的绝缘分主绝缘和纵向绝缘两大部分。主绝缘是指绕组对地之间/相间和同一相而不同电压等级的绕组之间的绝缘;纵向绝缘是指同一电压等级的一个绕组,其不同部位之间(如层间、匝间、绕组对静电屏之间)的绝缘。主绝缘应承受工频试验电压和全波冲击式电压的作用,因此,主绝缘结构应保证在相应电压等级试验作用下,具有足够的绝缘强度并保持一定的余度。

变压器内部的主绝缘结构主要为油-隔板绝缘结构,目前广泛采用薄纸筒小油隙结构。绕组之间设置多层厚度一般为 3~4 mm 的纸筒。铁心包括心柱和铁轭是接地的,靠近心柱的绕组与心柱之间为绕组对地的主绝缘,用绝缘纸板围着圆柱形的铁心构成,根据电压的高低决定纸板的张数。纸筒的外径与绕组的内径之间,用撑条垫开,以形成一定厚度的油隙绝缘。电压较高时可以采用纸筒-撑条重复使用的办法构成。油隙同时又是绕组与心柱之间、不同电压的绕组与绕组之间的散热油道。

每相绕组的上、下两端,绕组与上部的钢压板、下部铁轭,存在着绕组端部的主绝缘,又称铁轭绝缘,采用纸圈-垫块交叉放置数层构成,为改善绕组端部电场的分布,在 110 kV

以上的绕组端部，都放置静电屏。同一相不同电压的绕组之间或不同相的各电压绕组之间的主绝缘采用薄纸筒小油隙结构，这种结构具有击穿电压值高的优点。最外层的绕组与油箱之间的主绝缘，电压在 110 kV 及以下时依靠绝缘油的厚度为主绝缘；电压在 220 kV 及以上时，增加纸板围屏来加强对地之间的主绝缘。

变压器的绝缘套管将变压器内部的高、低压引线引到油箱的外部，不但作为引线接地的绝缘，而且担负着固定引线的作用。40 kV 及以下电压级的变压器绝缘套管一般以瓷质或主要以瓷质作为对地绝缘，它由瓷套、导电杆和一些零部件组成，特点是结构简单（见图 3-6）。

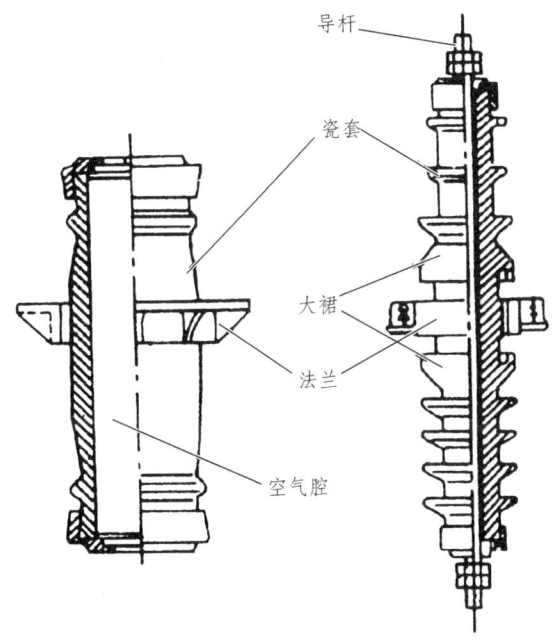

图 3-6　绝缘套管的结构形式

三、变压器的发热与冷却

（一）变压器的发热

变压器本身在能量传递过程中都存在能量损失，主要有铁心损失、绕组的铜损、其他损失。这些损失表现为变压器本身的温度升高，变压器中某部分的温度与周围冷却介质温度之差称为该部分的温升。变压器的温度升高对变压器的运行有很重要的影响。最主要的是对绝缘材料的影响，过高的温度将使绝缘材料破坏而失去绝缘能力，使变压器产生故障而停止运行，其次会减短它的使用寿命，温度升高将增大绕组的电阻，使铜损增加，电能损失加大。

大型变压器容量相应增加，尽管采用冷轧硅钢片减少铁心的磁滞损耗，采用精炼大截面铜导线减小电阻以减小铜损，但随着容量的增加，其损耗也相应增加。现代大型变压器的体积和外表面都力求不要太大，以免造成运输上的困难，这样必须对不同容量的变压器采取不同结构和方式的冷却，才会将变压器的温升控制在一定允许的范围内。

(二)变压器的冷却方式

为了保证变压器散热良好,必须采用一定的冷却方式,将变压器中产生的热量带走。常用的冷却介质是变压器油和空气两种,前者称为油浸式,后者称为干式。随着变压器容量越来越大,散热容量也相应增大,如果对不同容量的变压器都采用相似结构和冷却方式的话,变压器的温升就会太高而不能正常运行或降低其使用寿命。所以对变压器仅依靠自然冷却方式就不能满足要求了,必须对变压器采用更好的冷却方式,通常采用的方式有:

1. 强迫风冷

在变压器的散热器上加冷却风扇,一个或多个视变压器的容量而定,使流过散热器中油的热量尽快散失到周围空气中去,以达到降低变压器温升的目的。

2. 强迫油循环风冷

在变压器的散热器进、出管道的一侧加装油泵使油在冷却器和变压器中循环流动,同时在散热器上加装冷却风扇,使流动的油中的热量在风扇的作用下尽快地散失到周围空气中,以降低变压器的温升,虽然其在结构上比强迫风冷要复杂一些,但冷却效果要好得多,因为强迫油循环比自然油循环散热要快得多,50 MV·A 及以上的大容量变压器一般均采用此种方式冷却。

3. 强迫油循环水冷

与第二种冷却方式所不同的是让循环的热油流过通有流动的冷水的冷却器,通过热油流和冷水的相对流动进行热交换,把热量用水带走,众所周知,水的冷却效果要比空气冷却效果强许多倍(见图 3-7)。

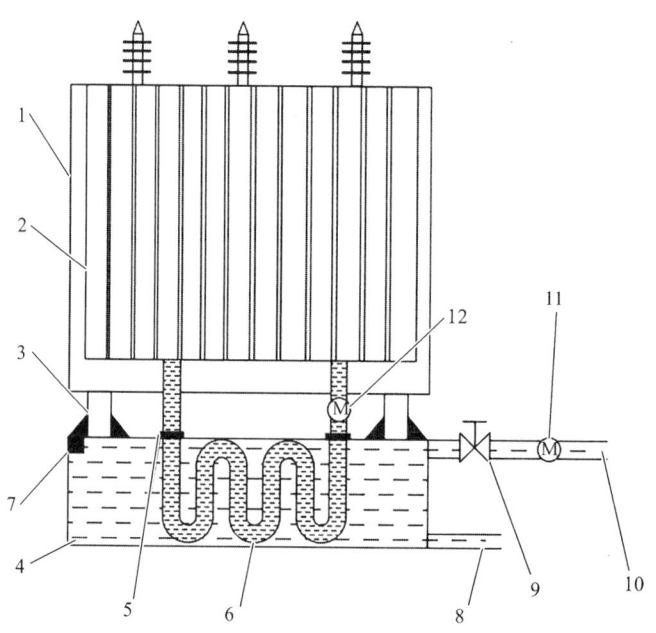

1—变压器;2—油箱;3—变压器支撑脚;4—冷却水;5—密封法兰;6—油管;7—出水口;
8—节流阀;9—进水口;10,11,12—水泵

图 3-7 一种变压器强迫油循环水冷示意图

（三）铁心和绕组的冷却

为了配合上述冷却方式，在铁心和绕组方面都采取了相应的冷却措施：

（1）在铁心方面，在铁心切片时，铁心的形状要考虑散热和减少涡流损失，在铁心叠片组装时留出轴向和纵向的油道以使油能有最佳的冷却效果。

（2）在绕组方面，不管采用何种绕法都要设计有一定的油路，为了便于散热，不同容量的变压器采用不同的绕制方法，如连接绕法、交叠绕法、饼间、层间、段间、相间都留有一定间隙的油道以便使油在其中流动。

通常采用的强迫油循环冷却的油流大部分通过箱壁和绕组之间的空隙，只有少量的油流过线圈和铁心，这样在变压器内部温度分布不均匀，冷却效果不好。为了进一步改进，又采用了强迫油循环导向冷却，这种冷却方式使油在变压器内部沿着一定方向流入线圈和铁心中所设的一定油路，然后再流入冷却器中冷却，这样就可以带走铁心和线圈中产生的大量热量，提高了散热效率。

任务二　CRH380A 型动车组牵引变压器

【任务描述】

- 掌握 ATM9 型牵引变压器性能参数。
- 掌握 ATM9 型动车组牵引变压器的结构原理。
- 掌握 ATM9 型动车组牵引变压器维护与检修方法。

微课：动车用变压器

动画：动车变压器

【相关知识】

一、CRH380A 型动车组变压器概述

如图 3-8 所示，CRH380A 型动车组采用六动两拖动力分散牵引方式。采用 ATM9 系列型主变压器，其工作原理与普通电力变压器相同。但由于动车组变压器工作条件的特殊性，ATM9 型变压器采用单壳式、无压密封方式，根据动车组编组方式，全列车配置多台变压器（见图 3-9）。每台变压器和 2 个牵引变流器、8 台牵引电机构成一个基本牵引动力单元。

如图 3-10 所示，CRH380A 型动车组主变压器通过螺栓吊装在 2、4、6 车车下（长编组安装在 2、4、6、8、10、12、14 车车下）。在网压变化范围内，牵引变压器输出电压、电流及功率满足列车牵引和再生制动要求。具有 1 个原边绕组（25 kV，3 060 kV·A），2 个牵引绕组（1 500 V，2×1 285 kV·A），1 个辅助绕组（400 V，490 kV·A），采用铝线圈、轻量耐热材料。牵引绕组为两个独立线圈，每 1 线圈均连接到 1 台牵引变流器上，确保牵引绕组的高电抗、疏耦合性，具有可使牵引变流器稳定运行的特性。另外，为了增加每组牵引绕组的容量，原边绕组采用两组并联结构的绕组。

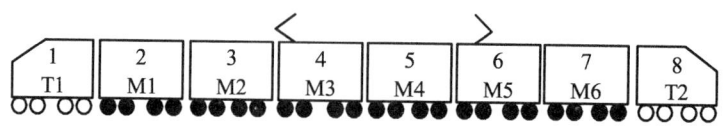

图 3-8 动力配置

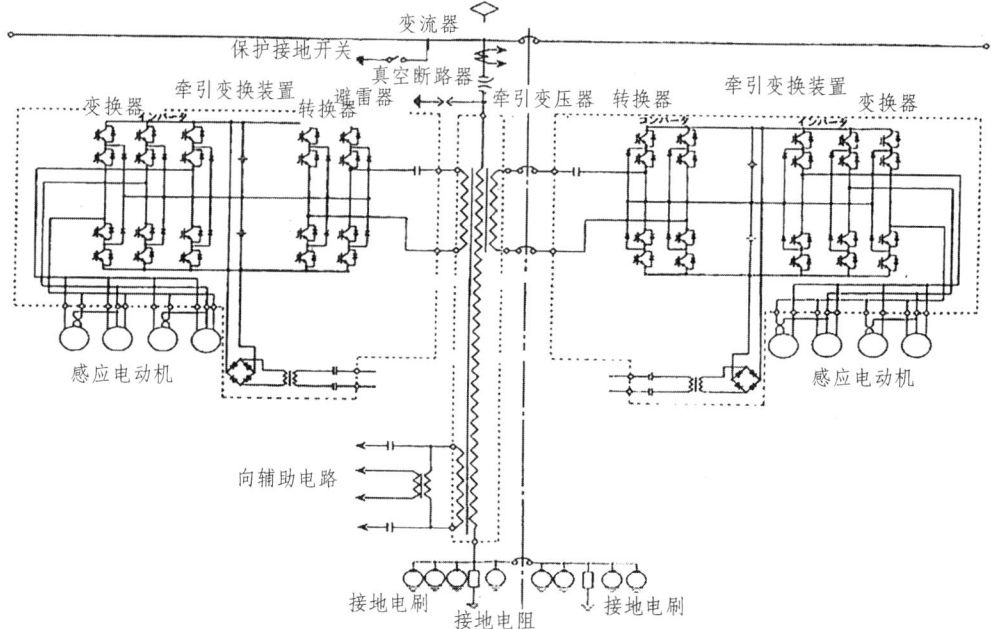

图 3-9 CRH380AL 牵引系统主电路略图

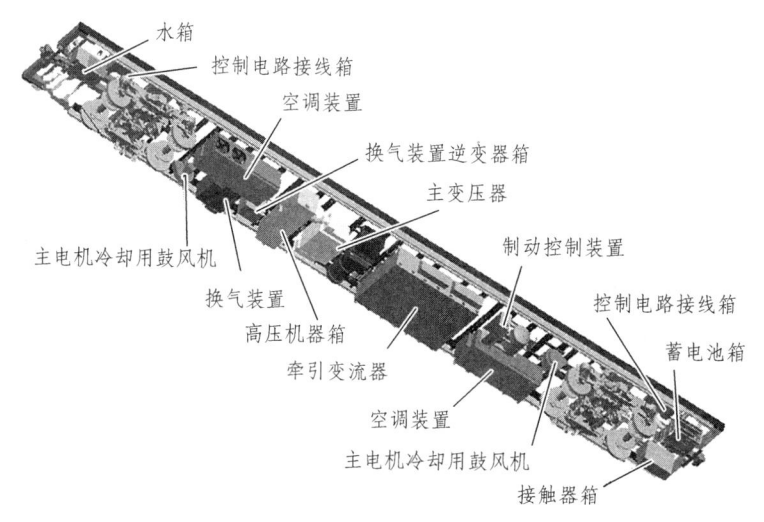

图 3-10 2 号车车下设备布置

牵引变压器外形尺寸（$L \times W \times H$）为 2 570 mm×2 300 mm×835 mm，质量为 2 860 kg，效率大于 95%。

冷却采用强迫油循环风冷方式，除用温度继电器、油流指示器实施状态监控外，还采用金属波纹管存油器，避免外气与油的直接接触，防止油质老化，冷却油采用难燃性硅油。

牵引变压器有如下主要特点：

（1）具有坚固的机械结构、耐机械振动和冲击。

（2）采用特制低损耗硅钢片，降低了变压器的涡流损耗。

（3）体积小、重量轻。

① 变压器采用壳式铁心，其油箱紧包变压器铁心及线圈，使得变压器内部结构紧凑，减少了变压器的尺寸及重量。

② 原边采用铝制线圈，牵引线圈采用铜质线圈。

③ 电磁线电密度大，用量小。

④ 取消了牵引线组滤波电抗器。

（4）牵引绕组。

① 各牵引绕组的电抗相等，以保证牵引绕组侧并联的 PWM 整流器的负荷平衡。

② 牵引绕组侧各绕组的电抗比较高，从而达到抑制牵引绕组电流纹波、控制开关器件的关断电流以及抑制网测谐波电流的要求。

③ 牵引绕组侧励磁电抗应尽量小。

④ 牵引绕组侧各绕组之间采用去耦结构，避免当各绕组之间干扰很强时，牵引绕组电流波形紊乱而严重影响开关器件的关侧断电流及网侧谐波电流的抑制。

⑤ 牵引绕组为 2 个独立绕组，每个绕组与一台牵引变流器连接，确保牵引绕组的高电抗和弱耦合，两个牵引绕组与各自的高压线圈耦合，相互影响很小，牵引变换装置具有稳定运行的特性。另外，为对应于每个牵引绕组的整容，原边配置了 2 个并联的线圈。

（5）绝缘性能。

变压器采用特 A 及绝缘，绝缘等级高。

（6）冷却性能。

① 冷却绝缘介子采用无色透明的合成油—硅油，为二甲基聚硅氧烷结构，不含任何添加物、悬浮物等有害物质，具有较好的环保性能。

② 冷却介子的最高温度可达 135 ℃，大大提高了油浸变压器的温升限值。

③ 冷却系统中油冷却器采用铝制板翅式结构，重量轻、体积小，空气阻力损耗与油的阻力损耗低，散热量大。

二、ATM9 系列主变压器的构造

CRH380A 采用 TBQ34-3855/25A 型和 ATM9D 型牵引变压器分别为南车电机和大同 ABB 厂供货。以 ATM9 型系列牵引变压器为例，其用来把接触网上取得的 25 kV 高压电变换为供给牵引变流器及其他电器工作所适合的电压，其工作原理与普通电力变压器相同。

ATM9 型牵引变压器外部结构如图 3-11 所示。储油柜安装在牵引变压器中央部位，和主机油箱通过连接孔输送绝缘油。波纹管采用圆形不锈钢焊接结构，外侧存放油，内侧与大气相通。

1—热油出油管输入油冷却器；2—电动油泵；3—油冷却器；4—热油吸入油管；5—变压器绕组；
6—冷却风入口；7—油冷却器散热片及热风出口；8—油流继电器；9—温度继电器；
10—原边线路侧套管；11—接线端子。

图 3-11　ATM9 型牵引变压器实物图

（一）铁　心

ATM9 型牵引变压器采用壳式铁心，其特点是铁轭不仅包围线圈的顶面和底面，而且还包围线圈的侧面。硅钢片采用低损耗硅钢片，降低了变压器的铁损。

为防止产生悬浮电位造成对地放电，安装时铁心及其他所有金属构件都必须可靠接地。整个铁心只允许一点接地。如果有两点或两点以上接地，则接地点之间可能形成闭合回路，造成铁心局部过热。

（二）绕　组

绕组是牵引变压器最关键的部件，为了保证变压器运行可靠，变压器绕组必须具有足够的电气强度、耐热强度、机械强度和良好的散热条件，使变压器既能在额定条件下长期使用，又能经受住过渡过程（如短路、雷击、操作等）所产生的过电压、过电流以及相应的电磁力作用，不致发生绝缘击穿、过热、变形或损坏。

ATM9 型牵引变压器一次高压绕组、二次牵引绕组采用了铝制线圈，三次辅助绕组采用了铜制线圈，技术参数如表 3-3 所示。

表 3-3　牵引变压器线圈主要技术参数

项目	一次高压绕组	二次牵引绕组	三次辅助绕组
总匝数	1 000　1/2	60×2	16
材质	铝	铜	铜
导线绝缘	聚氨酸绝缘纸		
导体质量/kg	146	159	61

（三）绝缘与引线装置

油浸式变压器的内部绝缘分为主绝缘和纵绝缘两类。主绝缘是指绕组（或引线）对地及对其他绕组（或引线）之间的绝缘；纵绝缘则指同一绕组不同部位之间的绝缘。绝缘结构尺寸,特别是主绝缘尺寸将直接影响变压器的重量、外形尺寸,以及阻抗电压、损耗等性能数据。

图 3-12 为牵引变压器线圈接线图,其中 TR1、TR2 是牵引线圈,HV1、HV2 是原边线圈,AUX 是辅助线圈。

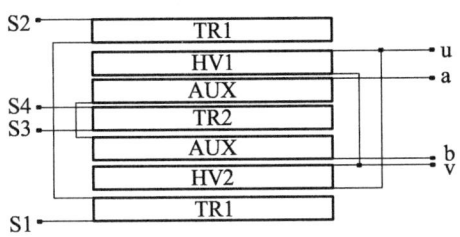

图 3-12　牵引变压器线圈接线图

线圈阻抗电压如表 3-4 所示。

表 3-4　线圈阻抗电压

短路绕组线圈	阻抗电压/%	
	设计值	实测值
S1-S2	21.4	21.16
S3-S4	21.4	21.87
S1-S4	—	17.09
a-b	—	5.44

牵引变压器原边线路侧套管选用一体型耐热环氧树脂注塑成型套管,套管连接到相邻的高压设备箱内的断路器上。牵引变压器采用特殊 A 级绝缘,线圈内部使用聚酰胺绝缘纸板及 Nomex410 纸绝缘,冷却介质的最高温度可达 135 ℃,大大提高了变压器的温升限值。

(四) 油　箱

油箱是油浸式牵引变压器的外壳,变压器的器身就放在充满冷却油的油箱内,油箱必须满足以下要求:

(1) 在保证内部必要的绝缘距离条件下,尽可能减小体积,节约用油。

(2) 具有必要的真空强度,以便在检修时能利用油箱进行真空干燥。

(3) 油箱外部各种附件的布置便于安装和维护。

变压器的器身放在充满冷却油的油箱中,油箱分为上油箱和下油箱。下油箱安装变压器的器身,上油箱可以安装储油柜,还装有温度继电器。油箱上壁装有压力释放阀,以便迅速排出油箱内过高的压力。另外,在箱壁还开有冷却系统的进出口管道,油冷却器安装在箱壁上。油箱上装有油管,用于接通油路。ATM9 型牵引变压器油箱为适形结构,紧包铁心及线圈,结构紧凑,尺寸及质量小。

油箱壁上装有绕组出线用的绝缘套管,另外还设有与车体固定用安装座。

(五）保护装置

为了保证变压器能够正常工作，并在出现故障时防止变压器事故的扩大，ATM9型牵引变压器设置了以下保护装置：

1. 温度继电器

用于监测牵引变压器的油温，在油温超过设定值时输出报警信号。报警温度设定为 135±2.5 ℃，高于此值时触电闭合，车辆上的指示灯点亮。

2. 油流继电器

油流继电器用于监测牵引变压器运行中的油流量，油流量异常时，输出故障信号。牵引变压器运转中的油流当流量达到 150×(1±10%)L/min 以上时则动作、当流量降至 120×(1±15%)L/min 以下时则闭合接点。

3. 金属波纹管式储油柜

储油柜又称油枕，安装在箱盖的上方。牵引变压器储油柜的油量满足变压器在高温持续运行时，油压不超过设定值。

ATM9型牵引变压器的储油柜采用金属波纹管式储油柜，波纹管是由多个（层数按规格）薄钢板冲压成形的环经内外圆周交互焊接而成，具有伸缩性的蛇腹状管结构。

管的一端用钢板密封，另一端设有通气孔，并焊接到储油柜缸体的钢板上。缸体套在波纹管外周，两部件之间油密焊接。波纹管外侧和缸体内侧之间存放绝缘油，此空间与牵引变压器油箱连通。波纹管内侧通过空气配管与大气连通。

储油柜安装在牵引变压器上部，通过波纹管伸缩来吸收绝缘油因温度变化引起的体积变化，使牵引变压器内部保持大气压力。

4. 自复位型压力释放阀

变压器运行时，可能因短路而产生过高的热量使冷却油迅速气化，变压器内部压力升高。为防止变压器事故扩大，造成油箱薄弱环节破裂和变形，安装了压力释放阀。本压力释放阀采用连杆和弹簧组成的自复位结构，当主机内部异常，导致压力过高时，自动卸压；当压力降低到安全值时，自动关闭压力释放阀外罩，避免不必要的油损失。

（六）冷却系统

牵引变压器运行中产生的所有损耗将转变为热量，使各部件的温度升高，当牵引变压器温升超过规定的限值，将加速绝缘老化甚至损坏，直接影响牵引变压器的使用寿命。因此，牵引变压器必须具有相应的散热能力。

ATM9型牵引变压器在保证内部散热能力良好的同时，其外部冷却采用了油循环风冷却方式。冷却系统完成变压器的散热，冷却回路如图3-13所示。

牵引变压器冷却系统主要由油冷却器、电动油泵、电动送风机等部件组成。

电动送风机从车辆侧面吸入冷却风，经柔性风道内的整风栅板送往油冷却器，热交换后的空气从进气风道对面的排气风道排出,绝缘油在油冷却器冷却后被送往变压器。油在流经绕组表面和铁心侧面时吸收热量,吸收热量后的油经电动送油泵再次送往油冷却器进行热交换。

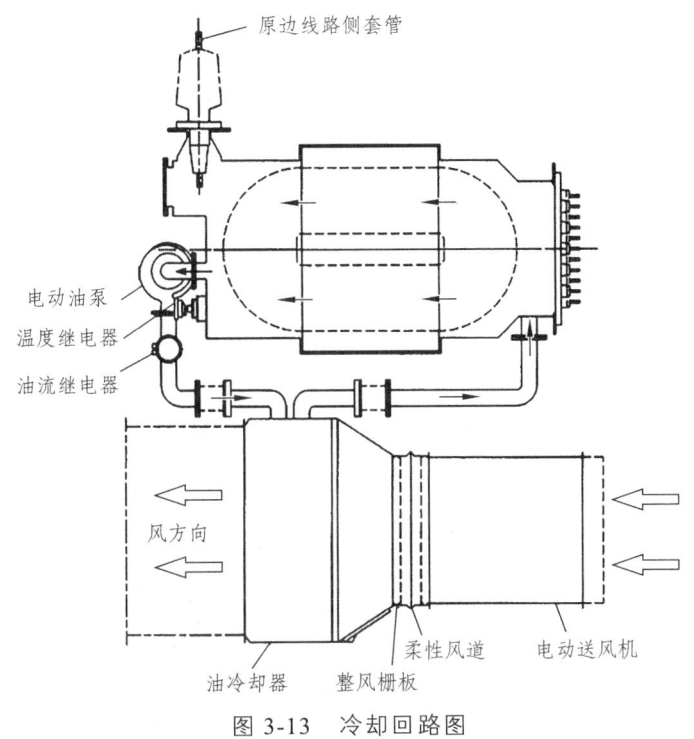

图 3-13　冷却回路图

冷却油按以上所述不停地在变压器内部循环,当循环因油泵故障等停止,则绕组将过热,甚至烧损。为此,在循环回路的某部分安装油流继电器,进行油流停止检测。

1. 油冷却器

油冷却器的总体结构如图 3-13 所示。油冷却器选用整体铝制油冷却器,采用铝制波纹(corrugated)翅片。虽然翅片间距和形状都加以了防止堵塞处理,堵塞不可避免,进而导致冷却性能降低。为此,油冷却器的风道部侧面需要开设清扫(检查)口,以便于堵塞时的检查和清扫。

图 3-14　油冷却器

油冷却器的规格如表 3-5 所示。

表 3-5 油冷却器规格

参 数	高温侧	低温侧
热交换量	150 kW	
流 体	硅油	空气
流 量	700 L/min	125 m^3/min
入口温度	105 ℃	25 ℃
压力损失	3.0 m 油柱	400Pa

2. 电动油泵

电动油泵总体结构见图 3-15 所示。选用轴向空隙型电动油泵。油泵的泵和电动机采用一体构造，任何一侧均能浸润硅油，因此轴承可直接使用硅油润滑。

图 3-15 电动油泵总体

电动油泵的规格如表 3-6 所示。

表 3-6 电动泵规格

型 号	TS16－80－B4		
电 机		油 泵	
方 式	三相鼠笼式 半径方向空隙式	方 式	涡轮式
功 率	1.5 kW	油 速	700 L/min
电 压	400 V	全扬程	7M 油柱
电 流	5.5 A	使用绝缘油	硅油
频 率	50 Hz		
极 数	4		

3. 电动送风机

电动送风机的总体结构如图 3-16 所示。电动送风机采用单相鼠笼型感应电动机和送风机直连构造，可在牵引变压器的油冷却器的旁边，通过防振橡胶衬垫吊在车体下部。送风机为 2 段轴流型，为应对车辆低地板化，可进一步缩小体积。

电动送风机的规格如表 3-7 所示。

表 3-7 电动送风机规格

电 动 机		送 风 机	
型　号	SE-J	型　号	THTF6.0-Ⅱ
相　数	3	风　量	171 m³/min
极　数	4	静　压	1 440 Pa
电　压	400 V		
输出功率	6.5 kW		
频　率	50 Hz		

图 3-16　电动送风机

三、ATM9 型主变压器的技术规格

ATM9 型变压器采用单相、壳式、无压密封方式，主要技术参数如下：

1. 通用规格

环境温度：−25 ~ +40 ℃（应考虑因车体盖板结构所产生的温度上升）。

2. 原边电压变动范围

标称公称接触网电压：25 kV；
原边电压变动范围：17.5 ~ 31 kV。

3. 性　能

（1）线圈结构：2 次 2 绕组，3 次 1 绕组。
（2）方式：单相、壳式、无压密封方式。
（3）冷却方式：油循环风冷方式（KDAF）。
（4）额定值：如表 3-8 所示。
（5）绝缘级别：如表 3-9 所示。
（6）绝缘类别：特殊 A 类绝缘（使用聚酰胺绝缘纸）。
（7）最高温升：如表 3-10 所示。

表 3-8 主变压器额定参数

绕组	额定容量/(kV·A)	额定电压/(kV·A)	额定电流/A
原边侧	3 060	25 000	154.2
牵引侧	3 335	1 658	1 008.7×2
辅助	520	400	1 300
频率/Hz	50		

表 3-9 牵引变压器绝缘等级·试验电压

绕组	原边线路侧	原边接地侧	牵引	辅助
感应耐电压	42 kV×10 min	—	—	—
工频耐电压	—	2.5 kV	5.7 kV	2.9 kV
雷击耐电压	全波：150 kV 截断波：170 kV	—	—	—

表 3-10 最高温升

测量部位	测量方法	温度上升极限	工频温度上升极限
绕组	电阻法	125 K	115 K
油	温度计法	80 K	75 K
标准环境温度	25 ℃		

在实际带负载运行时，由于牵引变流器产生的谐波电流成分会使牵引变压器内部的损失增大，所以在使用工频电源进行温升试验时的温升的上限应在上述数值以下。

（8）绝缘油的类别：硅油。

（9）辅助设备电源规格：

电动鼓风机：三相、50 Hz、400 V、115 m^3/min；

电动油泵：三相、50 Hz、400 V、700 L/min、7 m 油柱。

（10）外形尺寸与质量：

外形尺寸（$L \times W \times H$）：2 570 mm×2 300 mm×835 mm；

总质量仅为 2 910 kg（包括电动鼓风机）。

四、ATM9 型主变压器检修及测试

1. 一般注意事项

维护和检查作业具有一定的危险性，实施前必须认真确认情况，以确保人员、机器的安全。特别是在检查带电部时，必须事先切断电路，并通过地线将残留电荷释放干净。

2. 检查时期和实施项目

变压器常规检查项目、判定基准、异常处置等项目如表 3-11 所示。

表 3-11 常规检查项目

编号	检查项目	判定基准	异常处置	检查时期 作	检查时期 换	检查时期 全	检查时期 特
1	外观检查，部件有无损伤、漏油	无异常	修理损伤、漏油部位	○	○	○	
2	卸压阀有无动作痕迹、有无漏油	无异常	存在动作痕迹时调查详细原因	○	○	○	
3	油泵、送风机回转时有无异常声音、异常振动，存在异常声音时，使用声波探测器等确认声源	无异常，与同编组的其他变压器进行比较。	检查紧固部分有无松动、轴承有无损伤等，查明原因后实施相应的处置	○	○	○	
4	电动送风机金属网过滤器和整风栅板的污物附着状态和清扫情况	检查金属网过滤器和整风栅板的污物附着状态	换班检查时打开侧面塞板的外罩，检查金属网过滤器和整风栅板的污物附着状态。每2~3个换班检查时期清扫1次。温度继电器动作时进行清扫	检查 ○	清扫 ○	清扫 ○	
5	油冷却器堵塞检查和清扫情况	油冷却器入风口前面积堵塞10%~20%	换班检查时通过冷却器的清扫（检查）口检查堵塞状态。全面检查时必须进行清扫。温度继电器动作时进行清扫	检查 ○	清扫 ○	清扫 ○	
6	橡胶护套、保护外罩密封圈等有无老化、龟裂	无异常	更换			○	
7	测量介质损耗角正切；用逆西林电桥进行以下测定：原边—牵引/辅助/接地间；牵引—原边/辅助/接地间；辅助—原边/牵引/接地间。同时记录油温	超过1%时需加以注意，并积累数据，用以观察变化趋势	结合绝缘电阻进行研究。怀疑绝缘已经劣化时，实施油分析等详细调查			○	
8	测定绝缘电阻：主电路使用1 000 V兆欧表进行测定；辅助回转机和继电器电路使用500 V兆欧表进行测定。同时记录油温、湿度	须在下述值以上：原边—接地间 25 MΩ；牵引—接地间 0.5 MΩ；辅助—接地间 0.3 MΩ；原边—牵引间 25 MΩ；原边—辅助间 25 MΩ；牵引—辅助间 0.5 MΩ；辅助旋转机、继电器电路-接地间 0.3 MΩ	检查套管、端子板、端子台、配线有无污损闪络。怀疑变压器内部存在异常时，实施油分析等详细调查			○	

续表

编号	检查项目	判定基准	异常处置	检查时期			
				作	换	全	特
9	工频耐压试验： （1）原边—牵引/辅助/接地间 2 500 V×1 min （2）牵引—接地间 5 400 V×1 min （3）辅助—接地间 2 900 V×1 min （4）泵电路接地间 1 000 V×1 min	绝缘无破坏	更换变压器； 调查原因，实施对策			○	○
10	感应耐压试验。 原边接地侧端子接地，向牵引绕组施加电压，然后使原边线路端感应出以下电压： 150 Hz 时：38 kV×7 min、或 42 kV×3 min； 200 Hz 时：38 kV×5 min、或 42 kV×2.5 min	绝缘无破坏	更换变压器 调查原因，实施对策			○	○
11	绝缘油耐压试验和油分析。耐压试验依据 JISC 2101 实施。水分测定依据 JISK0068 实施。其他分析分别依据规定的方法实施	绝缘破坏电压在 30（kV/2.5 mm）以上，含有水分量 $60×10^{-6}$ 以下					○

注：作=作业检查；换=换班检查；全=全面检查；特=发生异常情况时的特别检查。检查时期可以根据实际运行情况进行适当修改。

3. 金属网过滤器的清扫方法

电动送风机送出冷却风时从吸入口吸入的污物将会进入冷却装置中，从而导致油冷却器热交换能力降低。为过滤污物，安装了拆装方便的金属网过滤器。过滤器附着污物时，按图 3-17 所示的要领进行清扫，具体步骤如下：

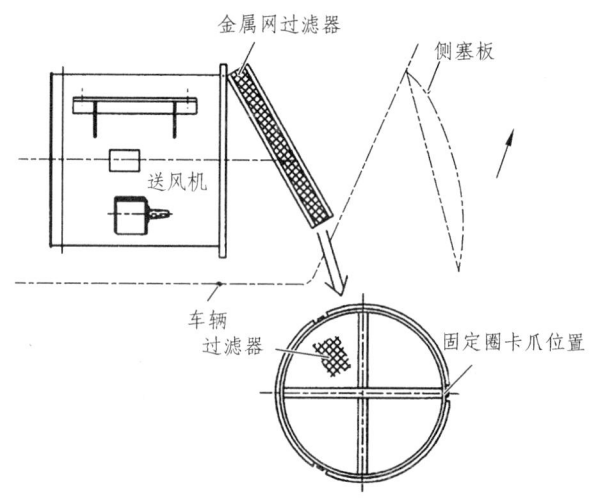

图 3-17　金属网过滤器清扫法

（1）取下位于电动送风机侧面的车体侧塞板。
（2）松开卡紧在电动送风机法兰上的 3 个固定圈卡爪，然后取出金属网过滤器。
（3）用尼龙刷或真空吸尘器清扫过滤器。
（4）按照上述步骤的反过程安装过滤器。

4. 温度继电器的更换方法

更换温度继电器时无须抽干变压器主机的绝缘油。温度继电器发生故障或进行检查时依据图 3-18 所示的方法拆卸。

（1）移开橡胶线夹，卸下引线（螺栓为 M×4）。
（2）用扳手夹紧锁紧螺母，然后松开定位螺母。
（3）用手握住温度计指示部，然后松开锁紧螺母，拔出感温部分，注意拉拔力不要太大。安装步骤与上述步骤正好相反。注意不要使感温部承受太大的弯曲、扭曲应力。

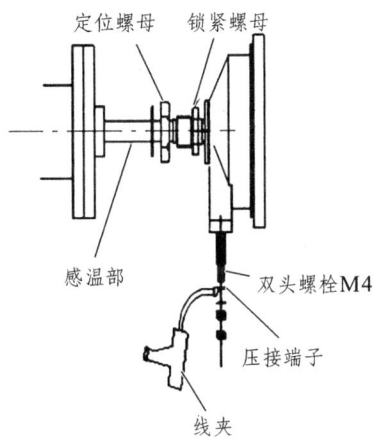

图 3-18　温度继电器更换方法

5. 油冷却器的清扫方法

虽然电动送风机吸入口安装了金属网过滤器，但是长时间使用后，油冷却器入风口侧的翅片部仍会积存通过过滤器的污物，进而造成堵塞。油冷却器积存污物时，按图 3-19 所示的要领进行清扫。

（1）卸下翼型螺栓，打开油冷却器风道上的清扫（检查）口，检查冷却器入风口侧翅片部的堵塞状态。
（2）松开柔性风道的紧固带（一触式紧固带），横向按压软管蛇腹部分，取下柔性风道和整风栅板。用螺丝刀等松开固定杆，拆下一触式紧固带。
（3）用尼龙刷或真空吸尘器清扫冷却器入风口侧翅片部积存的污物。
（4）从冷却器风出口侧送入压缩空气，吹散污物。
（5）清扫完毕后重新安装整风栅板和柔性风道，将固定杆插入适当的定位孔，以使一触式紧固带保持一定的张力。注意防止夹伤手指。

6. 修补涂装以及更换周期

修补涂装选用耐热性涂料，例如耐高温聚氨酯#2500 等，为防范故障于未然，原则上各部件应定期更换。推荐标准更换周期和更换期限如表 3-12 所示。

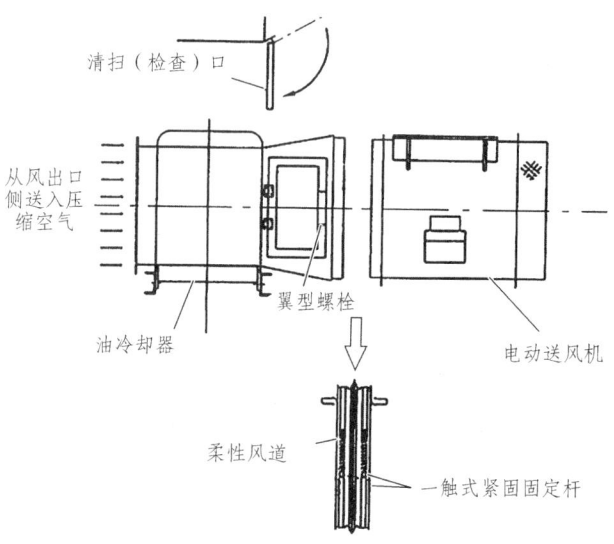

图 3-19 油冷却器清扫方法

表 3-12 更换周期和更换期限

部件名	更换周期	更换期限
温度继电器	10 年	—
油流继电器	10 年	—
电动油泵	轴承为 10 年	声音异常时更换
电动送风机	轴承为 3 年	声音异常时更换
阀门类	根据检查结果确定	漏油时更换
密封圈类	10 年	漏油时更换
绝缘油	根据检查结果确定	低于维护基准值时更换

7. 吊装注意事项

（1）牵引变压器起吊：将专用 MH 吊钩固定到变压器吊装部，然后起吊，如图 3-20 所示。

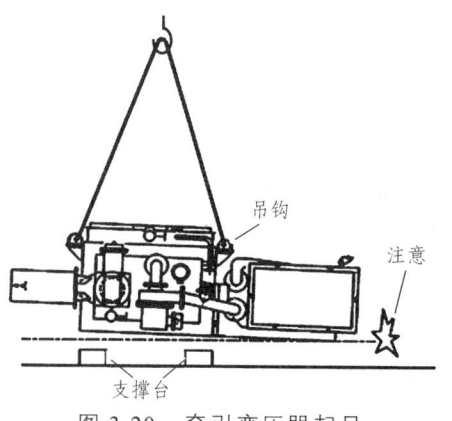

图 3-20 牵引变压器起吊

（2）牵引变压器落地：为防止损伤冷却装置等，落地前在变压器主机下部放置支撑台。

任务三　CRH380B 型动车组牵引变压器

任务描述

- 掌握 CRH380B 型动车组牵引变压器结构原理。
- 掌握 CRH380B 型动车组牵引变压器运用与维护方法。

微课：CRH380B 型动车组牵引变压器

相关知识

一、主电流系统结构及设备组成

CRH380B 型动车组为动力分散式电动车组，动力配置如图 3-21 所示，有 50%的轴为动轴，01/03/06/08 为动车，02/04/05/07 为拖车。一列动车组分为两个牵引单元 01/02/03/04、05/06/07/08 车各组成一个牵引单元，每个牵引单元各有两个动车两个拖车。

共有五种车型，分别为：EC01、TC02、IC03、FC04、BC05、IC06、TC07、EC08。

EC01、EC08 为动车，带牵引变流器及其冷却系统、牵引电机和齿轮装置。

TC02、TC07 为拖车，带有受电弓、主变压器、单辅助变流器、辅助空气压缩机，如图 3-22 所示。

IC03、IC06 为动车，带牵引变流器及其冷却系统、牵引电机和齿轮装置、空气压缩机。

FC04 为拖车，带有制动电阻、充电机、蓄电池、双辅助变流器。

BC05 为拖车，带有吧台、制动电阻、充电机、蓄电池、双辅助变流器。

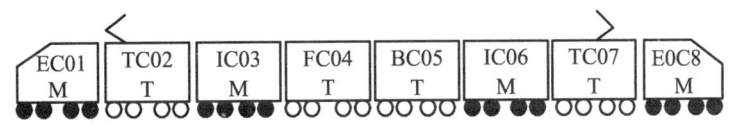

图 3-21　CRH380B 型动车组动力配置

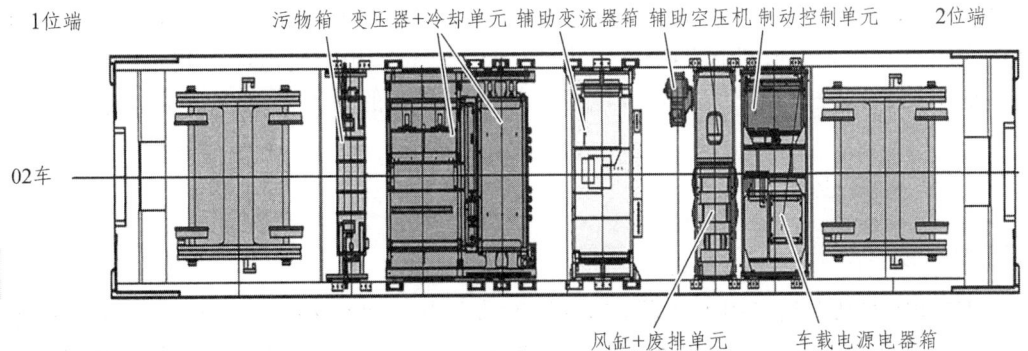

图 3-22　02 车车下设备分布

主电路牵引系统结构如图 3-23 所示,一个动力单元的主电路设备主要包括牵引变压器及其冷却系统、牵引变流器及其冷却系统、牵引电动机及传动装置、限压电阻、高压电器等。

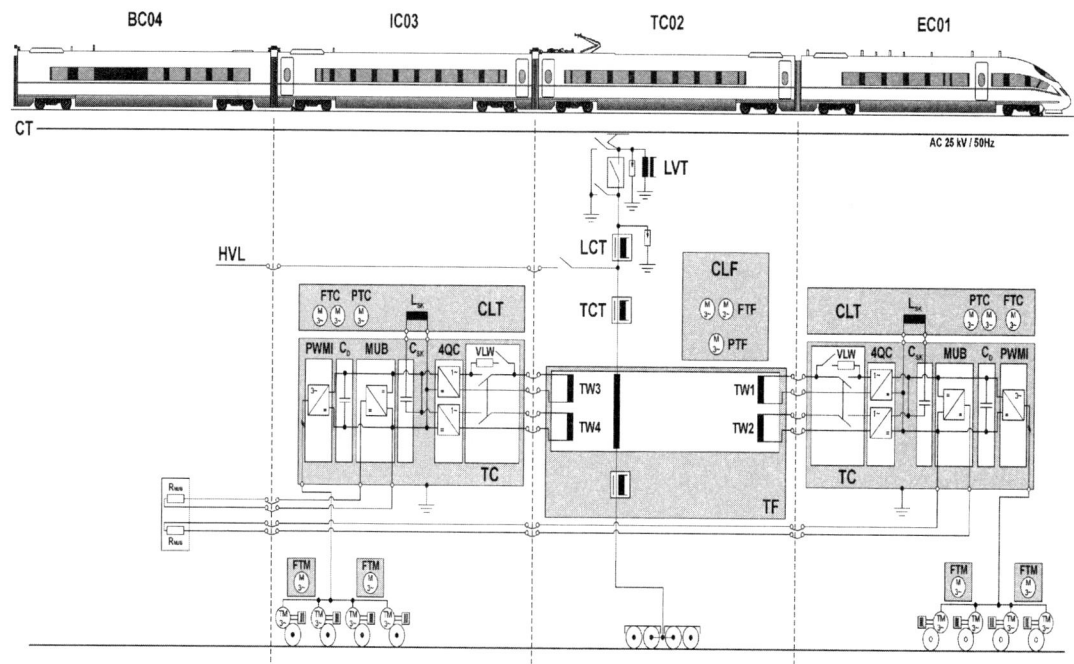

CD—直流侧电容器;PTC—牵引箱泵;CLF—变压器冷却单元;PTF—变压器泵;CLT—牵引变流器冷却单元;
PWMI—脉宽调制转换器;CSK—电容器(串联谐振电路);RMUB—限压电阻器;CT—接触电网;
TC—牵引变流器;FTC—牵引箱风扇;TCT—变压器电流互感器;FTF—变压器风扇;TF—变压器;
FTM—牵引电动机风扇;TM—牵引电动机;HVL—压线;TW1~TW4—牵引绕组;
LCT—线路电流互感器;VLW—预充电阻器;LSK—电感器(串联谐振电路);
4QC—4象限斩波器;LVT—线电压互感器;MUB—过压限制器。

图 3-23 主电流牵引系统结构图

架设在 TC02 车车顶的受电弓从接触网接收 AC 25 kV 的交流电,然后通过布设在车顶和车端的高压电缆将电能输送到装在 TC02 车下的牵引变压器,变压器的副边感应出 4×1 850 V 的电压并通过车辆间的连接馈线到设在动车车下的变流器单元。变流器单元内部的四象限斩波器将 1 850 V 的交流电整流为 2 700~3 600 V 的直流电。直流电通过 PWMI 变频单元向牵引电机提供变压变频(VVVF)的三相交流电源。其中限压电阻接在中间直流电路的两极,防止出现过高电压,辅助变流器的输入也取自中间直流环节。

二、牵引变压器

1. 概 述

CRH380B 型动车组牵引变压器(TF)位于动车组 TC02/TC07/TC10/TC15(CRH380BL 型动车组变压器分布在 TC02/TC07/TC10/TC15)车下设备舱中,变压器及冷却单元集成在一个框架内,外形如图 3-24 所示。

图 3-24 牵引变压器外形

变压器为单相变压器，额定电压为 AC 25 kV。变压器将一次绕组上的接触网 AC 25 kV 转换为 4 个二次绕组[牵引绕组（TW1～TW4）]的电压，并给牵引变流器供电。

牵引变压器具有保护功能，例如，在冷却回路中进行温度监测以防止过热，监测冷却介质的流量以及原边电路绝缘监测检查原边电路的接地故障（差动保护是通过比较输出电流和返回电流之间的差值）等。

2. 牵引变压器特点和技术参数

该变压器结构系统符合 EN6o31o 标准，为铁路用固定变压比的单相变压器。变压器拥有一个原边绕组，4 个次级绕组（牵引绕组 TW1～TW4），用于牵引变流器的馈电（四象限斩波器输入电路）。

变压器的电气接口如表 3-13 和表 3-14 所示。

表 3-13 变压器的电气接口

功率电缆接口	接口电缆/mm²
初级绕组	1×240
初级绕组接地	2×150
TW 牵引绕组	2×240

表 3-14 变压器辅助设备的电气接口

设备名称	连接/接口类型
泵	接线盒
温度传感器	8 极 PT100 双向温度传感器的插头
瓦斯继电器	8 极插头
流量监控器	4 极插头
接地电流互感器	接地电流互感器接线盒

变压器的主要技术数据如下：

输入频率　　50 Hz

额定功率

　一次　　　约 5 848 kV·A

　二次　　　约 4×1 462 kV·A

额定电流
  一次   234 A
  二次   约 4×790 A
额定电压
  一次   25 kV·A
  二次   约 4×1 850 V
质量   约 6.3 t

牵引绕组的最大基频有效电流在电源额定电压（AC 25 kV）时为 790 A，在电源低压（AC 22.5 kV）时为 878 A。

牵引变压器的功率不是常数，变压器的瞬时功率取决于车辆、载荷、发热和交流负载的需求。

另外变压器还必须遵守下列空载运行参数如表 3-15 所示。

表 3-15 变压器、空载运行参数

参　数	要　求	附　注
空载耗损（额定电压时公差+15%）		最多为额定功率的 0.1%
空载电流（额定电压时公差+30%）	≥0.4	最多为初级绕组额定电流的 3%

3. 牵引变压器结构

CRH380B（L）型动车组牵引变压器为芯式变压器，分车上和车顶两部分组成，主变压器的组成如图 3-25 所示。车上主要包括储油箱单元，车上部分与车下变压器主体单元通过冷却管连接，变压器主体单元主要包括铁心、线圈、油箱及冷却单元。

变压器内部的铁芯柱和带框架的下磁轭结构如图 3-26 所示。变压器铁心结构如图 3-27 所示。

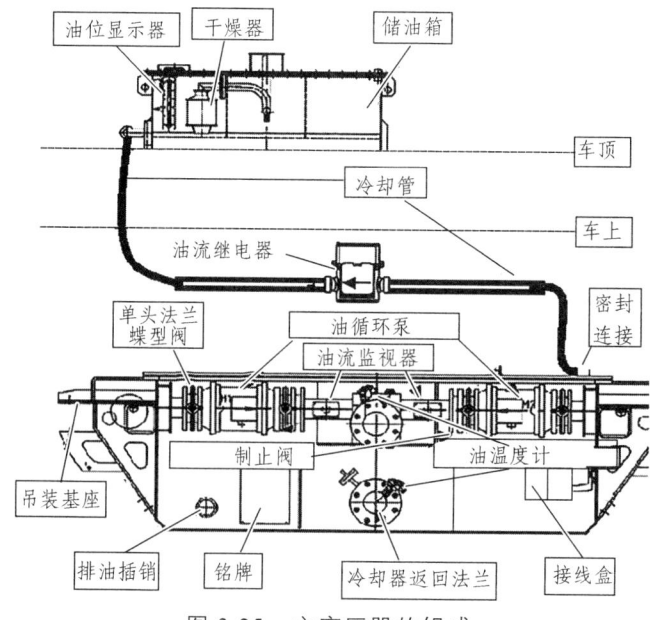

图 3-25 主变压器的组成

图 3-26　铁芯柱和带框架的下磁轭

图 3-27　变压器机芯结构

牵引变压器油箱安装在变压器框架内，油箱内集成有变压器铁心和绕组线圈，油箱外设置有变压器绝缘端子和套管，牵引变压器原边线路侧套管选用一体型耐热环氧树脂注塑成型套管，套管连接到相邻的高压设备箱内的断路器上。油箱的设计结构适合承担活动部件的质量以及绝缘和冷却液等所有成分的质量。变压器系统配有膨胀油箱，如图 3-28 所示，它位于 TC02/TC07 车顶部，从而补偿因温度变化而产生的冷却剂量的变化。

CRH380B（L）型动车组牵引变压器冷却单元集成在变压器安装框架内的牵引变压器旁边，其外形示意图如图 3-29 所示。冷却类型为 ODAF，绝缘和冷却介质为符合标准 IEC60310 的矿物油，散热能力约为 330 kW。此类型变压器采用强迫油循环风冷的冷却方式，其冷却系统主要包括循环油泵、油冷却器和电动送风机及其他辅助设备构成。在油路上还设置有温度继电器、油流继电器等保护设备，以及温度计、油流监视器等监测设备。

大多数冷却液在油箱中，通过油泵将油箱中的热液抽入到冷却器中，经过冷却处理的冷却液通过另外一根管流回油箱中，为补偿冷却液的体积，油箱通过管路与膨胀油箱连接起来。

图 3-28　变压器系统的膨胀油箱

图 3-29　牵引变压器冷却单元示意图

三、牵引变压器运用与维护

牵引变压器及冷却单元在安装前已经将油填注好，油位达到运行所需油位，膨胀油箱通过连接装置同变压器连接。

储存变压器时需要满足下列条件：放置主变压器的地方必须足够坚固、水平、对地下流水进行防护；必须防止发生油泄漏，对周围环境产生负面影响；必须采取适当的气候防护（顶棚、储存室）措施以防接头处有冷凝形成。

要及时检查膨胀油箱内的矿物油液位，变压器、冷却器和膨胀油箱组成的整套系统必须完全填注矿物油，达到正常液位（从膨胀油箱的观察窗中可以看到），并且要及时检查脱水式吸湿器中的硅胶颜色，必须更换过期硅胶。

在调试牵引变压器之前需要对重要部件的电气连接以及接地连接进行检查；目视检查变压器所有密封件和阀、循环泵、连接膨胀油箱的管道、瓦斯继电器、膨胀油箱的密封性；检查膨胀油箱的油位指示器，确定油位正常；对瓦斯继电器进行通风及功能检查；检查脱水吸湿器中硅胶的颜色；变压器与冷却单元之间的法兰阀必须打开；循环油泵在使用前须进行通风并检查其旋转方向是否正确；检查流量监视器、温度传感器运转是否正常；检查所有的紧固螺钉及防腐保护。

定期维护很重要，可以避免变压器出现严重损坏，检测排除可能的故障，变压器维护内容见表3-16。

表3-16 维护内容与时间进度表

部件	检查与检修工作	运行距离
冷却单元	目视检查防护网上有无泄漏和污物	10万km
主变压器	检查油位：检查膨胀油箱上的油位指示器，查看油位是否正常。如出现油缺失，必须找出漏泄处并修复，缺失的油必须再次填注，并对冷却系统进行通风	40万km
脱水吸湿器	必须检查硅胶，如果水晶体有半数以上均改变颜色，则整个水晶体必须使用新的硅胶替换	
冷却单元防护网	检查有无污物	
主变压器	建议对溶解的气体进行分析	80万km
空气过滤器	检查有无污物，必要时清洁/湿洗	
冷却器	检查有无污物，必要时清洁/湿洗	
主变压器	目视检查漆涂层及所有接头、法兰以及管接头密封性	120万km
循环油泵	检查油循环泵的电气连接，如出现不断增大的异常运行噪声，则必须更换轴承	
主变压器	检查油位：检查膨胀油箱上的油位指示器，查看油位是否正常。如出现油缺失，必须找出泄漏处并修复。缺失的油必须再次填注并对冷却系统进行通风	240万km
瓦斯继电器	清洁瓦斯继电器，检查控制电缆接头的连接，进行功能测试并进行通风	
温度传感器	目视检查温度计中带的油，查看传感器有无泄漏或损坏	
流量监视器	一旦泵通电，油流量监视器的辅助触点必须接通	

续表

部件	检查与检修工作	运行距离
主变压器	采集油样进行分析	480 万 km
冷却风机	按照制造商规范进行维护	
风机外壳	更换缓冲器	
制冷装置	更换蝶形阀和密封件	

复习思考题

1. 试述 ATM9 型牵引变压器的结构。
2. 试述 ATM9 型牵引变压器冷却系统的组成及工作原理。
3. ATM9 型牵引变压器常规检查项目有哪些？处置方法是什么？
4. 试述 CRH380BL 型动车组牵引变压器的结构。
5. 试阐述牵引变压器保护装置动作的原因。
6. 什么情况下，牵引变压器会自动切除，引起 DJ1 断开？
7. 试阐述 CRH380A 型动车组牵引变压器的副边绕组的构成及负载。

项目四　动车组牵引变流器

🎯 项目描述

通过本项目学习，使学生掌握电力变换的基本原理，动车组牵引变流器的组成及作用，动车组牵引变流器的主要性能指标、故障、诊断及维护方法。

🎯 知识目标

（1）掌握动车组牵引变流器的基本工作原理。
（2）掌握动车组牵引变流器的结构及性能参数。
（3）掌握动车组牵引变流器冷却系统的结构及基本工作原理。

🎯 能力目标

（1）掌握动车组牵引变流装置的拆卸、移动及安装方法。
（2）掌握动车组牵引变流装置常规维护及检修项目的处理方法。
（3）掌握动车组牵引变流器应急故障处理方法。

🎯 情景案例

案例1：CRH2-008动车组担当D428次车的调车，从上海南动车运用所到上海南站，司机发现6号车MON报牵引变流器故障（代码141），随车机械师切除该车牵引变流器。

14:05从上海站发车后，司机发现7号车牵引电机电流时有时无，并且有较大的冲击，MON报牵引变流器故障（代码004），同样按应急故障处理手册中规定采取了RS复位，牵引变流器恢复正常。14:09上海西站调度呼叫司机，反映发现第7、8号车连接处冒烟，要求司机停车检查。停车后，随车机械师下车检查7、8号车连接处和相连两个转向架，制造厂方随车售后服务人员在车上检查运行配电柜和服务配电柜，均没有发现异常后，14:16开车继续运行。开车后司机发现7号车MON报牵引变流器故障（代码004），采取RS复位不能消除故障，同时在7、8号车连接处有明显焦煳味，15:27运行至丹阳站，制造厂方随车售后服务人员下车再次检查7、8号车连接处，仍然没有发现异常后运行到南京站。

D428次16:23到达南京站后，对7号车下部进行了检查，发现该车1、3、5、7轮盘闸片温度均达到100 ℃，100 min后再次测量为80 ℃，采取切除7号车牵引变流器和空气制动的处理方案，16:03开D437次返程上海。

D437 次 17:20 到达上海站，使用备用 CRH2-020 动车组替换 CRH2-008 动车组开 D448 次，2008 动车组空送运用所检查故障。9:40 进入运用所四线库 D6 道，由川崎公司售后服务人员组织对该动车组进行了故障检查，故障原因是牵引电机通风网堵塞，造成牵引电机过热烧损。

故障原因：
（1）牵引变流器控制电源异常。
（2）牵引变流器中间直流环节过电压。
（3）牵引电机过流或者电流不平衡。

故障处理：
（1）在运行状态下，确认【牵引变流器状态】页面，使用 RS 复位按钮复位 2 或 3 次，恢复时正常运行。
（2）牵引变流器 1NFB 断开 30 s 以上再闭合。
（3）故障无法消除，切除相应 M 车。

任务一　电力电子器件及变流技术基础

任务描述

（1）掌握常用的电力电子器件的性能及应用。
（2）掌握电力变换的基本工作原理。

相关知识

微课：变流器基础知识

一、概述

变流器是能够将一种直流或交流电能转换为另一种直流或交流电的电气设备，因此可以认为变流器是各种变流装置的总称。

在电力电子装置中，通常意义上的变流器包括从电源侧至电力变换装置输出侧的所有环节，例如，对一个交-直-交电力传动系统，变流器包括整流器、中间直流环节、逆变器及其控制系统等几个部分。值得特别说明的是，在许多场合下，同一个电力变换电路既可以作整流电路，又能作逆变电路，称这样的电力变换装置为变流器。换言之，整流和逆变，交流和直流在变流器中是互相联系的，并在一定条件下是可以互相转化的。

交流电路是随着电力电子器件的发展而发展的，例如，20 世纪 60 年代出现了晶闸管，随之而来的是铁道牵引领域中的相控机车及动车。70 年代末期到 80 年代初期，大功率自关断器件——GTO 出现，有了电压型变流器，确立了基于交流异步电机的传动系统的地位。

在铁道牵引交流传动初期，限于当时的电力半导体器件的水平，围绕变流系统争论的焦点集中在变流电路的复杂程度，各种元器件的数量，变流器的数量、重量及体积等。随着电力半导体器件的发展，尤其是性能优越的大功率自关断电路半导体器件——GTO 和 IGBT 的出现，使铁道牵引电传动系统的主要矛盾发生了很大的变化，关注的焦点转向了牵引性能、谐波含量、电磁干扰、控制特性及运用成本等。

根据变流系统中直流环节性质的不同，可以将直流环节分为两种类型，一种在直流环节接有大电感，相当于电流源的称为电流型变流系统；另一种在直流环节接有大电容，相当于电压源的称为电压型交流系统。由于电流型变流器电路比较简单，对电力半导体器件的要求不高，控制相对比较容易，造价也相对便宜，因此在交流传动初期，电流型变流器主要用于动车牵引。20 世纪 80 年代初，德国也曾研制出一台采用电流型变流器的电力机车，但电流型变流器控制性能不如电压型变流器，对电机设计又有特殊要求，因此，随着电力半导体器件的发展，电压型变流器越来越显示出其优越性。目前，电压型变流器在高速列车牵引领域占主导地位，法国的欧洲之星，德国的 ICE，日本的新干线等 90 年代以后制造的各种型号的高速列车，都采用电压型异步电机传动系统。

铁道牵引变流器功率一般为 1 000 ~ 2 000 kW，直流电压可以达到 2 800 V 或者更高，在这样的功率和电压等级上，牵引变流器一般采用两电平电路为宜，与三电平相比较，两电平电路线路简单、控制容易、重量轻、体积小、运行可靠性高，而且易于维护，因此只有在电力半导体器件电压水平达不到要求时，才采用三电平电路。在 GTO 元件应用初期，出现过 GTO 三电平变流器（瑞士联邦铁路 Re460 型电力机车），但随着 GTO 元件阻断电压的提高，很少有三电平电路了。

目前，IGBT 元件的电压为 3 300 V，在直流环节电压小于 1 800 V 的情况下，一般采用两电平电路，当超过 1 800 V 后，多采用三电平电路。众所周知，三电平电路除了可提高电压水平外，还具有谐波少，噪声低，效率高等优点。电路半导体器件的开关过程都在微秒级的时间内完成，电压和电流变化率很高，如 GTO 的电流变化率 di/dt 可达到 300 A/μs，电压变化率 du/dt 可达到 1 000 V/μs，因此电力半导体器件在应用时一般均要设计吸收电路，以控制开关过程中电压及电流的变化，抑制电压及电流的变化率，降低开关损耗。

设计吸收电路一般依据下述原则：

（1）减少开关过程中电压、电流的大小及变化率。
（2）保证器件工作在安全区内。
（3）减少器件开关损耗和系统总损耗。
（4）改善器件的过载和短路能力。

对于 IGBT、IPM，由于对电流变化率 di/dt、电压变化率 du/dt 耐受能力增强，通过合理设计驱动电路可以简化吸收回路，甚至可以取消吸收回路。

对于常见的电力半导体器件的特性一般由两个方面确定：一是热工性能；二是电工性能。

1. 热工性能

冷却技术就是要满足电力半导体器件的热工性能要求，保证器件安全可靠地工作。对高速列车牵引变流器冷却技术的基本要求是效率高、体积小、重量轻，易于运用与维修，而且不污染环境。半导体器件的冷却方式多种多样，应根据实际需要来选用。常见的电力半导体器件的冷却方式有下列几种：

(1)风冷。风冷散热方式结构简单、成本低、维护方便,主要用于电流额定值为50~500 A的器件。

(2)沸腾冷却。电力半导体器件浸放在沸腾液(R113)中,冷却器中上半部为沸腾气体,德国ICE高速动车上就采用这一冷却方式。

(3)油浸冷却方式。半导体器件浸泡在冷却油中,冷却油循环,将热量带到油-空气热交换器中散掉,Adtranz公司的大多数干线机车、动车均采用这种冷却方式。

(4)热管冷却。热管冷却是一种高效冷却方式,尤其是采用水作为冷却介质的热管,日本新干线高速动车牵引变流器均采用热管冷却方式。

2. 电工性能

为了使高速列车上三相交流异步牵引电机的运行性能更加优越,现在普遍采用比直流传动系统技术复杂得多的交流传动系统。交流传动系统的变流装置是将单相交流电转变为可调频率可调电压的三相交流电,这种大功率的牵引变流器不同于应用在一般工业领域中的变流器,它的技术特点可以归纳如下:

(1)调速范围宽。根据列车速度的要求,变流器调频范围为0.4~200 Hz,而且调频要连续平稳,无冲击。

(2)控制特性复杂。一般高速列车的牵引性能由恒转矩区、恒功率区及自然特性区组成,并且要求启动转矩大,恒功率区宽。

(3)有良好的稳态控制特性和快速动态响应特性。电力机车或者动车由弓网获得能量,通过轮轨传递牵引力。空转、打滑、跳弓离线及网压波动等均能引起功率的急剧变化,牵引变流器应该能够适应这种负载及外界环境的急剧变化。

(4)输出电压波形质量好。为了减少谐波分量对牵引电机热损耗和转矩脉动影响,输出波形应尽量接近正弦波。由交流电网供电时,应使功率因数尽可能地接近1,电网电流波形接近正弦波,从而降低对供电系统的影响和对外界的干扰。

(5)牵引与再生制动频繁,能量双向流动。

(6)效率高,利用率高,可靠性高。

(7)由于安装在车上,对重量、体积和耐振动性能要求严格。

(8)有利于安装,调试及维修。

二、电力电子器件基础

(一)电力电子器件的发展概述

电气与电子工程师协会(IEEE)的电力电子学会将电力电子技术表述为:有效地使用电力半导体器件,应用电路和设计理论及分析开发工具,实现对电能的高效变换和控制的一门技术,它包括电压、电流、频率和波形方面的变换,是电力、电子及控制三大电气工程技术领域之间的交叉学科,与现代控制理论、材料科学、电机工程及微电子技术等诸多领域密切相关。

现代电力电子技术的发展,是从低频技术处理问题为主的电力电子学,向以高频技术处理为主的现代电力电子学方向转变。电力电子技术起始于20世纪50年代末60年代初的硅整流器件,其发展先后经历了整流器时代、逆变器时代,并促进了电力电子技术在许多新领域的应用。80年代末期到90年代初期发展起来的,以功率开关器件电力场效应晶体管MOSFET和绝缘栅双极晶体管IGBT为代表的,集高频、高压和大电流于一身的功率半导体复合器件,表明传统电力电子技术已经进入现代电力电子时代。

电力电子器件是列车牵引变流器的基础与核心,电力电子器件的性能直接决定了牵引变流器的性能。其发展经历了两个重要阶段,即以晶闸管SCR为代表的传统半控型电力电子时代,和以绝缘栅双极晶体管IGBT为代表的全控型自关断现代电力电子器件时代。

(二) 电力电子器件的分类

1. 按照电力电子器件能够被控制电路信号所控制的程度进行分类

按照电力电子器件能够被控制电路信号所控制的程度进行分类,可以将电力电子器件分为以下的三类。

(1) 通过控制信号可以控制其导通而不能控制其关断的电力电子器件被称为半控型器件,这类器件主要是指晶闸管(Thyristor)及其大部分派生器件,器件的关断完全是由其在主电路中承受的电压和电流决定的。

(2) 通过控制信号既可以控制其导通,又可以控制其关断的电力电子器件被称为全控型器件,由于与半控型器件相比,可以由控制信号控制其关断,因此又称为自关断器件。这类器件品种很多,目前最常用的是绝缘栅双极晶体管(Insulated-Gate Bipolar Transistor,IGBT)和电力场效应晶体管(Power MOSFET,简称为电力MOSFET)。

(3) 也有不能用控制信号来控制其通断的电力电子器件,因此也就不需要驱动电路,这就是电力二极管,又被称为不可控器件。这种器件只有两个端子,其基本特性与信息电子电路中的二极管一样,器件的导通和关断完全是由其在主电路中承受的电压和电流决定的。

2. 按照驱动电路加在电力电子器件控制端和公共端之间信号的性质进行分类

按照驱动电路加在电力电子器件控制端和公共端之间信号的性质进行分类,可以将电力电子器件(电力二极管除外)分为电流驱动型和电压驱动型两类。如果是通过从控制端注入或者抽出电流来实现导通或者关断的控制,这类电力电子器件被称为电流驱动型电力电子器件,或者电流控制型电力电子器件。如果是仅通过在控制端和公共端之间施加一定的电压信号就可实现导通或者关断的控制,这类电力电子器件则被称为电压驱动型电力电子器件,或者电压控制型电力电子器件。由于电压驱动型器件实际上是通过加在控制端上的电压在器件的两个主电路端子之间产生可控的电场来改变流过器件的电流大小和通断状态的,所以电压驱动型器件又被称为场控器件,或者场效应器件。

3. 按照驱动电路加在电力电子器件控制端和公共端之间有效信号的波形进行分类

根据驱动电路加在电力电子器件控制端和公共端之间有效信号的波形,又可将电力电子器件(电力二极管除外)分为脉冲触发型和电平控制型两类。如果是通过在控制端施加一个电压或电流的脉冲信号来实现器件的开通或者关断的控制,一旦已进入导通或阻断状态且主电路条件不变的情况下,器件就能够维持其导通或阻断状态,而不必通过继续施加控制端信号来维持其状态,这类电力电子器件被称为脉冲触发型电力电子器件。如果必须通过持续在控制端和公共端之间施加一定电平的电压或电流信号来使器件开通并维持在导通状态,或者关断并维持在阻断状态,这类电力电子器件则被称为电平控制型电力电子器件。

此外,同处理信息的电子器件类似,电力电子器件还可以按照器件内部电子和空穴两种载流子参与导电的情况分为单极型器件、双极型器件和复合型器件三类。由一种载流子参与导电的器件称为单极型器件;由电子和空穴两种载流子参与导电的器件称为双极型器件;由单极型器件和双极型器件集成混合而成的器件则被称为复合型器件,也称混合型器件。

(三)几种常见的电力电子器件

1. 晶闸管

晶体晶闸管(Thyristor)简称晶闸管,由于晶闸管最初应用于可控整流方面,所以又称为可控整流元件,简称为可控硅 SCR。如图 4-1 所示为晶闸管的外观和电气图形符号。从外观上来看,晶闸管主要有螺栓形和平板形两种结构,均引出阳极 A、阴极 K 和门极 G(控制端)三个连接端。对于螺栓形封装,通常螺栓是其阳极,做成螺栓状是为了能与散热器紧密连接且便于安装;另一侧较粗的端子为阴极,细的为门极。平板形封装的晶闸管可由两个散热器将其夹在中间,两个平面分别是阳极和阴极,引出的细长端子为门极。

晶闸管导通的过程:如果外电路向门极注入电流 I_G,也就是注入驱动电流,则在晶闸管内部会产生正反馈并促使导通,即阳极与阴极之间导通。如果此时撤除外电路注入门极的电流 I_G,但晶闸管内部已经形成了强烈的正反馈仍然会维持晶闸管的导通状态。若要使晶闸管关断,必须去掉阳极所加的正向电压,或者给阳极施加反向电压,或者设法使流过晶闸管的电流降低到接近于零的某一个数值以下,晶闸管才能关断。所以,对晶闸管的驱动过程更多的是称为触发,产生注入门极的触发电流 I_G 的电路称为门极触发电路。也正是由于通过其门极只能控制其开通,不能控制其关断,晶闸管才被称为半控型器件。

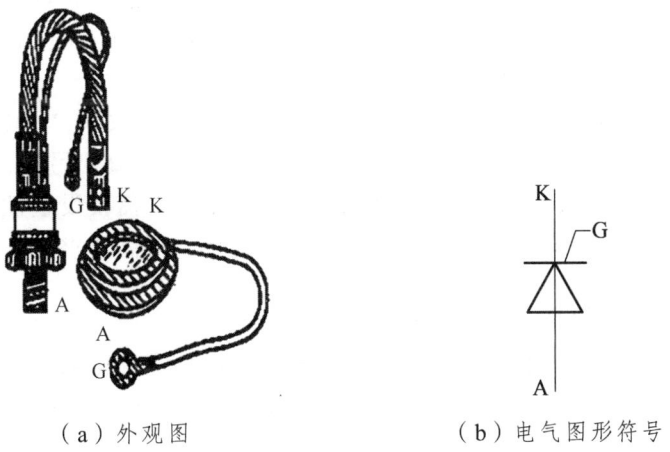

(a)外观图　　　　(b)电气图形符号

图 4-1　晶闸管的外观和电气图形符号

根据以上的论述,晶闸管导通和关断的条件如表 4-1 所示。

表 4-1　晶闸管导通和关断条件

状态	条件	说明
从关断到导通	1. 阳极电位高于是阴极电位; 2. 控制极有足够的正向电压和电流	两者缺一不可
维持导通	1. 阳极电位高于阴极电位; 2. 阳极电流大于维持电流	两者缺一不可
从导通到关断	1. 阳极电位低于阴极电位; 2. 阳极电流小于维持电流	任一条件即可

2. 门极可关断晶闸管（GTO）

GTO（Gate-Turn-Off Thyristor）是门极可关断晶闸管的简称,严格地讲它也是晶闸管的一种派生器件,但可以通过在门极施加负的脉冲电流使其关断,因此属于全控型器件,其电气图形符号如图 4-2 所示。

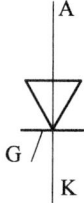

图 4-2　GTO 的电气图形符号

门极可关断晶闸管也具有单向导电特性,即当其阳极 A、阴极 K 两端为正向电压时,在门极 G 上加正的触发电压时,晶闸管将导通,导通方向 A→K。在门极关断晶闸管导通状态,若在其门极 G 上加一个适当有负电压,则能使导通的晶闸管关断。

近年来,GTO 元件的性能不断提高,可关断电流达 4 000 A,阻断电压达 6 000 V 以上,开关速度也有所提高。一个由 ABB 公司生产的三相逆变器 GTO 模块,集成了 6 个 GTO 元件,容量可达 4 000 kV·A,单位质量容量可以达 10 kV·A/kg,目前,最大的 4 轴交流传动电力机车,功率超过 7 000 kW。

GTO 元件在应用中也存在不足,由于它增益比较小,关断 2 000～3 000 A 电流需要高达 700～800 A 的门极电流,这对门极驱动装置的要求很高。另外,GTO 元件在高电压下导通,大电流下关断,电流、电压变化率及应力很大,需要设置性能良好的吸收电路,这就增加了开关损耗,降低了效率,并对冷却系统提出更高要求

3. 绝缘栅双极晶体管（IGBT/IPM）

绝缘栅双极型晶体管 IGBT 是双极型晶体管（BJT）和 MOSFET 的复合器件,为电压驱动器件且在开通和关断时均具有较宽的安全工作区,如图 4-3 所示是 IGBT 的电气图形符号。

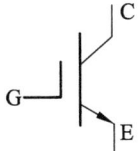

图 4-3 IGBT 的电气图形符号

IGBT 的开通与关断是由栅极 G 与发射极 E 之间的电压 U_{GE} 来决定的,当 U_{GE} 为正且大于开启电压 $U_{GE(th)}$ 时,该器件内形成导电沟道,并为晶体管提供基极电流进而使 IGBT 导通。当栅极与发射极间施加反向电压或不加信号时,该器件内的导电沟道消失,晶体管的基极电流被切断,使得 IGBT 关断。目前,IGBT 所能应用的范围基本上替代了传统的晶闸管(SCR)、可关断晶闸管(GTO)、晶体管(BJT)等器件,与其他电力电子器件相比,IGBT 具有高可靠性、驱动简单、保护容易、不用缓冲电路和开关频率高等特点。

智能型功率模块 IPM 是以 IGBT 技术为基础的电力电子开关,由高速低功耗的管芯和优化的门极驱动电路以及快速保护电路构成。与 IGBT 器件相比,IPM 还具有以下特点:

(1)快速的过流保护。
(2)过热保护。
(3)桥臂对管互锁保护。
(4)器件布局合理,无外部驱动线,抗干扰能力强,工作可靠性高。
(5)驱动电源欠压保护。

GTO 与 IGBT/IPM 基本性能的比较如表 4-2 所示。

表 4-2 GTO 与 IGBT/IPM 基本性能比较

参数	GTO 元件	IGBT/IPM 元件
电压/V	4 500(>6 000)	3 300(>4 000)
电流/A	3 000~4 000(可关断电流)	1 200
开关频率	500 Hz	5 kHz
开关损耗	大	小
通态损耗	小	大
吸收回路损耗	大	小
驱动功率	大(电流控制型)	小(电压控制型)
di/dt,du/dt 限制	严格(需加阳极电抗器)	不严(无须阳极电抗器)
保护功能	外设	完善的自我保护

需要指出的是,IGBT 开关频率的提高带来了很多好处,例如,PWM 调制频率提高,在电机侧,可使电机电流的高次谐波减少,使电机的损耗/噪声下降;在电网侧,可降低电网电流的谐波,减小等效干扰电流,减少变压器的损耗和噪声。

IGBT 模块的使用应特别注意以下几方面的问题:

1)防静电对策

IGBT 的 U_{GE} 保证值为±20 V,在 IGBT 模块上加上超出保证值的电压有损坏的危险,因而在栅极-发射极之间接一只 10 kΩ左右的电阻器为宜。

2）驱动电路设计

严格地说，能否充分利用 IGBT 器件的性能，关键取决于驱动电路的设计。IGBT 驱动电路必须能提供适当的正向栅压、足够的反向栅压、足够的输入输出电隔离能力，以及应具有栅压限幅电路等。

3）保护电路的设计

IGBT 模块因过电流、过电压等异常现象可能损坏。因此，必须在对器件的特性充分了解的情况下，设计出与器件特性相匹配的过电压、过电流、过热等保护电路。

4）散热设计

散热设计取决于 IGBT 模块所允许的最高结温（T_j），在该温度下，首先要计算出器件产生的损耗，该损耗使结温升至允许值以下来选择散热片。在散热设计不充分的场合，实际运行在中等水平时，也有可能超过器件允许温度而导致器件损坏。

5）栅极串联电阻（R_c）

对 IGBT 来说，增大栅极电阻能够减少 IGBT 开通时续流二极管的反向恢复过电压，减少通态下出现短路的冲击电流值；与此同时，增大栅极电阻的结果将使开通关断损耗增加，延长开通和关断时间。因此最好的办法是配置两个串联电阻器，即 $R_{G(on)}$ 和 $R_{G(off)}$，在实际设计时应考虑具体的应用要求。如在高压二极管的情况下，恢复时间趋长，$R_{G(on)}$ 应比产品目录的推荐值大 2～4 倍。

IPM（Intelligent Power Module，智能功率模块）元件是在 IGBT 模块中集成了驱动和保护电路而派生出来的。IPM 的触发信号可和 TTL 电平兼容，它本身具有短路、过流、过热及电流实时控制等完善的保护功能，更有利于应用。目前，日本新干线 E2 系高速动车的牵引变流器即采用 IPM 元件。

三、动车组牵引传动系统的总体结构

近年来，我国加快了对交流传动动车组的运用普及，牵引传动系统是交流传动车辆的核心。动车组牵引传动系统一般由单个或多个独立的基本动力单元组成，一个基本动力单元主要包括牵引变压器、牵引变流器和牵引电机等。图 4-4 为牵引传动系统的工作原理图。牵引工况时，牵引变压器从接触网得到的单相 25 kV 交流电，降压后输出给牵引变流器，作为牵引变流器四象限脉冲整流器的输入，经整流后转换为直流电，牵引变压器的逆变器再将直流电逆变成频率与电压可调的三相交流电，给两个转向架上的 4 台牵引电机供电，实现动车组的牵引。

再生制动工况时，牵引电机作为发电机使用，将动车组的动能转化为电能输入牵引变流器的中间直流环节，再经四象限脉冲整流器单相逆变后通过牵引变压器、受电弓反馈回电网。因此，从上述原理可知牵引变流器是实现能量交换的核心部件，它直接关系到动车组牵引系统的运行状态。

现有动车组牵引变流器的主电路基本上都是采用了交-直-交的结构（基本结构为：四象限脉冲整流器+中间直流环节+PWM 逆变器），相对于不控整流牵引变流器采用四象限脉冲整流器，可提高牵引变压器原边的功率因数，降低网侧谐波；采用 PWM 逆变器，可获得可控的输出频率和电压;再生制动时可向电网反馈品质良好的电能,节能效果较好。

以下将对动车组牵引变流器中的脉冲整流器和 PWM 逆变器进行介绍。

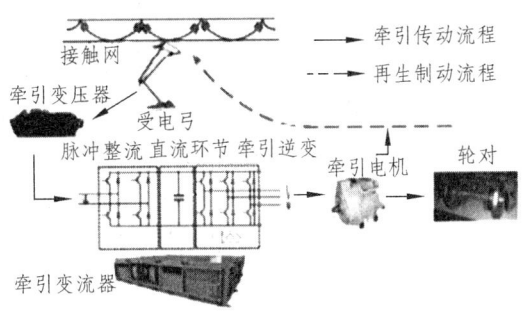

图 4-4　牵引传动系统的工作原理图

四、脉冲整流器技术基础

(一) 脉冲整流电路的模型

脉冲整流器是列车牵引传动系统电源侧的变流器。脉冲整流器在牵引时作为整流器,将单相交流电转换成直流电,运行于第一象限;再生制动时作为逆变器,将直流电转换成单相交流电,运行于第四象限,因此亦称为四象限脉冲整流器。

图 4-5 是脉冲整流器电路原理图,由交流回路、功率开关桥路以及直流回路组成。其中交流回路包括变压器牵引绕组的输出电压 u_N、漏电感 L_N 和绕组电阻 R_N(R_N 很小,可以忽略不计);直流回路包括二次滤波环节 L_2、C_2 和中间支撑电容 C_d。其简化的等效电路如图 4-6 所示。

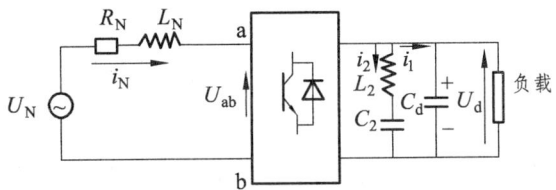

图 4-5　脉冲整流器模型电路

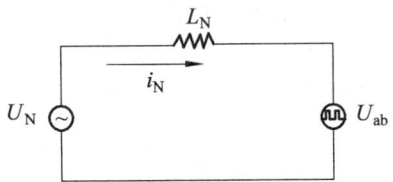

图 4-6　脉冲整流器的简化等效电路

根据基尔霍夫电压方程可知,脉冲整流器的电压矢量平衡方程为

$$\dot{U}_N = j\omega L_N \dot{I}_N + \dot{U}_{ab} \tag{4-1}$$

式中　$\dot{U}_N$ —— 二次侧牵引绕组电压相量；

　　　$\dot{I}_N$ —— 二次侧牵引绕组电流的基波相量；

　　　$\dot{U}_{ab}$ —— 调制电压的基波相量。

当二次侧牵引绕组电压 $\dot{U}_N$ 一定时，$\dot{I}_N$ 的幅值和相位仅由 $\dot{U}_{ab}$ 的幅值及其与 $\dot{U}_N$ 的相位差来决定。改变基波的幅值和相位，就可以使 $\dot{I}_N$ 与 $\dot{U}_N$ 同相位或反相位。在牵引工况下，$\dot{I}_N$ 与 $\dot{U}_N$ 的相位差为 0°，该工况下的矢量图如图 4-7（a）所示，此时 $\dot{U}_{ab}$ 滞后 $\dot{U}_N$；而对于再生制动工况，$\dot{I}_N$ 与 $\dot{U}_N$ 的相位差为 180°，该工况下的矢量图如图 4-7（b）所示，此时 $\dot{U}_{ab}$ 超前 $\dot{U}_N$，电机通过脉冲整流器向接触网反馈能量。

（a）牵引工况下的相量图　　　　　（b）制动工况下的相量图

图 4-7　脉冲整流器简化基波相量图

当采用两电平整流器时，对其工作过程的分析如下。

如图 4-8 所示是两电平整流器的主电路，从图中可以看出该电路中有两个桥臂，包含 4 个开关器件（T_1、T_2、T_3、T_4）。因此该电路具有 4 种工作模式，分别是：T_1、T_4 导通，T_2、T_3 关闭；T_1、T_3 导通，T_2、T_4 关闭；T_2、T_4 导通，T_1、T_3 关闭；T_2、T_3 导通，T_1、T_4 关闭。为了表达更加方便，约定：

$$S_a = \begin{cases} 1 & T_1\text{导通},T_2\text{关闭} \\ 0 & T_2\text{导通},T_1\text{关闭} \end{cases} \qquad S_b = \begin{cases} 1 & T_3\text{导通},T_4\text{关闭} \\ 0 & T_4\text{导通},T_3\text{关闭} \end{cases}$$

根据以上分析，可以将两电平整流器的主电路，等效为如图 4-9 所示的形式。

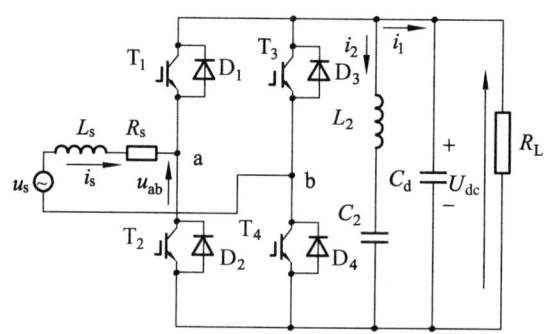

图 4-8　两电平整流器的主电路

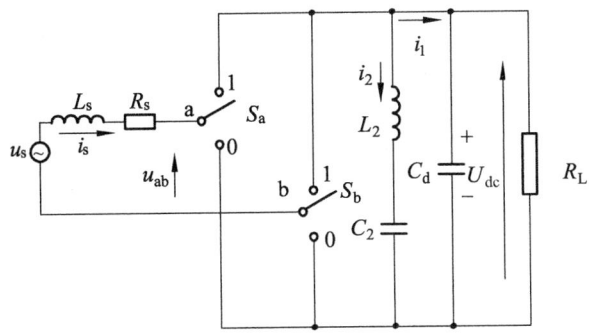

图 4-9 两电平整流器主电路的等效电路

因此，对于两电平整流器的主电路的工作模式有：

1. 模式 1（$S_a=1$，$S_b=1$）

该模式下，两电平整流器的主电路可以表示为图 4-10 所示的形式。开关器件 T_1 与 T_3 导通，T_2 与 T_4 关断，电压 $u_{ab}=0$。若电源电压 $u_s>0$，则电流 i_s 会变大，直流侧的电容 C_d 向负载放电。

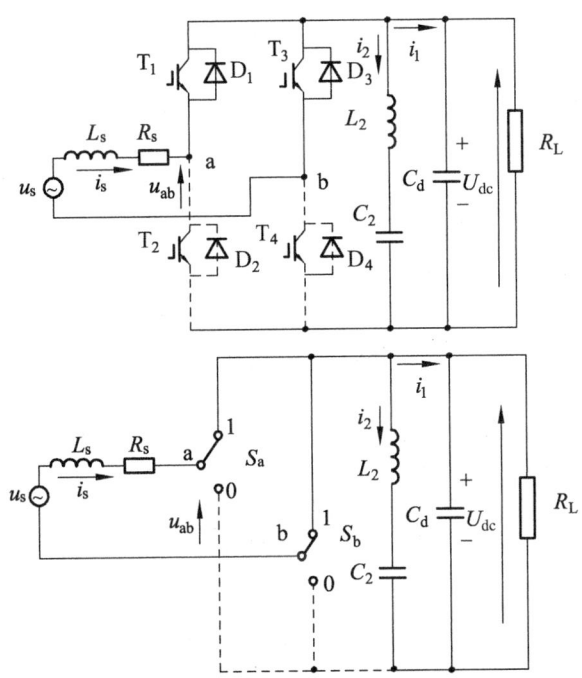

图 4-10 模式 1 下两电平整流器主电路的等效形式

2. 模式 2（$S_a=1$，$S_b=0$）

由于电源 U_s 是交流电源，因此电源 U_s 存在正半周期和负半周期。当电源 U_s 处于正半周期时（a 点的电位高于 b 点的电位），主电路通常工作在该模式下，两电平整流器的主电路可以表示为图 4-11 所示的形式。开关器件 T_1 与 T_4 导通，T_2 与 T_3 关断，电压 $u_{ab}=U_{dc}$。整流器工作在升压状态，电流 i_s 对直流侧电容 C_d 充电。

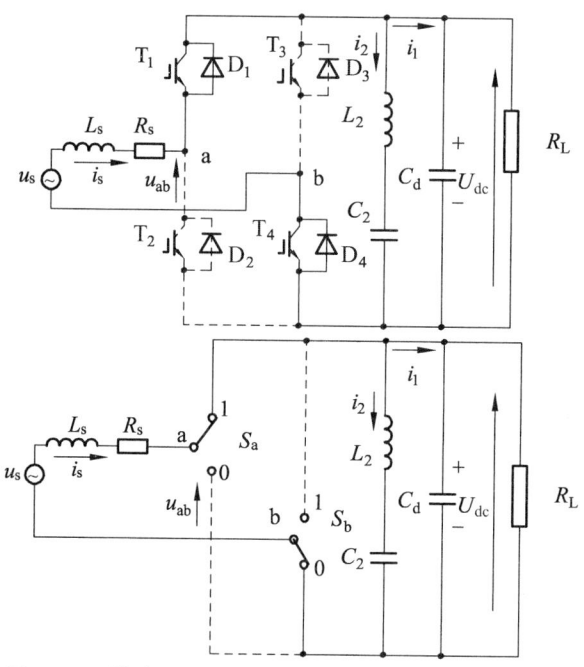

图 4-11 模式 2 下两电平整流器主电路的等效形式

3. 模式 3（$S_a=0$，$S_b=1$）

由于电源 U_s 是交流电源，因此电源 U_s 存在正半周期和负半周期。当电源 U_s 处于负半周期时（a 点的电位低于 b 点的电位），主电路通常工作在该模式下，两电平整流器的主电路可以表示为图 4-12 所示的形式。开关器件 T_2 与 T_3 导通，T_1 与 T_4 关断，电压 $u_{ab}=-U_{dc}$。整流器电流 i_s 对直流侧电容 C_d 反向充电。

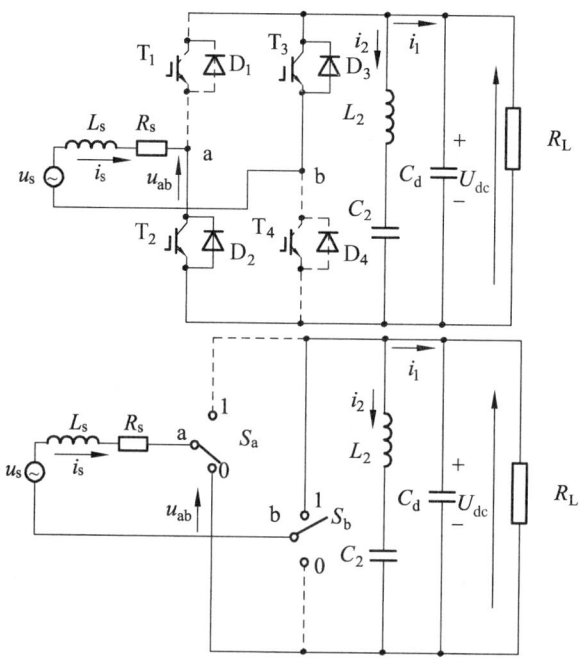

图 4-12 模式 3 下两电平整流器主电路的等效形式

4. 模式 4（$S_a=0$，$S_b=0$）

该模式下，两电平整流器的主电路可以表示为图 4-13 所示的形式。开关器件 T_2 与 T_4 导通，T_1 与 T_3 关断，电压 $u_{ab}=0$，直流侧的电容 C_d 向负载放电。

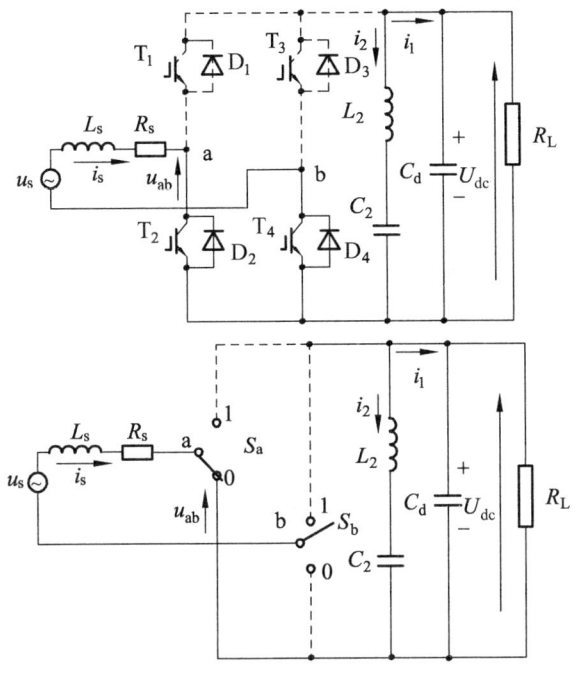

图 4-13 模式 4 下两电平整流器主电路的等效形式

根据以上对两电平整流器主电路 4 个工作过程的分析可知,只要使该主电路总是工作于模式 2 或者模式 3（一个桥臂上的两个开关器件状态互补，且不能是两个上管同时导通或两个下管同时导通）就能够实现对电容器 C_d 的充电。

（二）脉冲整流电路电压的计算

1. 一些基本概念

1）PWM 控制的基本原理

脉冲宽度调制（Pulse Width Modulation，PWM）控制就是对脉冲的宽度进行调制的技术。即通过对一系列脉冲的宽度进行调制，来等效地获得所需要的波形（含形状和幅值）。

在采样控制理论中有一个重要的结论:冲量相等而形状不同的窄脉冲加在具有惯性的环节上时，其效果基本相同。冲量即指窄脉冲的面积。这里所说的效果基本相同是指环节的输出响应波形基本相同。例如，图 4-13 所示的三个窄脉冲形状不同，但是它们的面积（即冲量）都等于 1，那么，当它们分别加在具有惯性的同一个环节上时，其输出响应基本相同。上述的原理可以称之为面积等效原理，它是 PWM 控制技术的重要理论基础。

下面分析如何用一系列等幅而不等宽的脉冲来代替一个正弦半波。

把图 4-15 所示的正弦半波分成 N 等份，就可以把正弦半波看成是由 N 个彼此相连的脉冲序列组成的波形。这些脉冲宽度相等，都等于 π/N，但幅值不等，且脉冲顶部不是水平直线，而是曲线，各脉冲的幅值按正弦规律变化。如果把上述脉冲序列利用相同数量的等幅而不等宽的矩形脉冲代替，使矩形脉冲的中点和相应正弦波部分的中点重合，且使矩形脉冲和相应的正弦波部分面积（冲量）相等，就得到了图中所示的脉冲序列，这就是PWM波形。可以看出，各脉冲的幅值相等，而宽度是按正弦规律变化的。根据面积等效原理，PWM波形和正弦半波是等效的。对于正弦波的负半周，也可以用同样的方法得到PWM波形。像这种脉冲的宽度按正弦规律变化而和正弦波等效的PWM波形，也称为SPWM波形。

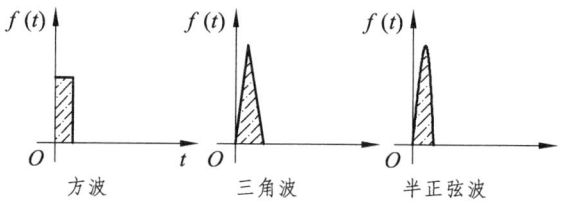

图 4-14 形状不同而冲量相同的各种窄脉冲

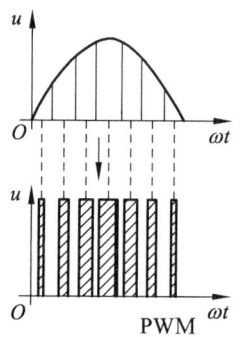

图 4-15 用PWM波代替正弦半波的示意图

2）PWM波的计算法和调制法

根据上述的PWM控制的基本原理，如果给出了一个正弦波的输出频率、幅值和半个周期内的脉冲数，PWM波形中各脉冲的宽度和间隔就可以准确计算出来。按照计算结果控制电路中各开关器件的通断，就可以得到所需要的PWM波形。这种方法称为计算法。但是计算法非常繁琐。

与计算法相对应的是调制法，即把希望输出的波形作为调制信号，把接受调制的信号作为载波，通过信号波的调制得到所期望的PWM波形。通常采用等腰三角形波或者锯齿波作为载波，其中等腰三角形波应用最多。因为等腰三角形上任一点的水平宽度和高度呈线性关系且左右对称，当它与任何一个平缓变化的调制波相交时，如果在交点时刻对电路中的开关器件的通断进行控制，就可以得到宽度正比于信号波幅值的脉冲，这正好符合PWM控制的要求。在调制波为正弦波时，所得到的就是SPWM波形。

3）两电平脉冲整流器的调制

根据以上对两电平整流器主电路工作过程的分析可知，只有当主电路工作于模式2或者模式3时才能实现对电容器C_d的充电。其实，无论主电路工作在模式2还是模式3，整流器的每个桥臂上的两个开关器件状态均互补（即一个器件导通，另一个器件关闭），不可能是两个上管同时导通或两个下管同时导通。因此，对于两电平整流器主电路中开关器件的控制是十分严格的。

为了实现对主电路中开关器件的控制，经常采用的方法是：用正弦波作为调制波，用三角波作为载波，以产生能够控制开关器件的PWM波。另一方面，为了实现整流器的每个桥臂上的两个开关器件状态均为互补（即一个器件导通，另一个器件关闭），且不能是两个上管同时导通或两个下管同时导通的控制要求，通常是使得左侧桥臂（T_1、T_2所在桥臂）的调制波与右侧桥臂（T_3、T_4所在桥臂）的调制波在相位上相差180°，其控制逻辑图如图4-16所示。

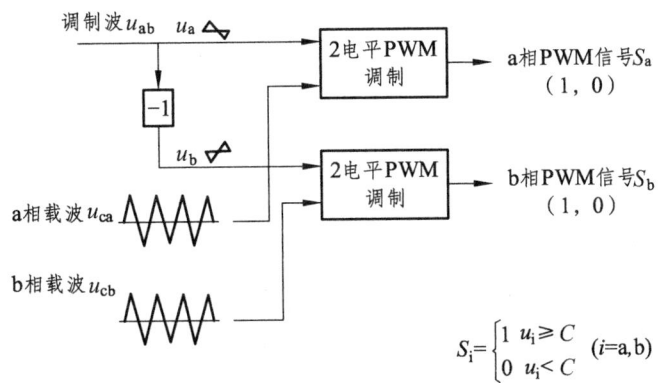

图4-16 两电平脉冲整流器的调制规则

在此调制规则下，主电路中各调制波、载波的波形可呈现图4-17所示的形式。

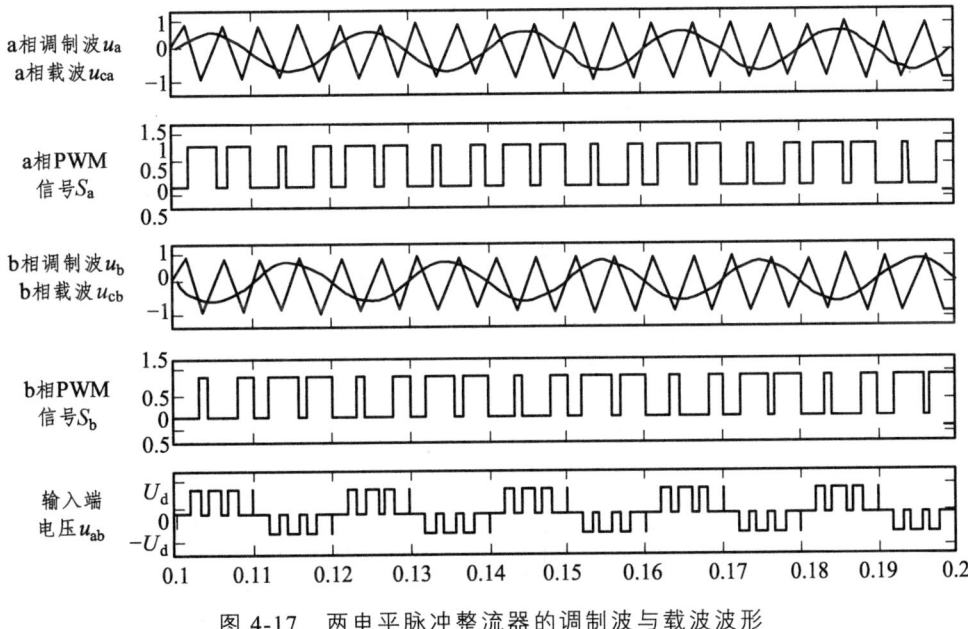

图4-17 两电平脉冲整流器的调制波与载波波形

从图4-17可以看出，只有在$S_a=1$且$S_b=0$、$S_a=0$且$S_b=1$这两种情况下，输出端U_{ab}才有电压。

4）两电平脉冲整流电路电压关系的计算

由图 4-7 可得

$$\begin{cases} U_{ab} = U_d \cdot M_\alpha / \sqrt{2} \\ U_{ab}^2 = U_N^2 + (\omega L_N I_N)^2 \\ \omega L_N I_N = K U_N \end{cases} \tag{4-2}$$

式中　U_d——直流侧电压；

M_α——变流器的调制深度，从系统工作的安全可靠性和电网的特性（考虑，控制系统应保证 $0.8 \leqslant M_\alpha \leqslant 0.9$）；

K——变压器短路阻抗的标幺值，一般取 $0.3 \sim 0.35$。

由式（4-2）可得

$$U_d = U_N \cdot \sqrt{2(1+K^2)} / M_\alpha \tag{4-3}$$

式（4-3）表明了中间直流电压 U_d 与变压器牵引绕组电压 U_N、变压器短路阻抗标幺值 K 以及调制深度 M_α 的关系。

由图 4-7 可知，如果保持 $\dot{I}_N$ 与 $\dot{U}_N$ 同方向，即位移因数为 1，则 $\dot{U}_{ab}$ 随负载电流变化。显而易见，当 $\dot{I}_N = 0$ 时，$\dot{U}_{ab\min} = \dot{U}_N$，这时调制深度 M_α 为最小，即 $M_{\alpha\min} = \sqrt{2} U_{ab\min} / U_d = \sqrt{2} U_N / U_d$。而 M_α 的最大值主要取决于元件的开关频率及调制比。

在图 4-18 中，当调制比达到其最大值时，门极信号相邻两个开关点的间距须满足 $t_{de} \geqslant t_{on} + t_D$，其中 t_{on} 是为了复原吸收回路所需的最短时间；t_D 是保证一个器件开通之前另一个器件必须完全关断所需的最小时间，假定载波信号的幅值为 1，则由 $\triangle ABC \cong \triangle Ade$ 有

$$\frac{1-M_{\alpha\max}}{1} = \frac{\frac{1}{2}(t_{on}+t_D)}{\overline{BC}} \qquad M_{\alpha\max} = 1 - \frac{t_{on}+t_D}{2\overline{BC}} \tag{4-4}$$

假定对于高速列车，满足 $U_d = 3\,000\text{ V}$，$K = 0.3$，当 $M_{\alpha\max} = 0.9$ 时有：

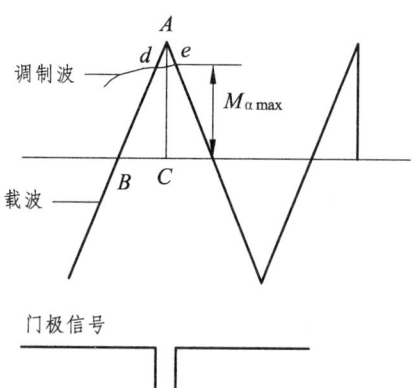

图 4-18　最大调制深度计算示意图

$$U_{ab\max} = U_d \cdot M_\alpha / \sqrt{2} = 3\,000 \times 0.9 / \sqrt{2} = 1\,909.2 \,(\text{V}) \tag{4-5}$$

$$U_{N\max} = U_d \cdot M_\alpha / \sqrt{2(1+K^2)} = 3\,000 \times 0.9 / \sqrt{2(1+0.3^2)} = 1\,828.67 \,(\text{V}) \tag{4-6}$$

考虑网压波动范围为 22.5～29 kV，如果上述最大值只有在网压为 29 kV 的工况下才允许出现，而在系统设计时，变流器的输入电压通常对应于 25 kV 工况，因此折算到 25 kV 时的额定的电压为

$$U_\text{N} = U_\text{Nmax} \times \frac{25}{29} = 1\,576.44\,(\text{V})$$

$$U_\text{ab} = U_\text{abmax} \times \frac{25}{29} = 1\,645.85\,(\text{V}) \tag{4-7}$$

折算到 22.5 kV 时的额定电压为

$$U_\text{ab} = U_\text{abmax} \times \frac{22.5}{29} = 1\,481.3\,(\text{V})$$

$$U_\text{N} = U_\text{Nmax} \times \frac{22.5}{29} = 1\,418.8\,(\text{V}) \tag{4-8}$$

五、牵引逆变器技术基础

牵引逆变器可以分为电压源型和电流源型两种，为同步电机供电的大多采用电流源型逆变器，为异步电机供电的大多采用电压源型逆变器，我国高速列车全部采用电压源型逆变器。根据输出电平数的不同，电压源型牵引逆变器又可分为两电平和三电平两种。

（一）两电平牵引逆变器主电路构成及工作模式

两电平式逆变器主电路如图 4-19 所示，每时刻都有 3 个开关管导通，共有 T_1、T_2、T_3，T_2、T_3、T_4，T_3、T_4、T_5，T_4、T_5、T_6，T_5、T_6、T_1，T_6、T_1、T_2，T_1、T_3、T_5 和 $T_2T_4T_6$ 导通 8 种工作状态，从而获得三相对称输出电压波形。

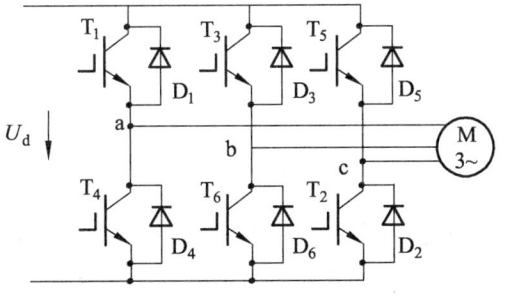

图 4-19 两电平式逆变器主电路图

牵引逆变器采用 PWM 控制方式，包括正弦 PWM、特定谐波消除 PWM、滞环电流控制 PWM 和空间矢量 PWM。空间矢量 PWM 通过对电压矢量进行适当的切换控制，就可以用尽可能多的多边形磁通轨迹来接近理想的磁通圆形轨迹。轨迹越接近于圆，引起的电流、转矩波动越小，谐波损耗也会下降，电机运行性能也越好。

当逆变器向电动机供电时，可以利用空间矢量概念，建立逆变器开关模式及其输出电压与电动机磁链之间的关系。然后根据要跟踪的磁链空间矢量的运动轨迹，选择逆变器的

开关模式，使逆变器输出适当波形的电压，这就是空间矢量 PWM 的基本原理。

在复平面建立电压空间矢量

$$\bar{U}_s = \frac{2}{3}(u_{sa} + \bar{a}u_{sb} + \bar{a}^2 u_{sc}) \tag{4-9}$$

定子磁链空间矢量

$$\bar{\psi}_s = \frac{2}{3}(\psi_{sa} + \bar{a}\psi_{sb} + \bar{a}^2 \psi_{sc}) \tag{4-10}$$

转子磁链空间矢量

$$\bar{\psi}_r = \frac{2}{3}(\psi_{ra} + \bar{a}\psi_{rb} + \bar{a}^2 \psi_{rc}) \tag{4-11}$$

异步电动机定子电压空间矢量方程式为

$$\bar{U}_s = R_s \bar{I}_s + \frac{d\bar{\Psi}_s}{dt} \tag{4-12}$$

式中 $\bar{U}_s$——定子三相电压合成空间矢量；

$\bar{I}_s$——定子三相电流合成空间矢量；

$\bar{\Psi}_s$——定子三相磁链合成空间矢量。

当转速较高时，定子电阻压降较小，可忽略不计，则定子电压与磁链的近似关系为

$$\bar{U}_s \approx \frac{d\bar{\Psi}_s}{dt} \quad \text{或} \quad \bar{\Psi}_s \approx \int \bar{U}_s dt \tag{4-13}$$

在由三相平衡电压供电时，电机定子磁链空间矢量为

$$\bar{\Psi}_s = \Psi_{sm} e^{j\omega_s t} \tag{4-14}$$

式中，Ψ_{sm} 为 Ψ_s 的幅值；ω_s 为其旋转角速度。

磁链矢量顶端的运动轨迹形成圆形的空间旋转磁场(一般简称为磁链圆)。由式(4-13)和式(4-14)可得

$$\bar{U}_s = \frac{d}{dt}(\Psi_{sm} e^{j\omega_s t}) = j\omega_s \Psi_{sm} e^{j\omega_s t} = \omega_s \Psi_{sm} e^{j(\omega_s t + \pi/2)} \tag{4-15}$$

由式（4-15）可见，当磁链幅值 Ψ_{sm} 一定时，$\bar{U}_s$ 的大小与 ω_s（或供电电压频率 f_s）成正比，其方向为磁链圆形轨迹的切线方向。当磁链矢量的空间旋转一周时，电压矢量也连续地沿磁链圆的切线方向运动 2π 弧度，其轨迹与磁链圆重合。这样，电机旋转磁场的形状问题就可转化为电压空间矢量运动形状问题。

为了便于分析，电力电子器件采用理想开关表示，定义开关函数为 S_i（i 为 A,B,C）。

$$S_A = \begin{cases} 1 & T_1 导通, T_4 关闭 \\ 0 & T_4 导通, T_1 关闭 \end{cases} \quad S_B = \begin{cases} 1 & T_3 导通, T_6 关闭 \\ 0 & T_6 导通, T_3 关闭 \end{cases} \quad S_C = \begin{cases} 1 & T_5 导通, T_2 关闭 \\ 0 & T_2 导通, T_5 关闭 \end{cases}$$

三相不同开关组合有 $2^3 = 8$ 种工作状态，当列车运行速度大于额定速度时就是采用这

种方式。

对于每一个有效的工作状态，相电压都可用一个合成空间矢量表示，其幅值相等，只是相位不同而已。如以 $\bar{U}_{s_1}$、$\bar{U}_{s_2}$…、$\bar{U}_{s_6}$ 依次表示 100、110、…、101 六个有效工作状态的电压空间矢量，它们的相互关系如图 4-20 所示。设逆变器的工作周期从 100 状态开始，其电压空间矢量 $\bar{U}_{s_1}$ 与 x 轴同方向，它所存在的时间为 $\pi/3$。在这段时间以后，工作状态转为 110，电机的电压空间矢量为 $\bar{U}_{s_2}$，它在空间上与 $\bar{U}_{s_1}$ 相差 $\pi/3\,\text{rad}$。随着逆变器工作状态的不断切换，电机电压空间矢量的相位也作相应的变化。到一个周期，$\bar{U}_{s_6}$ 的顶端恰好与 $\bar{U}_{s_1}$ 的尾端衔接，一个周期的 6 个电压空间矢量共转过 $2\pi\,\text{rad}$，形成一个封闭的正六边形。至于 111 与 000 这两个工作状态，可分别冠以 $\bar{U}_{s_7}$ 和 $\bar{U}_{s_0}$，并称之为零矢量，它们的幅值为 0，也无相位，可认为坐落在六边形的中心点上。

设在逆变器工作的第一个 $\pi/3$ 期间，电机的电压空间矢量为图 4-20 中的 $\bar{U}_{s_1}$。此时定子磁链为 $\bar{\Psi}_{s_1}$。逆变器进入第二个 $\pi/3$ 期间，电压空间矢量变为 $\bar{U}_{s_2}$，按式（4-13），可写为

$$\bar{U}_s \Delta t = \Delta \bar{\Psi}_s \tag{4-16}$$

此处 $\bar{U}_s$ 是 $\bar{U}_{s_1} \sim \bar{U}_{s_6}$ 的广义表示。就第二个工作期间而言，式（4-12）表明在 $\Delta \bar{\Psi}_s$ 对应的 $\pi/3$ 期间内，在 $\bar{U}_{s_2}$ 的作用下，$\bar{\Psi}_{s_1}$ 产生增量 $\Delta \bar{\Psi}_{s_1}$，其 $|\bar{U}_{s_2}|\Delta t$ 方向与 $\bar{U}_{s_2}$ 一致。最终形成（见图 4-21）新的磁链矢量 $\bar{\Psi}_{s_2} = \bar{\Psi}_{s_1} + \Delta \bar{\Psi}_{s_1}$，依此类推，可知磁链矢量的顶端运动轨迹也是一个正六边形。

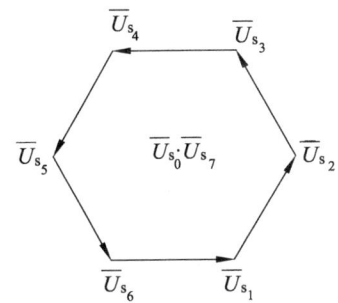

图 4-20 电机的电压空间矢量图

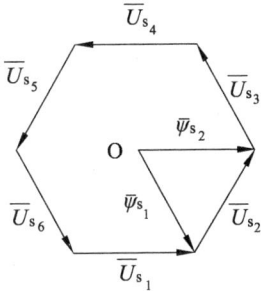

图 4-21 磁链矢量图

1. 近似圆形旋转轨迹

常规六拍逆变器供电的异步电机只产生正六边形的旋转磁场，这显然不利于电机的匀速旋转。如果想获得更多边形或逼近圆形的旋转磁场，就必须有更多的逆变器开关状态，以形成更多的空间电压矢量。为此，必须对逆变器的控制模式进行改造。可以利用基本空间电压矢量的线性组合，以获得更多的与 $\bar{U}_{s_0} \sim \bar{U}_{s_7}$ 相位不同的新的空间电压矢量，最终构成一组等幅、不同相的空间电压矢量，从而形成尽可能逼近圆形旋转磁场的磁链多边形，如图 4-22 所示。这样，在一个周期内，逆变器的开关状态会多次重复出现，逆变器的输出电压是一系列等幅不等宽的脉冲波，这就形成了空间电压矢量控制的 PWM 逆变器。（图中小圆圈表示零矢量），空间电压矢量扇区分布如图 4-22 所示。

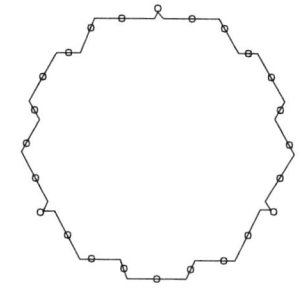

图 4-22　12 分频的磁链轨迹

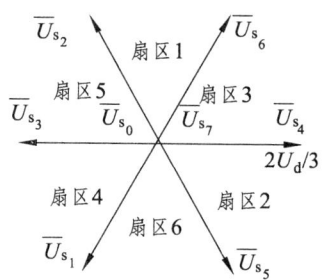

图 4-23　空间电压矢量扇区分布

2. 模式的应用

在大功率牵引领域，由于功率开关元件的开关频率有限，因而在整个调速范围内，须应用空间电压矢量脉宽调制策略构成多种调制方式，以满足控制要求。在低频起动区段，采用异步调制可充分利用开关器件允许的开关频率，使磁链轨迹逼近理想圆，转矩脉动小；在输出频率较高时，为了保证三相输出电压、电流间的对称性，消除寄生谐波，宜采用同步调制。

同步调制时，不同的矢量拟合方式将得到不同的多边形磁链轨迹和输出结果，所以应选择磁链对称高的矢量拟合方式，同步 11、5、3 分频及方波工况对应的磁链圆轨迹分别如图 4-24（a）(b)(c)(f) 所示。当逆变器由 3 分频工况直接进入方波工况时，输出电压的基波分量将突然增大，该增量加在电机定子漏抗上，使电机电流迅速增大。中间直流环节电压越高，电流增量越大，极易引起系统功率冲击，影响系统的正常工作，因此必须实现同步 3 分频和方波工况之间的平滑转换，以避免电压跳变和系统的功率冲击，折角调制就是一种很好的过渡方案，对应的磁链轨迹如图 4-24（d）所示，当传动系统工作在恒功阶段时，一般采用方波运行方式，对应为六边形磁链，如图 4-24（e）所示。

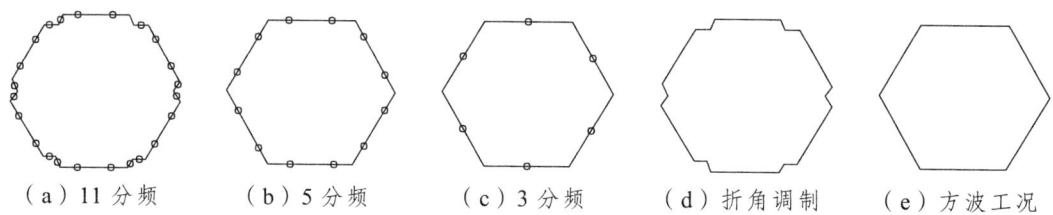

（a）11 分频　　（b）5 分频　　（c）3 分频　　（d）折角调制　　（e）方波工况

图 4-24　不同调制磁链轨迹

不同调制方法之间转换时，为保证空间电压矢量的连续性，转换时刻宜选择在前一扇区结束，后一扇区刚开始工作时。过渡过程必须保证逆变器输出电压不会发生幅值和相位的跳变。因此应根据转换前后两种调制方法的不同，选择适当的矢量拟合方式进行过渡，这是整个控制过程很重要的一个问题。

（二）三电平牵引逆变器

三电平三相逆变器电路如图 4-25 所示。由于三相桥臂工作过程完全相同，因此以 a 相桥臂为例进行说明。

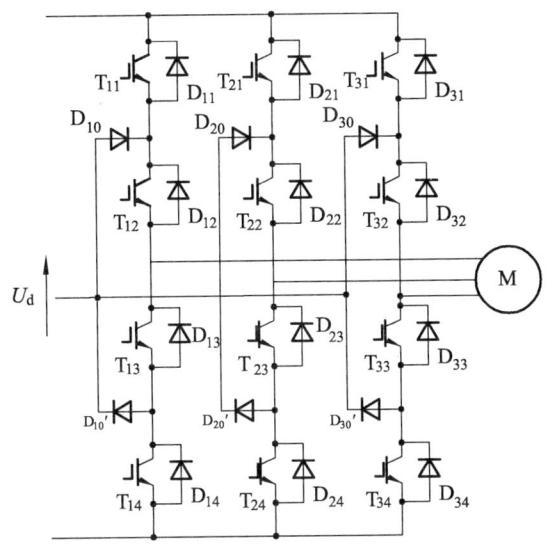

图 4-25 三电平式逆变器主电路原理图

两电平逆变器中相电压为 +0.5U_d、-0.5U_d,三电平逆变器中相电压为 +0.5U_d、0 和 -0.5U_d。两电平逆变器中线电压为 +U_d、0 和 -U_d 相比较,三电平逆变器中线电压为 +U_d、+0.5U_d、0、-0.5U_d 和 -U_d。

忽略中点电位的偏移,可以看到每一个开关器件所承受的电压均为 0.5U_d。

当上桥臂开关器件导通时,即状态 P,下桥臂的开关 T_{13}、T_{14} 各承受 0.5U_d 的电压;当下桥臂开关器件导通时,即状态 N,上桥臂的开关 T_{11}、T_{12} 各承受 0.5U_d 的电压;当辅助开关器件导通时,即状态 0,主电路中的开关 T_{11}、T_{14} 各承受 0.5U_d 的电压。

六、中间直流环节工作原理及技术方案

在交-直-交变流器中,中间直流回路属于储能环节,是入端脉冲整流器和负载端逆变器之间的联结纽带。在电压型脉冲整流器中,其组成部分包括:对应于 2 倍电网频率的串联谐振电路;支撑电容器和过压限制电路。

1. 二次串联谐振电路

由于脉冲整流器输出的电流含有大量的高次谐波,其中二次谐波对系统的性能影响最大。二次串联谐振电路的作用就是消除二次谐波,下面首先分析二次谐波产生的原理。

交流电源提供的瞬时功率为

$$P_N(t) = u_N(t) \times i_N(t) = \sqrt{2}U_N \sin\omega_N t \times \sqrt{2}I_N \sin\omega_N t \\ = U_N I_N - U_N I_N \cos 2\omega_N t \tag{4-17}$$

其中包含一个恒定分量和一个以 2 倍电源频率脉动的交变分量。

变压器漏抗上的瞬时无功功率为

$$Q_{LN}(t) = u_{LN}(t) \times i_N(t) = \sqrt{2}U_{LN} \sin\omega_N t \times \sqrt{2}I_N \sin\left(\omega_N t + \frac{\pi}{2}\right) \\ = U_{LN} I_N \sin 2\omega_N t \tag{4-18}$$

变流器输入瞬时功率为

$$P_s(t) = u_{ab}(t) \times i_N(t) = \sqrt{2}U_{LN}\sin(\omega_N t - \varphi) \times \sqrt{2}I_N\sin\omega_N t \\ = U_N I_N - U_N I_N \cos 2\omega_N t - U_{LN}\sin 2\omega_N t \quad (4-19)$$

变流器输出电流可根据变流器为无损耗和无储能器件的简化假设，由以下功率平衡关系求得

$$i_N(t)u_{ab}(t) = i_{dc}(t)U_d$$

则

$$i_{dc} = \frac{\sqrt{2}U_{ab}\sin(\omega_N t - \varphi) \times \sqrt{2}I_N \sin\omega_N t}{U_d} = \frac{U_{ab}I_N}{U_d}[\cos\varphi - \cos(2\omega_N t - \varphi)] \quad (4-20)$$

从式（4-20）可知，变流器的输出电流包含直流分量和2倍于供电频率的交流两个重要的分量，一个和一个其中直流分量 $U_{ab}I_N\cos\varphi/U_d$ 流入负载，幅值为 $U_{ab}I_N/U_d$ 的二次谐波电流分量从串联谐振电路流过，而串联谐振电路吸收漏抗产生的无功功率，因而可以降低电源瞬时功率的脉动分量。

2. 支撑电容器

在电压源型变流器中，支撑电容器作为储能器可以支撑中间回路电压并使其保持稳定。支撑电容 C_d 值的大小直接决定着中间直流环节的工作性质，因此合理选择 C_d 的值十分重要。

由于中间回路与两端变流器之间存在着复杂的能量交换过程，迄今还没有简单实用的方法来选择合适的支撑电容器 C_d 的值。但可以通过系统仿真，并按照以下准则来判定经验取值的正确性。这些准则包括：

（1）中间回路直流电压保持稳定，峰-峰波动值不超过规定的允许值。
（2）中间回路直流电流是连续的，没有间断，其峰-峰波动值不超过规定的许可值。
（3）中间回路的损耗应保持最小。
（4）所选择的电容器的参数不会影响整个系统的稳定性。
（5）应当成功地抑制逆变器和电机中发生的暂态过程，保持系统稳定。
（6）防止高频电流可能引起对通信和信号系统的电磁干扰。

任务二　CRH380A型动车组牵引变流器维护与检修

> 任务描述

通过本项目学习，使学生掌握CRH380A动车组牵引变流器的组成及作用，动车组牵引变流器的主要性能指标、故障、诊断及维护方法。

微课：CRH380A型动车组牵引变流器

> 相关知识

一、CRH380A 动车组主变流器的工作原理、组成及结构

（一）基本工作原理

CRH380A 动车组采用 CI11 型牵引变流器，一个基本动力单元 2 个，全列 6 个，车下吊挂，液体沸腾冷却。

主电路结构为三电平式，由脉冲整流器、中间直流电路及逆变器构成，不设网侧谐波滤波器和二次谐振滤波装置，采用 PWM 控制方式。随着牵引电机输出功率的变化，变流器的中间直流环节的电压在 2 600 ~ 3 000 V 变化，每一个牵引变流器采用矢量控制原理控制 4 台并联的牵引电机。

功率元器件为 3 300/1 200 A 等级的 IGBT 或者 IPM，冷却介质为氟化碳（FX3250）。

（二）牵引变流器组成及结构

牵引变流器的外形如图 4-26 所示。牵引变流器输入为 1 285 kV·A（AC 1 500 V, 857 A, 50 Hz），中间直流电路为 1 296 kW（DC 3 000 V, 432 A），牵引变流器输出为 1 475 kV·A（三相 AC 2 300 V, 424 A, 0 ~ 220 Hz），外形尺寸（$L \times W \times H$）为 3 240 mm×2 400 mm×650 mm。

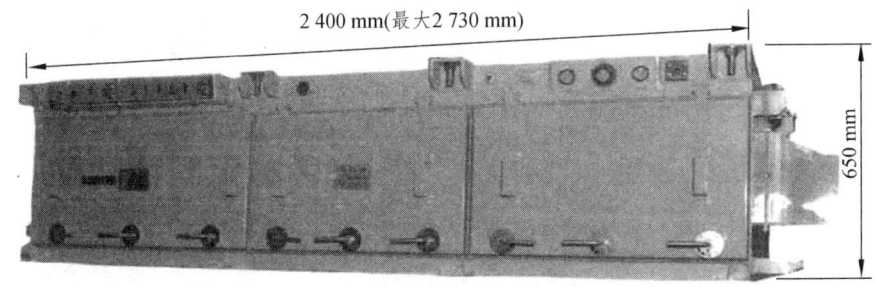

图 4-26 主变流器外形

牵引变流器装置中心有变频功率单元 2 台，逆变功率单元 3 台，使功率单元能够集中布置，图 4-27 为主变流器内部结构图及外部接线。

在牵引变流器功率单元车辆侧配置有两排气口的两轴电动通风机，向功率单元冷凝器送风，图 4-28 所示是主变流器吸气侧外观，图 4-29 所示是主变流器拆下吸气过滤网的状态，图 4-30 所示是主变流器箱体外形。

真空接触器和继电器单元、无触点控制装置等集中布置，便于检修。另外，检查面考虑其工作性和密封性，采用板簧式手动型夹紧装置。

牵引变流器的零部件，考虑到其操作和维修的方便，采用模块化设计。例如，半导体冷却装置分层变频器两台，逆变器 3 台的单元，分别具有互换性。图 4-31 所示为牵引变流器箱外形尺寸及技术说明。

■ 打开检查罩子的状态

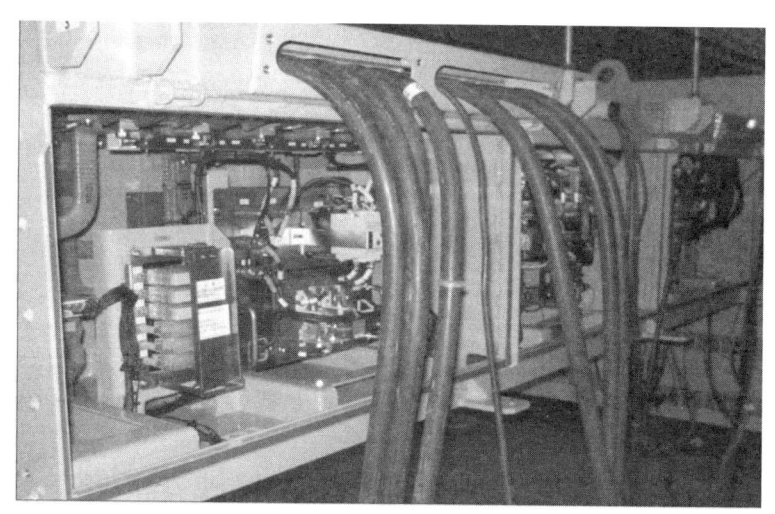

（a）主变流器内部结构

（b）主变流器外部接线

图 4-27　主变流器内部结构及外部接线

■ 吸气侧

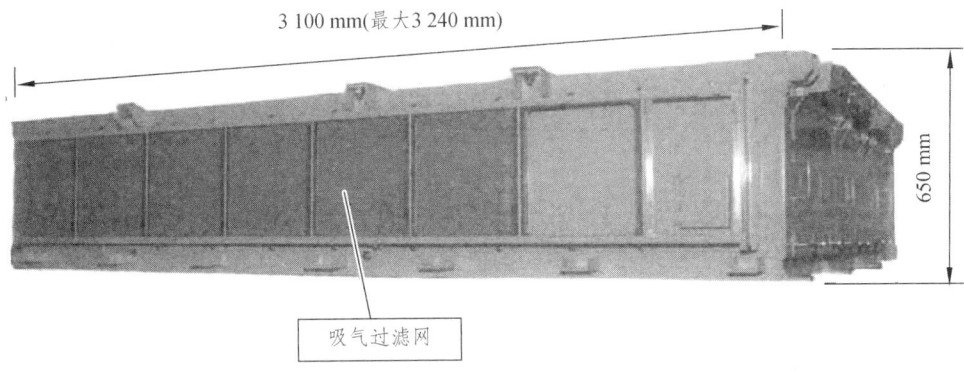

图 4-28 主变流器吸气侧外观

■ 拆下吸气过滤网的状态

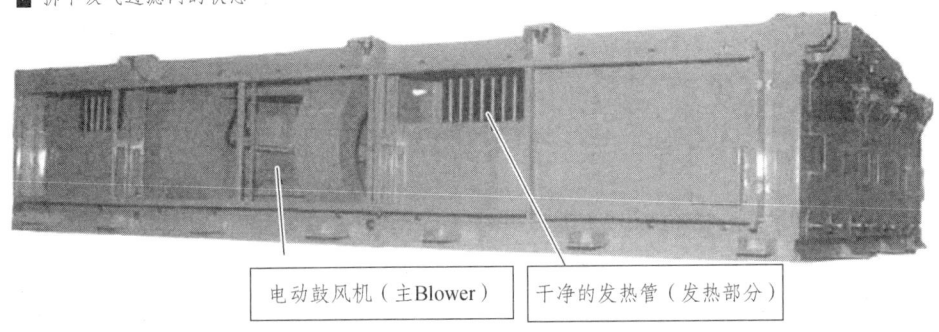

图 4-29 主变流器拆下吸气过滤网的状态

图 4-30 主变流器箱体外形

箱内接线规格为：
（1）主电路接线，母线采用 3.5~150 mm² 的 SQWL2 电线。
（2）控制电路接线，采用 0.5~2.0 mm² 的 SQWVO 电线或特氟隆电线。
（3）接线布置时分离高低压接线。

按类别分开不同信号线并分别构成不同的线束，以尽可能地避免在信号线之间产生相互干扰。

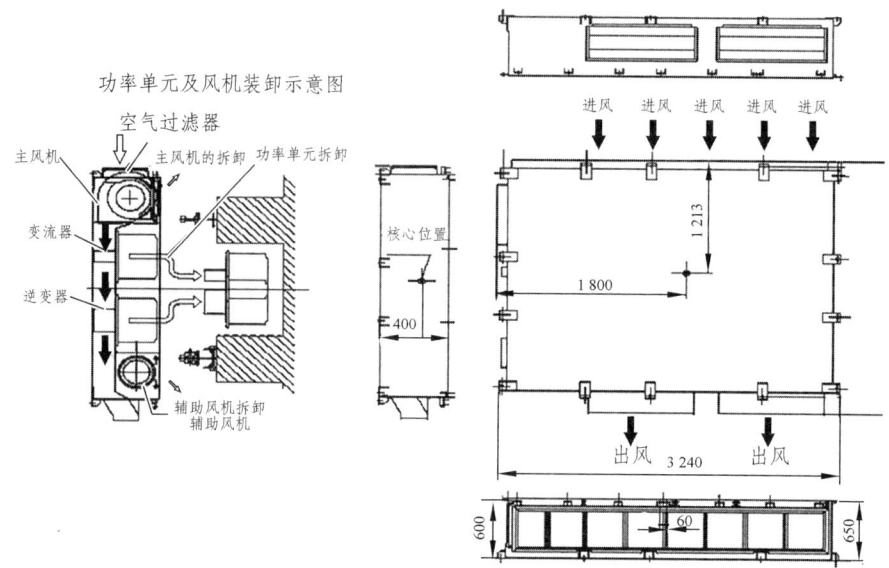

图 4-31　牵引变流器箱外形尺寸及技术说明

（三）主变换电路结构

CRH2/CRH380A/CRH380AL 型动车组牵引变流器由三电平整流器回路、三电平逆变器回路及中间直流回路组成。

CRH2 型动车组主变换装置分别在 M1、M2 车上各装载一台，其除了在加速时向牵引电机供电和实施制动时的电力再生控制外，还有保护功能。

图 4-32 所示为牵引变流器内部设备布置。

此外，将车辆信息控制装置的信息在变流器之间进行载波相位差运行，以减少接触网电流的高次谐波。

车轴端装有速度传感器，用于主变换装置、制动控制装置的速度（旋转频率）的检出。

主变换装置由 3 个部分组成：

（1）从单向交流得到的直流功率的整流器。

（2）从直流电流得到三相交流的逆变器。

（3）吸收脉冲电压得到直流电压的直流平滑电路（滤波电容）。

图 4-33 所示为 CRH_2 牵引变流器内部接线图。

表 4-3 是主变流器的设备清单。

1. 整流器部分

整流器以主变压器二次侧输出 AC 1 500 V、50 Hz 为输入，它由单相三级 PWM 变流器、交流接触器 K 组成。

整流器的功能是：通过无接触点控制装置的 IGBT 点弧控制，使输出电压在 2 600 ~ 3 000 V 范围内变化，主变压器一次侧的电压、电流功率因数达到 1。再生制动时，进行逆变换，输入滤波电容的直流电压为 3 000 V，将 AC 1 500 V、50 Hz 供给主变压器侧。

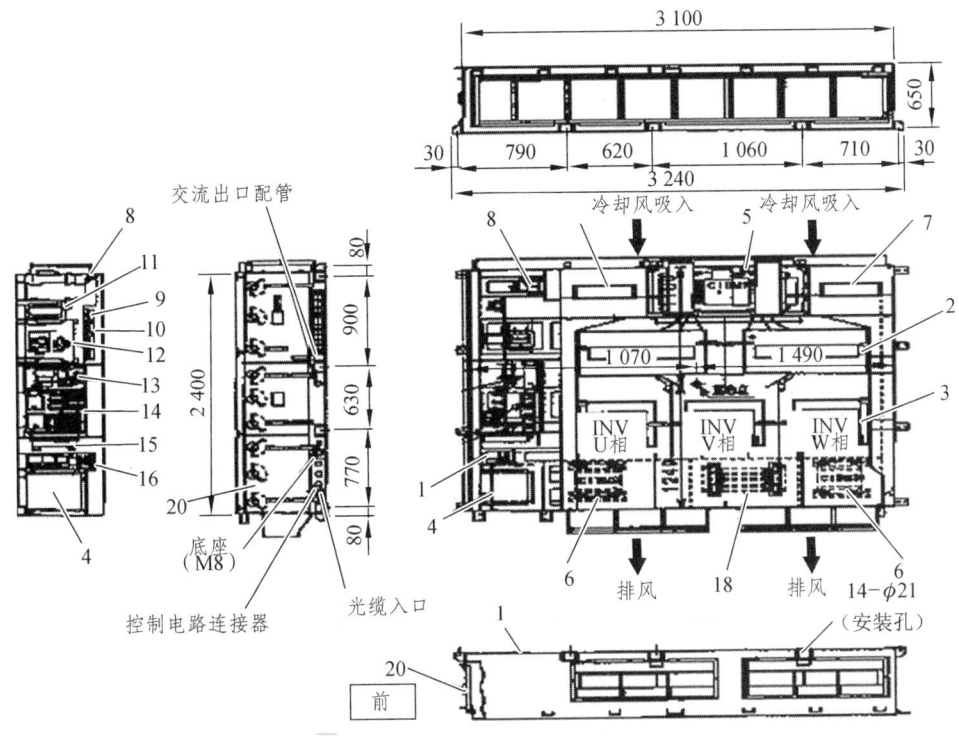

图 4-32 牵引变流器内部设备布置（单位：mm）

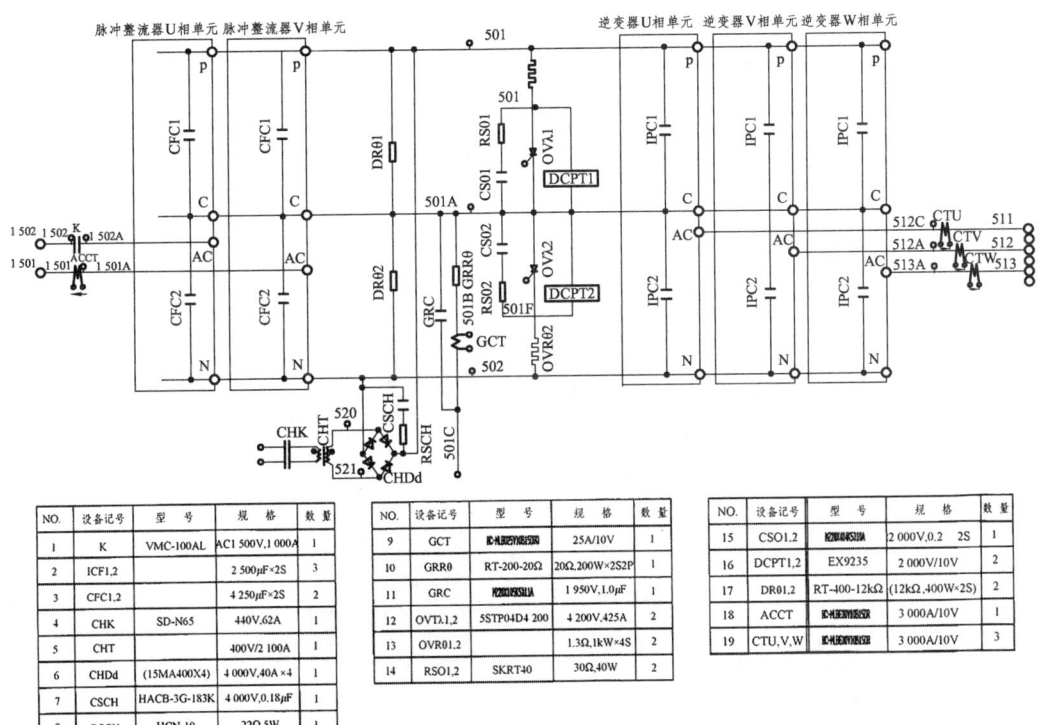

图 4-33 CRH2 牵引变流器内部接线图

表 4-3 主变换装置的构成设备

序号	名　称	数量/每组	备注
1	箱形框架	1	
2	变流器功率单元	2	
3	逆变器功率单元	3	
4	无接点控制装置	1	
5	主鼓风机（CIBM1）	1	
6	辅助鼓风机（CIBM2、3）	2	
7	热交换器	2	
8	真空接触器	1	
9	电流检出器（ACCT）	1	
10	电流检出器（CTU·CTV·CTW）	3	
11	耐压试验接插件	1	
12	充电单元	1	
13	接地电流检出（GCT）单元	1	
14	抑制过电压晶闸管（OVTH）	1	包括 DCPT 单元
15	门用电源	1	
16	交流电压检出器（ACPT）	1	
17	继电器单元	1	
18	电阻器单元	1	
19	空气过滤器	1 式	
20	检查面盖板	3 种	

作为输入侧的主电路的接通与断开，是使用交流接触器 K 来实现的。图 4-34 为变流器单元的外形图。

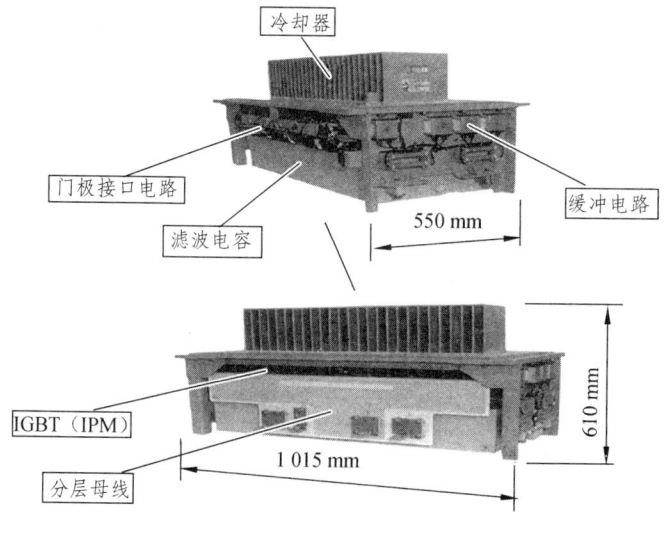

图 4-34 变流器单元的外形图

脉冲整流器功率模块外观如图 4-35 所示（图中数字所示设备见表 4-4），中央为框架，上部为冷却通风部，用于配置冷却器。冷却器下面为高压绝缘的 IPM 元件、钳位二极管和缓冲二极管等元件单体。冷却器的沸腾容器作为接地。

图 4-35　脉冲整流器外形结构图

表 4-4　脉冲整流器功率模块主要构成设备

编号	品　名	件数/单元	备　注
1	缓冲电容器	8 只	DC 2 150 V、2 μF
2	缓冲电阻器	8 只	10 Ω
3	门极接口电路板	4 块	
4	平衡电阻器	4 组	160 kΩ×2P
5	层压板母线	1 组	
6	冷却器	1 套	
7	支撑电容器	1 组	DV 2 050 V、4 250 μF×2S
8	IPM	8 只	3 300 V，1 200 A
9	钳位二极管	4 支	3 300 V，1 200 A
10	缓冲二极管	8 支	1 200 V，100 A

利用 PWM 脉冲整流器可实现输入电压基波分量功率因数为 1 的运行状态，从而减小设备体积、降低电力消耗。此外，由于脉冲整流器、逆变器部采用 3 点式电路结构实现电压控制，主电路半导体元件采用高速开关的 IPM 减小了交流电压波形失真，可有效降低牵引电机和牵引变压器的力矩波动、电磁噪声。

主电路元件导通状态和输出电压的关系如表 4-5 所示。功率模块部主电路连接如图 4-36 所示。

减少接触网电流高次谐波，同一动车组内的 M1 车、M2 车的 2 台变流器间其载波相位差为 -90°，每个动车组间相差 -67.5°，按此来进行设定。动车组间的相位差依据并结状态也会变更。

表 4-5 主电路元件导通状态和输出相电压的关系

输出状态	高电位点电位输出	中性点电位输出	低电位点电位输出
PWM 信号 Gsw	Gsw=+1	Gsw=0	Gsw=-1
门极指令 IPM1	ON	OFF	OFF
门极指令 IPM2	ON	ON	OFF
门极指令 IPM3	OFF	ON	ON
门极指令 IPM4	OFF	ON	ON
输出电压	$+U_d/2$	0	$-U_d/2$
等效电路			

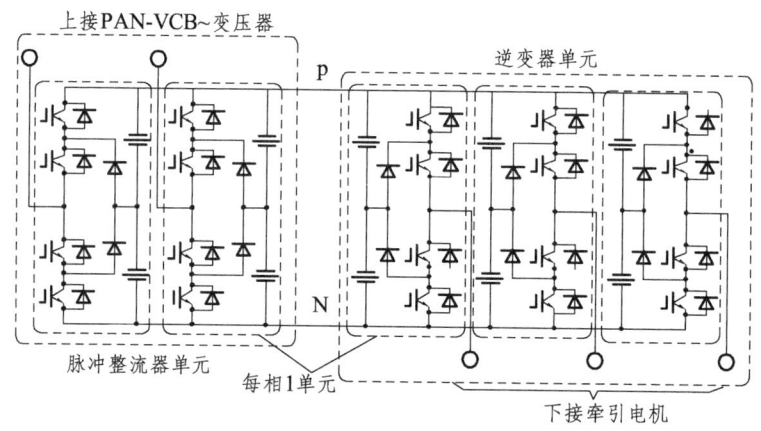

图 4-36 功率模块连接图

2. 逆变器

逆变器以滤波电容电压为输入,通过无接点控制装置的 IGBT 点弧控制信号,输出电压频率可变的三相交流电压,控制 4 台并联的感应电动机的速度、转矩。再生制动时,功能的进行顺序变化,感应电动机输入发电的三相交流,向滤波电容输出直流电压。

感应电动机的控制是采用矢量控制方式,独立地控制转矩电流及励磁电流,以提高转矩控制的精度、转矩应答的高速化和提高电流控制性能。电路的结构与变流器相同,采用三级结构。图 4-37 所示为逆变器的外形图。

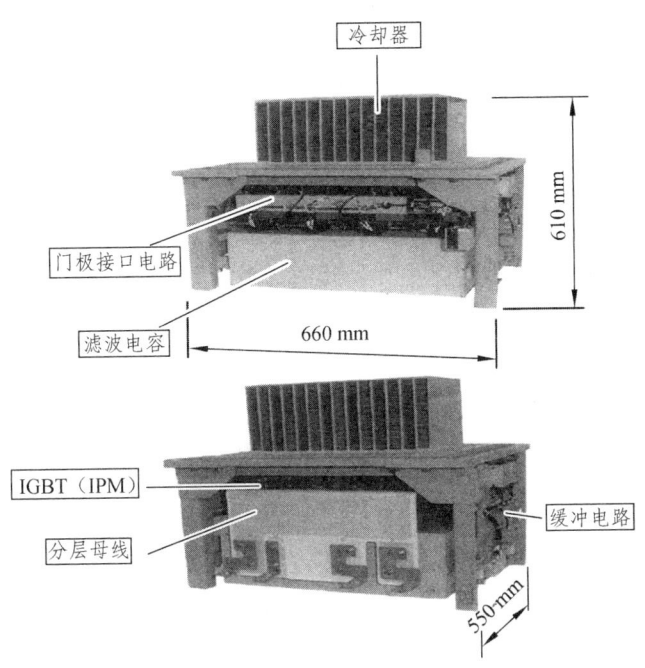

图 4-37 逆变部分的外形

逆变器功率模块外观如图 4-38 所示（图中数字所示设备见表 4-6）。

图 4-38 逆变器功率模块外形结构图

各设备基本配置与脉冲整流器功率模块相同。主要设备见表 4-6。

表 4-6 逆变器功率模块主要构成设备

编号	品　名	件数/单元	备　注
1	缓冲电容器	4 只	DC 2 150 V、2 μF
2	缓冲电阻器	4 只	10 Ω
3	门极接口电路板	4 块	
4	平衡电阻器	2 组	160 kΩ ×2P
5	层压板母线	1 组	
6	冷却器	1 组	
7	支撑电容器	1 组	DC 2 050 V、2 500 μF×2S

续表

编号	品名	件数/单元	备注
8	IPM	4只	3 300 V, 1 200 A
9	钳位二极管	2支	3 300 V, 1 200 A
10	缓冲二极管	4支	1 200 V, 100 A

牵引变流器的零部件，考虑到其操作、维修方便，采用模块化设计。例如半导体冷却装置分成脉冲整流器用两台，逆变器用3台的单元，分别具有互换性。控制装置分为无接点控制装置（控制逻辑部）、继电器单元、电源单元等。

半导体冷却装置和电动通风机等大型装置采用下部拆装的结构。小型控制单元内的各零部件可以采用不同厂家的产品，维修和检查时需要更换的控制单元，其结构和功能必须具有互换性。

3. 直流平滑电路部分

中间电路主要由均压电阻、支撑电容器和过压保护电路构成，目的是获得直流恒压。中间直流电路如图4-39所示，5个支撑电容器并联，分别组装于各个功率模块内，CRH380型动车组中间回路分立设置了2台整流器功率单元、3台逆变器功率单元的滤波电容器，两台脉冲整流器模块各装1个，3台逆变器模块也各装1个，合计容量8 000 μF。

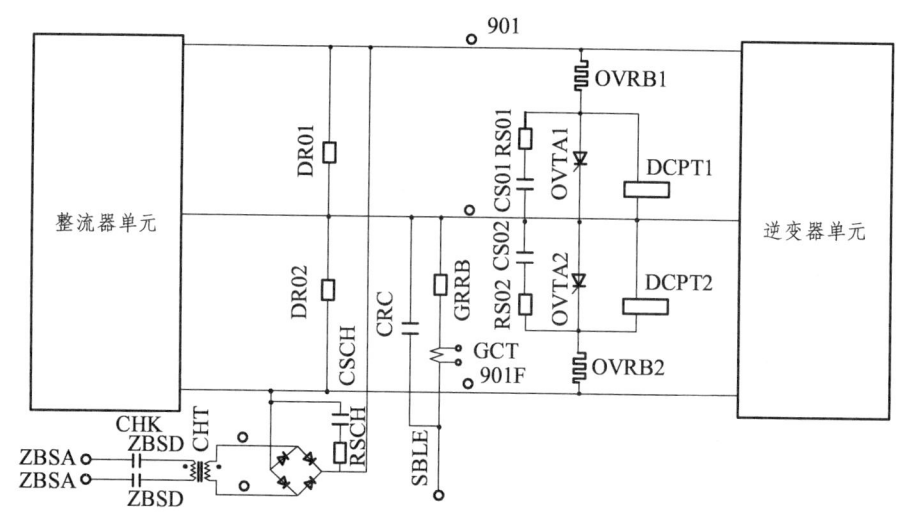

图4-39 中间直流电路

滤波电容器在变流器功率单元有2组，在逆变器功率单元有3组，总共容量为8 000 μF。滤波电容与备用充电电源相连接，启动时经过内有电阻分量的充电变压器，由3次电路进行初次充电，防止因K线接通时过大的冲击电流。

此单元由充电变压器、二极管桥、电磁接触器构成，滤波电容器备用充电电路结构如图4-40所示。

随着驾驶台逆变器的投入和电磁接触器动作，从3次绕组通过充电变压器和二极管桥对滤波电容器进行充电。充电变压器为充电电阻一体型结构，将3次绕组的电压AC 400 V

升至 2 100 V，由二极管电桥整流后对滤波电容器进行充电。逆变器闭合时接入预充电接触器 CHK，充电（约 1 s）后 CHK 切段，然后接通牵引变流器输入回路。

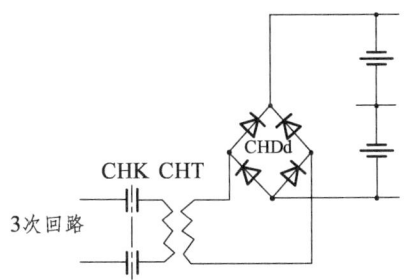

图 4-40　支撑电容器预备充电电路构成

以下表示从充电开始到 K 投入为止的流程。
（1）换向器（reverser）投入。
（2）输出充电用接触器（CHK）投入。
（3）支撑电容器充电。
（4）充电用接触器（CHK）断开。
（5）K 投入。

部分器件的功能简介如下：

GCT：检测牵引变压器 2 次侧接地电流。根据设定值，OVTh-on、脉冲整流器·逆变器 gate-off 及牵引变流器 1 次侧电源接触器（K）断开。

OVTh 单元：过电压抑制可控硅单元，由可控硅、缓冲器（snubber）阻抗器、缓冲器（snubber）电容、栅级驱动基板、直流电压检测器等构成。当检测到支撑电容器的过电压，且控制电源为 off 时，可控硅为 on，让支撑电容器具有放电的功能。

DCPT：组装在 OVTh 单元内，对直流电压进行检测。当检测到 OVTh false firing（误点弧）、直流过电压、直流低电压、电压异常时，根据条件，脉冲整流器·逆变器 gate-off、牵引变流器 1 次侧电源接触器（K）等断开。

中间直流电路器件参数如表 4-7 所示。

表 4-7　中间直流电路器件参数

序号	设备记号	数量	序号	设备记号	数量
1	支撑电容器（变流器）CFC1，2	2	11	CSCH	1
2	支撑电容器（逆变器）ICF1，2	3	12	接地电流互感器（GCT）	1
3	接地阻抗器（GRRe）	1	13	接地容抗器（GRC）	1
4	抑制过电压电阻器（OVRe1，2）	2	14	支撑电容放电用的可控硅（OVTh1，2）	2
5	支撑电容器放电用电阻器（DRe1，2）	2	15	RSO1，2	2
6	交流接触器（K）	1	16	CSO1，2	1
7	交流接触器（CHK）	1	17	直流电压互感器（DCPT1，2）	2
8	变压器（CHT）	1	18	交流电压互感器（ACCT）	1
9	不控整流器（CHDd）	1	19	三相输出电流互感器（CT U，V，W）	3
10	RSCH	1			

4. 牵引变流器的冷却系统

牵引变流器的冷却系统由通过外气进行冷却的主冷却部和不导入外气进行冷却的密封室冷却部组成。图 4-41 所示为牵引变流器断面冷却风流向。

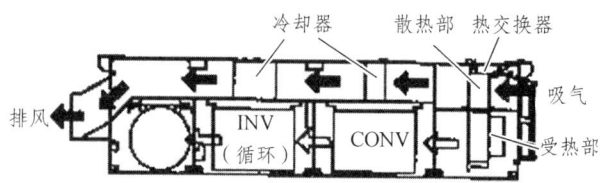

图 4-41　牵引变流器断面冷却风流向

1）主冷却风流向

主冷却风流向模型如图 4-42 所示。冷却风（外气）经空气过滤器过滤后分为两部分，一部分经过热交换器（散热部）后被主鼓风机（CIBM1）吸入，一部分直接被主鼓风机吸入。主鼓风机（CIBM1）送出的冷却风经过脉冲整流器功率模块冷凝器、逆变器功率模块冷凝器后，由排风管道排出。

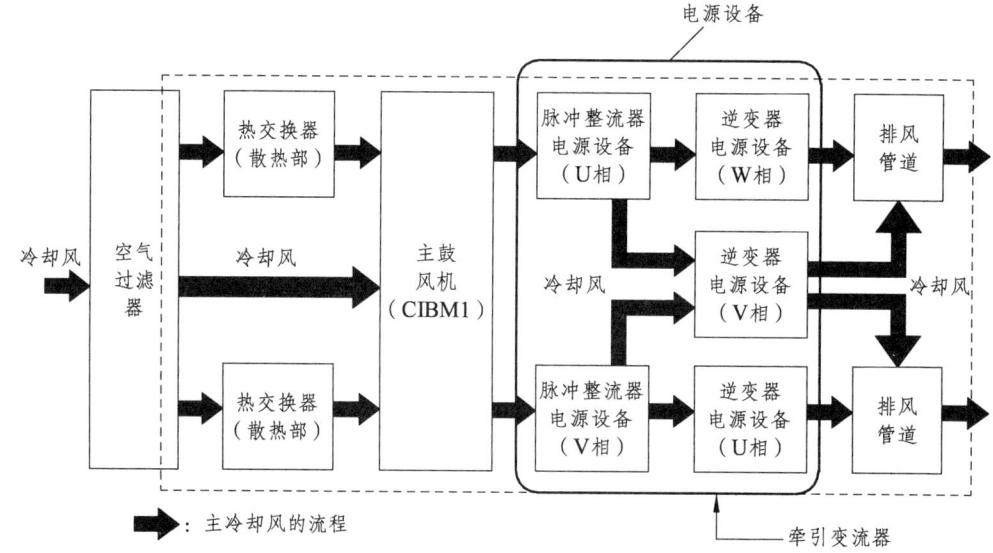

图 4-42　主冷却风流向

2）密闭室内冷却风流向

密闭室内冷却风流向模型如图 4-43 所示。

密闭室内冷却风为内部循环风。密闭室内热量通过热交换器释放到大气。两台辅助鼓风机（CIBM2、CIBM3）驱动冷却风循环。

冷却风流向分为：CIBM2→检查面侧设备室→热交换器（受热部）和 CIBM3→密闭室内冷却风用管道→热交换器（受热部）2 种。

吸收热交换器放出热量的冷却风在对脉冲整流器功率模块和逆变器功率模块的电气部件（门驱动器、支撑电容器等）进行冷却后，被辅助鼓风机（CIBM2、CIBM3）吸入，然后开始下一个循环。

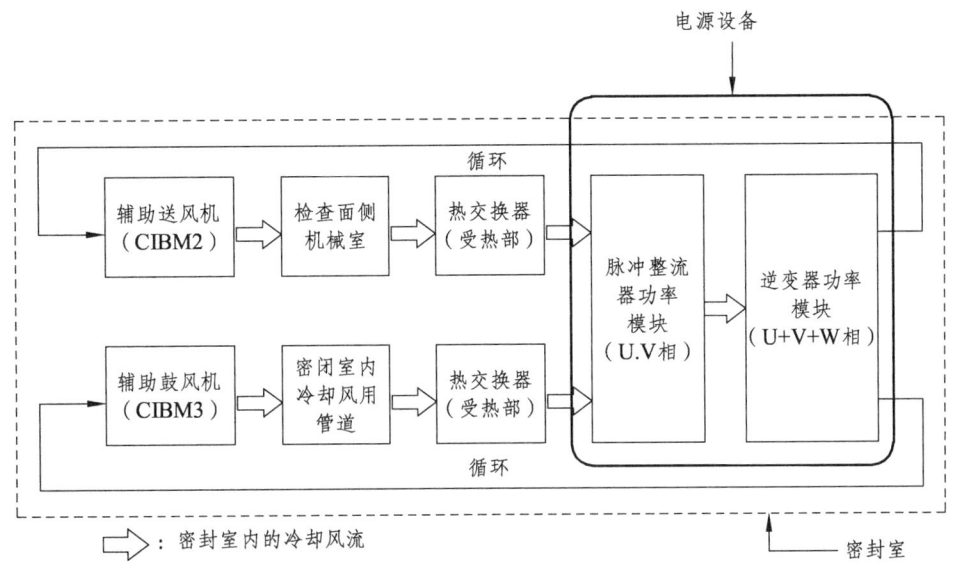

图 4-43 密闭室内冷却风流向

3) 沸腾冷却

电力功率开关模块和二极管模块冷却装置采用高效的散热装置,此装置采用内存制冷容器外壁直接接触元件的强化散热方式,可以有效提高功率器件性能、增强装置冷却性能、减小体积、减轻质量。

冷却器工作原理如图 4-44 所示,蒸发器外壁面直接接触元件,外壁面吸收的元件热量传递到内壁面后用于内部制冷剂沸腾,制冷剂沸腾的汽化潜热从内壁面吸收,上述过程能够达到良好的冷却效果。

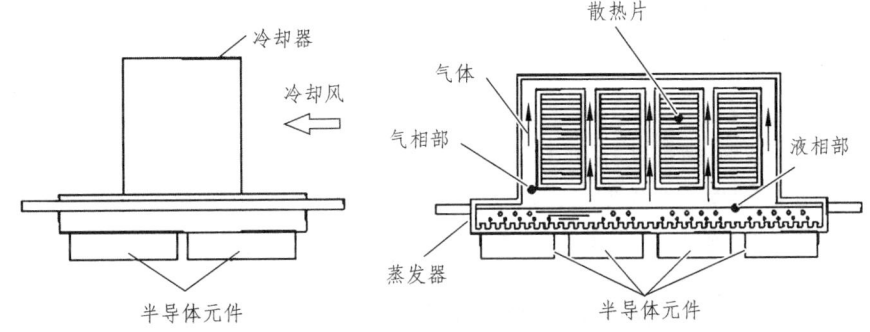

图 4-44 冷却器工作原理图

制冷剂沸腾产生的蒸汽被直接导向冷凝器。冷凝器外部为数量众多的散热片,处于冷却风冷却状态。蒸汽接触到冷凝器内壁后放出汽化潜热并液化,在重力作用下流回蒸发器。

冷却器通过上述循环具有较高的冷却能力。此外,通过采用蒸发器内存制冷剂的构造,可以实现较高的冷却性能,从而有效减轻质量。

4) 制冷剂

冷却器利用制冷剂的沸腾和冷凝作用冷却半导体元件,制冷剂选用替代氟利昂,属于非氟利昂系列制冷剂。

5)冷却容器保护

本冷却单元装有通过沸腾容器壁面监控液温的温度继电器,当温度超过规定值时自动断开主电路,保护装置动作设定值如表 4-8 所示。

表 4-8 保护装置动作设定值

设定值	脉冲整流器	逆变器
温度继电器触点动作温度	80 ℃	84 ℃

制冷温度通过沸腾容器壁面传递到温度继电器,达到规定温度后,继电器内部保护装置动作,断开触点,如图 4-45 所示。

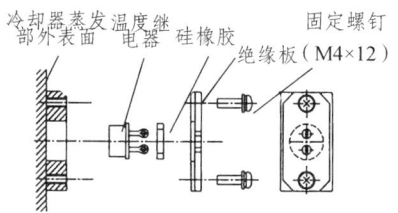

图 4-45 温度继电器构造安装

6)冷凝器。

脉冲整流器用冷凝器外观如图 4-46 所示。

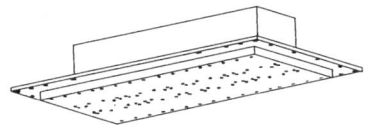

图 4-46 冷凝器外观(斜下方视角)

5. 主鼓风机

主鼓风机(MH1132—FK205 型电动送风机)用作 C111 系主变换器的主冷却,在主变换装置内有 1 台。电动机使用单相笼型两轴感应电动机。送风机是用多翼型两扇类,由主鼓风机吸入的冷却风(外界空气)从 2 个口排出送风,冷却变流器功率单元及逆变器功率单元的冷凝器,如图 4-47 所示为主鼓风机的外形。

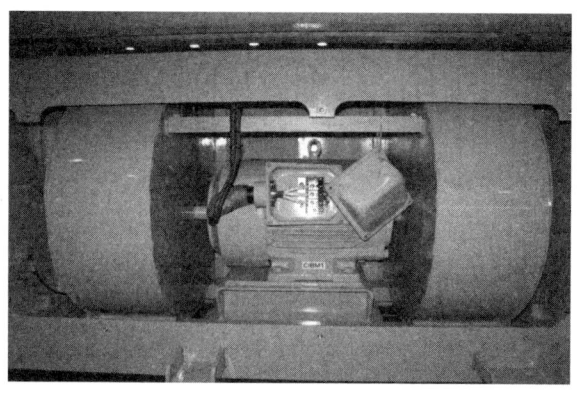

图 4-47 主鼓风机

1）主鼓风机规格（见表4-9）

表4-9 主鼓风机规格

电动机		送风机	
型　　号	MH1132	型　　号	FK205
结　　构	笼型单相	结　　构	多翼型
通风方式	全闭外扇形	送风机静压	960 Pa
相　　数	单相	风　　量	50×2 m^3/min
电极数量	4P	旋转速度	1 400 r/min
输出功率	4.0 kW	质　　量	120 kg
电　　压	400 V	电容质量	9 kg
额定电流	13 A	防震橡胶：8个	
频　　率	50 Hz		
额定速度	1 400 r/min		
绝缘种类	F		
电容器	90 μF/600V AC		
轴承（负载侧）	6308ZZC3		
轴承（非负载侧）	6308ZZC3		
使用油脂	SRL		

2）电动机

本电动机是与主鼓风机的驱动机相配合的，全封闭，是附有外扇安装脚的横向两轴型电动机。电动机水平横向安装，送风机的翼片直接安装在电动机两轴端，电动机的冷却是通过自己的外扇风来实现，电容器另外设置在机械室内（检查面侧）。

3）送风机

本送风机使用多翼叶轮，安装在电动机的两侧，套管安装后，吸入口均使用铝材，以减轻质量。电动机和箱一起安装在安装台上。主鼓风机用8个防震橡胶安装在主变换装置上。

6. 辅助鼓风机（MH1130-201型电动送风机）

辅助鼓风机（MH1130-201型电动送风机）用作C111型主变换装置的密封室的冷却，该装置用2台辅助鼓风机。图4-48所示为辅助电动鼓风机外形，电动机使用单相笼型感应电动机，送风机使用轴流型。由于辅助鼓风机是2台运转，使密封室内的空气循环通过热交换放热。

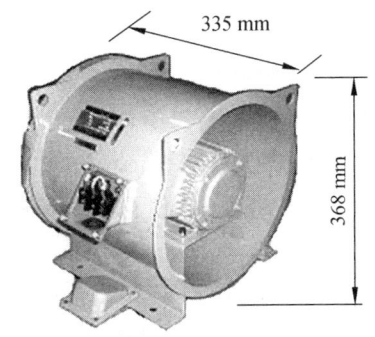

图4-48 辅助电动鼓风机

1）辅助鼓风机规格（见表 4-10）

表 4-10 辅助鼓风机规格

电动机		送风机	
型　号	MH1130	型　号	FK201
结　构	笼型	结　构	斜流型
通风方式	全闭型	送风机静压	265 Pa
相　数	单相	风　量	30 m^3/min
电极数量	2P	旋转速度	2 830 r/min
输出功率	0.55 kW	质　量	35 kg
电　压	400 V	电容质量	1.4 kg
额定电流	2 A	防震橡胶：4 个	
频　率	50 Hz		
额定速度	3 000 r/min		
绝缘种类	F		
电容器	7 μF/880 V AC		
轴承（负载侧）	6308ZZC3		
轴承（非负载侧）	6308ZZC3		
使用油脂			

2）电动机

本电动机的结构为全封闭型的，通常通过外扇冷却电机。本主变换装置为能够通过密封室内的循环达到冷却效果，去掉了外风扇，使之减轻质量。定子使用 0.5 mm 厚的硅矽钢片，槽数为 24 个，线圈是使用脂亚氨基线，绝缘物使用诺曼克斯纸（聚酰胺绝缘材料商品名），是 F 类绝缘。转子是有高电阻的铝铸件，电容是另行设置在机械室内（检查面侧）。

3）送风机

本送风机是斜流型，由罩叶片导轨、叶轮组成，电动机与罩一起装在安装台上。辅助鼓风机是通过 4 块防振橡胶安装在主变换装置的密封室内。

7. 热交换器

图 4-49 所示为热交换器的外形图。本热交换器用于藏有电子产品的密封室内的冷却，每个主变换装置有 2 台，冷却媒介不是氟的替代品，而是使用纯水，这是本热交换器的特征，在设计上充分考虑了环境因素。

1）动作原理

本热交换器使用重力型热管，图 4-50 所示为热交换器的原理图。封入的液体（纯水）通过从管壁吸热蒸发，形成蒸汽流向冷凝器，蒸汽被冷却成为液体，同时通过冷凝热的释放进行热交换。

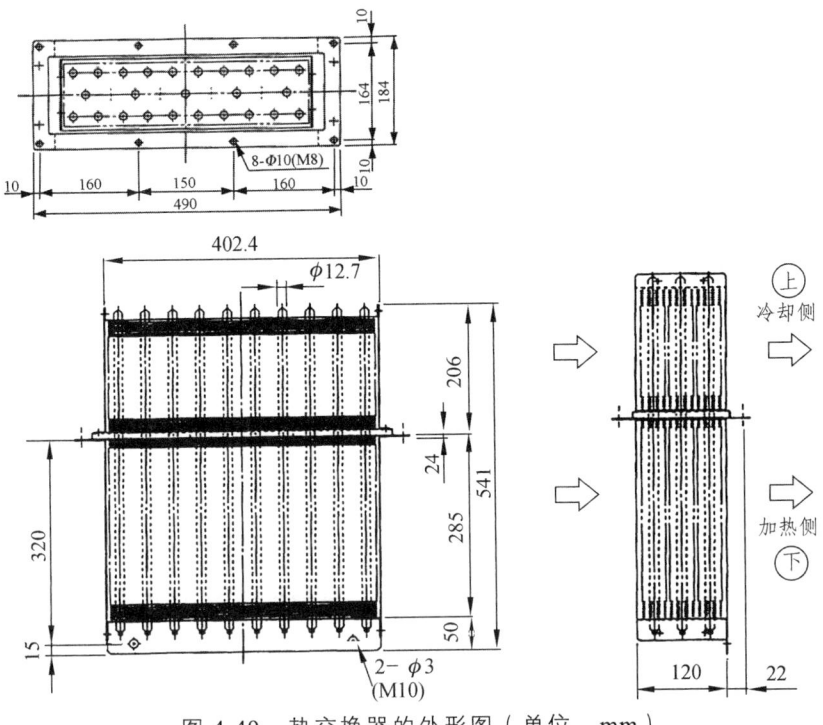

图 4-49 热交换器的外形图（单位：mm）

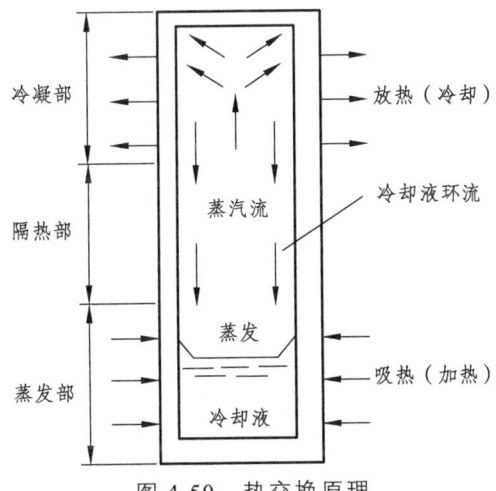

图 4-50 热交换原理

2）结构

热管使用铜管（表面镀锡），散热扇片使用铝（0.5T），以提高热交换器的性能和减轻质量。安装框使用SUS304（1.2T）。热交换器的基本规格如表4-11所示。

表 4-11 热交换器基本规格

参　数	放热侧（上部）	吸热侧（下部）
风　量	15 m³/min	20 m³/min
压　损	100 Pa 以下	50 Pa 以下
热性能	0.013 3 K/W 以下（20 K/1 500 W）	
冷却媒介	纯水	

二、CRH380 动车组主变流器的主要技术参数及性能

（1）型号：CI11。
（2）变频器：单相电压 3 电平 PWM 变频器。
（3）逆变器：三相电压 3 电平 PWM 逆变器。
（4）额定参数：
① 输入：1 285 kV·A（单相 AC 1 500 V，857 A，50 Hz）。
② 中间直流电路：1 296 kW（DC 3 000 V，432 A）。
③ 输出：1 475 kV·A（三相 AC 2 300 V，424 A，0～220 Hz）。
④ 效率：96%以上（在额定载荷条件下，除辅助电路和控制电路外）。
⑤ 功率因数：97%以上（在额定载荷条件下，除辅助电路和控制电路外）。
（5）开关频率：
① 变频器 1 250 Hz。
② 逆变器 500～1 000 Hz。
（6）冷却方式：液体沸腾冷却机械通用方式（冷却液：氟化碳 FX3250）。
（7）主要构件：
① 功率单元：
主开关元件：IGBT 或 IPM；
滤波电容器：合计 8 000 μF；
变频器功率单元：2 125 μF/台×2 台=4 250 μF；
逆变器功率单元：1 250 μF/台×3 台=3 750 μF。
② 过压抑制可控硅单元：过压抑制可控硅栅级驱动电路、直流变压器（DCPT）。
③ 充电单元：滤波电容备用充电用接触器、变压器及整流器。
④ 真空交流接触器。
⑤ 电阻器单元：过电压抑制电抗器、放电电阻器。
⑥ 交流变流器单元：空穴 CT。
⑦ 交流变压器单元：ACPT。
⑧ 控制电源单元。
⑨ 电动通风机：主电动通风机、辅助电动通风机。
（8）无触点控制装置功能。
无触点控制装置（见图 4-51）具有如下功能：① 变频器控制功能；② 逆变器控制功能；③ 程序控制功能；④ 维修、检查功能。

三、CRH380A 动车组主变流器维护与检修

（一）拆卸与安装

1. 主变换装置的拆卸要领

（1）从端子台拆卸主电路配线。

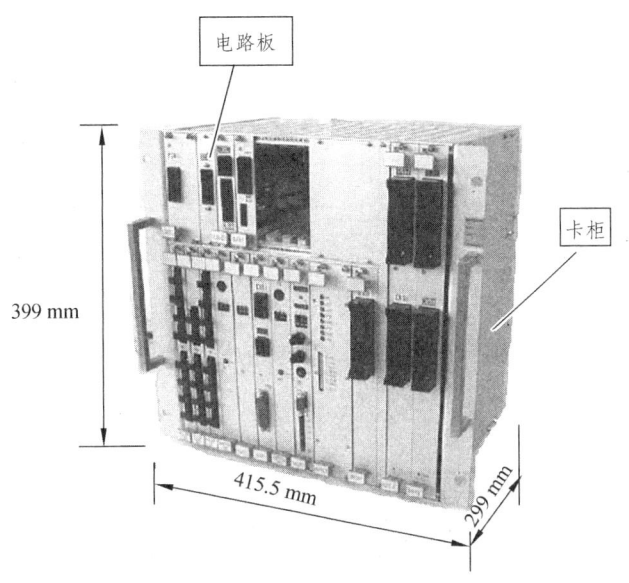

(a)无触点控制装置外形

(b)无触点控制装置安装位置

图 4-51 无触点控制装置

(2)从端子台拆卸交流口的出线。
(3)从外部接地座卸下接地线。
(4)卸下控制电路仪表接插件。
(5)从无接点控制装置卸下仪表光缆。

拆卸光缆时一定要注意对光缆的施力、扭曲。此外,为使光缆端部及无接点控制装置光接插件的防尘,使用专用盖加以保护。

2. 主变流器装置的移动

如图 4-52 所示,预先设定挡板,使负重得到均匀负担,卸下装置的螺栓,将负载移至升降机上来移动装置。

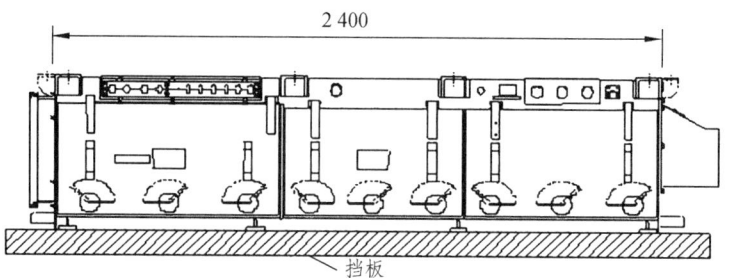

图 4-52 挡板的设定状态

采用吊车装置的场合,如图 4-53 所示,安装吊杆,用 4 支点的钢丝绳将装置吊起。

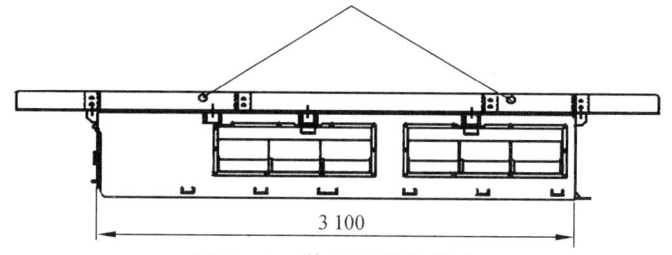

图 4-53 装置的吊起状态

3. 功率单元的拆卸

(1) 首先在功率单元下面准备了升降机,支撑功率单元。其次,在升降机与功率单元间放入能沿枕木方向移动的活动台。

(2) M12 螺栓:变流器部分 16×2 单元=32 个、逆变器部分 12×3 单元=36 个,使用长度为 500 mm 以上的套筒扳手。

(3) 升降机降下,从主体中取出功率单元。

4. 功率单元的搬运

使用吊车时,在法兰盘部的功率单元安装孔插入一个不会拔落的棒(或长度为 100 mm 左右的螺栓等),并在法兰盘上用布绳卷缠后吊起(见图 4-54)。

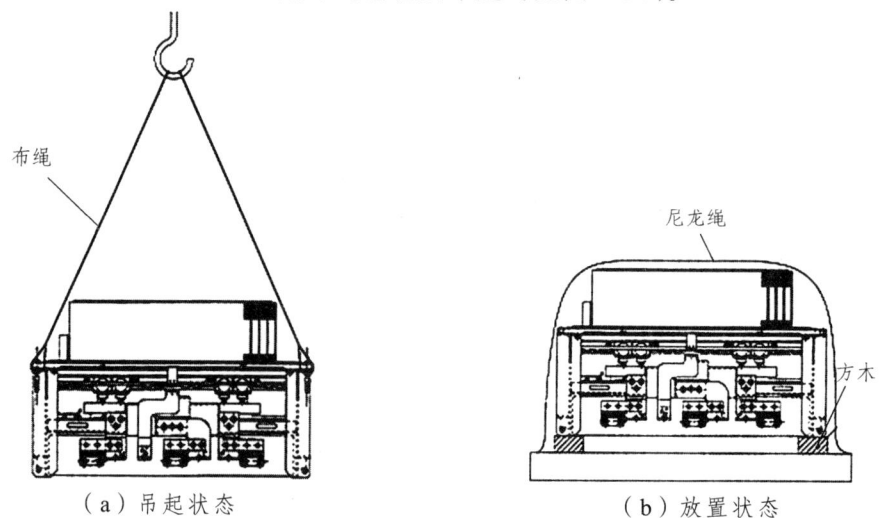

图 4-54 功率单元的搬运示意图

（1）在功率单元机架下面插入 100 mm 左右的方木，在不会发生翻转的状态下，承放在平板架上，要在这种平稳的场所保管。此外，为防止污损用尼龙罩等进行保护。

（2）要避开光线直晒的场所。

（3）不要放置在有火、气或是易燃物的附近。

（4）尽可能地避开气密室。

5. 功率单元安装要领

（1）按上述拆卸要领的反向顺序进行操作。光缆的接插位置不要搞错。

（2）为了切实执行防水，在防水衬垫部涂刷密封剂。

6. 鼓风机的拆卸、安装要点

（1）卸下空气清洁器的压板 1（M8×20；共 2 处）。

（2）将空气清洁器 2 的检查面侧拉出，卸下。

（3）从箱形框架中卸下过滤网安装框（M8×30；共 26 处）。

（4）从鼓风机端子箱 4 卸下配线（端子箱、端子台均用 M5 螺栓），从接地座卸下地线（使用 M6 螺栓）。

（5）用叉车或是转向架，使主鼓风机（包括安装框架，约重 135 kg）的安装框架 5 在有支撑的状态下卸开安装螺栓（M12×30；共 16 处）。

（6）让叉车后退约 20 mm。

（7）叉车下降约 200 mm 后，将主鼓风机搬出车外，其时要注意电线固定接头与主鼓风机的支撑配件不要相碰撞。

（8）从安装框架 5 取出主鼓风机（M10×22；共 8 处）。

（9）安装顺序正好与拆卸顺序相反。

7. 鼓风机的拆卸、安装要点

（1）卸下空气清洁器的压板 1（M8×20；共 2 处）。

（2）将空气清洁器的检查面侧拉出，卸下。

（3）从箱形框架中卸下过滤网安装框（M8×30；共 26 处）。

（4）从鼓风机端子箱 4 卸下配线（端子箱、端子台均用 M5 螺栓），从接地座卸下地线（使用 M6 螺栓）。

（5）用叉车或是转向架，使主鼓风机（包括安装框架，质量约为 135 kg）的安装框架 5 在有支撑的状态下卸开安装螺栓（M12×30；共 16 处）。

（6）让叉车后退约 20 mm。

（7）叉车下降约 200 mm 后，将主鼓风机搬出车外，此时要注意电线固定接头与主鼓风机的支撑配件不要相碰撞。

（8）从安装框架 5 取出主鼓风机（M10×22；共 8 处）。

（9）安装顺序正好与拆卸顺序相反。

8. 辅助鼓风机（CIBM2、CIBM3）的拆卸、安装要领

（1）卸开底盖板（M8×20、CIBM2 共 14 处，CIBM3 共 12 处）。

（2）从端子盒 2 卸下配线（M4 螺丝），从接地座取下电线（M6 螺丝）。

（3）在叉车或转向架上设置辅助鼓风机 3，使辅助鼓风机（包括安装框架，质量约为 40 kg）在支撑状态下取下安装螺栓（M12×25；共 4 处）。

（4）使叉车下降约 450 mm 后，将辅助鼓风机搬至叉车外。

（5）卸下辅助鼓风机（M12×5；共 4 处）。

（6）安装顺序正好与卸下顺序相反。

9. 主鼓风机容性电容器（BMC1）的拆卸、安装要点

（1）由电容器端子台（M5）卸下配线（共 2 处）。

（2）由电容器接地座（M5）卸下接地线（共 1 处）。

（3）从安装接点 3 卸下电容器（M6×20；共 4 处）。

（4）安装顺序与卸下顺序正好相反。

10. 辅助鼓风机用的电容器（BMC2、3）的卸下

（1）从电容器的端子（M6）卸下配线（共 2 处×2 台）。

（2）从电容器的接地座（M5）卸下接地线（1 处×2 台）。

（3）取下安装螺栓（M6×16；共 4 处×2 台）。

（4）安装顺序正好与拆卸顺序相反。

11. 开关门用的电源的拆卸与安装要点

（1）卸下控制接插件（共 5 处）。

（2）卸下前面和后面的螺丝（M8×16；共 4 处）。

（3）卸下时利用支承台，则操作就方便多了。

（4）安装顺序与拆卸顺序正好相反。

12. 交流电压检出器（ACPT）的拆卸、安装要点

（1）从端子 2 卸下配线（M4 螺丝；共 5 处）。

（2）卸下安装螺丝（M6×30；共 4 处）。

（3）安装顺序与拆卸顺序正好相反。

13. 继电器单元的卸下与安装要点

（1）取下控制接插件 3。

（2）卸下安装螺栓（M6×16；共 4 处）。

（3）安装顺序与拆卸顺序正好相反。

14. 无触点控制装置的拆卸、安装要点（见图 4-55）

（1）取下控制接插件 1（共 12 处）。

（2）取下光缆 2 及仪表用光缆 3（共 22+1 处）。操作时要注意不要对光缆施力，不要使之扭曲。此外，为了防尘，在光缆端部及无触点控制装置的光接插件部用专用盖子加以保护。

（3）卸下光缆支撑件 4（M6×25；共 2 处）。此外，安装是与无触点控制装置共同紧

固的。

（4）卸下剩余的螺丝（M6×25；共 2 处），拉出无触点控制装置。

（5）安装顺序与拆卸顺序正好相反。

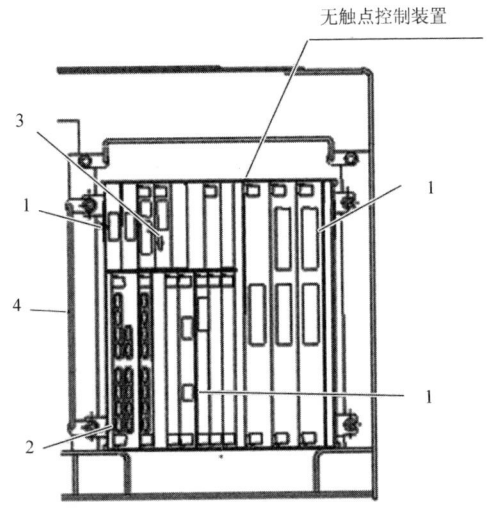

1—控制接插件；2—光缆；3—仪表用光缆；4—光缆支撑件。

图 4-55　无触点控制装置拆卸顺序

（二）无触点控制装置进行维修及使用时的注意事项

（1）在对本装置进行作业时，必须要在断电状态下进行。如果在电源接通状态下，一旦发生接插件等的脱落时，就会有冲击电压产生，可能会损坏半导体。

（2）无特殊需要不接触印刷电路板。

（3）即使是在无电源的场合，也不要随意将零件、端子、引线等短接。由于电容器中会有剩余能量，上述的短路现象可能会破坏电子零件。

（4）进行配线导通试验时，必须使用高内阻仪表。

（5）卸下机器零部件的场合，应在满足以下条件的场所进行保管：

① 灰尘少的地方。

② 太阳直晒不到的地方。

③ 温度低的地方。

④ 不会受到热影响的地方。

⑤ 没有诸如电动机、发电机、空气压缩机等会发生振动的地方。

（6）不要施加像锤击那样过大的冲击力进行试验。

（7）在清扫时不要使用吹气式，必须用吸引式清扫机（吸尘器）。

在用吹气式的场合会将尘埃扩散，这样可能会被吸附到接插件开关等器件的接点上。

（8）将印刷电路板插入导轨时，必须确认印刷电路板和导轨各方所示名称的一致性，以避免插错。

（9）在卸下光接插件（位于控制逻辑部的前面）时，必须盖防尘帽。此外，在连接接插件时，必须确认是否有露水、尘埃。

任务三　CRH380BL 型动车组牵引变流器维护与检修

任务描述

（1）掌握 CRH380BL 型动车组牵引变流器基本结构原理；
（2）掌握 CRH380BL 型动车组牵引变流器保养与检查方法及注意事项。

相关知识

一、概　述

CRH380BL 型动车组有 8 台牵引变流器，每台牵引变流器中有两组四象限斩波器（4QC）模块、一个 PWM 逆变器模块、一组牵引控制单元、冷却系统及中间直流环节，每一组逆变器控制 4 台牵引电机。变流器的主要功能是将牵引变压器输出的 AC 1 850 V/50 Hz，经四象限整流得到 3 200～3 600 V 的中间直流电压，再经逆变器输出电压、频率可调的三相交流电压为牵引电机供电，牵引变流器外形如图 4-56 所示。

微课：CRH380B 型动车组牵引变流器

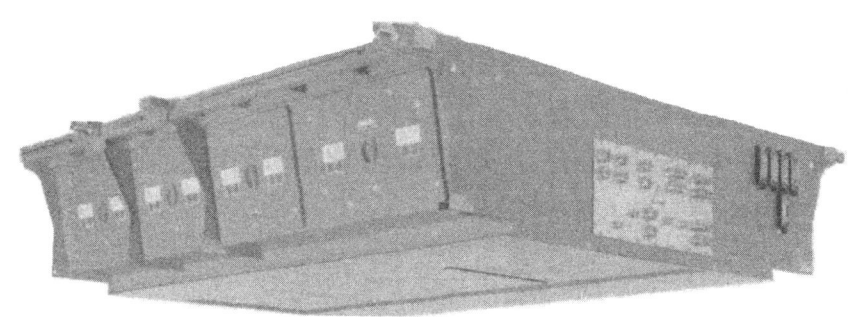

图 4-56　牵引变流器

牵引变流器（TC）位于 EC01/VC03/IC06/IC08/BC09/IC11/IC14/EC16 车底架下的设备舱中，牵引变流器冷却装置（CLT）在每个牵引箱的旁边，牵引控制单元集成在牵引变流器（TC）箱体中。

本装置吊挂在车辆底板上，牵引变流器的功能是进行电制转换，以满足牵引列车及牵引控制对电能形式的需要。CRH380BL 型动车组是交-直-交电传动电动车组，牵引变流器首先将来自受电弓的单相交流电转换成直流电，这一功能由网侧变流器模块（4QC）实现，该直流电又被电机变流器模块（PWMI）转换成三相交流电供给三相交流异步牵引电动机，通过对 4QC 和 PWMI 的控制实现列车的牵引、调速及制动。

牵引变流器的功率器件为 IGBT（绝缘栅双极晶体管），控制装置以微处理器为核心，可方便灵活地实现功率转换与保护，也可实现再生电气制动。每个牵引变流器基本上包括两个四象限斩波器（4QC）、一个带串联谐振电路的中间电压电路、一个过压限制器（MUB）和一个脉宽调制逆变器（PWMI）。

变流器内部主要组成如下：

（1）2个四象限整流器（4QC）并联，给1个牵引逆变器供电。

（2）1个三相电压型两电平逆变器，给4台异步牵引电动机供电。

（3）1个牵引控制单元（TCU），控制四象限斩波器、牵引逆变器的IGBT开关，以获得满足车辆牵引/制动性能要求的控制。

（4）装置分通气部分和密封部分，把需要散热的冷却系统安装在通气部分，把有必要进行绝缘防止污损的部分安装在密封部分。

（5）冷却系统布置在变流箱的旁边。

（6）具有完善的故障保护功能。

二、牵引控制单元、冷却系统及限压电阻器

1. 牵引控制单元（TCU）

牵引控制单元（TCU）用于监控牵引变流器的操作，它们是位于EC01/VC03/IC06/IC08/BC09/IC11/IC14/EC16车底架下的牵引变流器的一部分。

TCU的主要功能如下：

（1）调节指定的牵引或（电动）制动力，调节牵引变流器直流侧的电压，为牵引变流器生成控制信号。

（2）控制开关元件，如预充电接触器和线路断开开关。

（3）监控和保护牵引组件。

（4）车轮滑动保护。车轮防滑系统软件持续监控车辆和从动轮的运动，若运动变量与容许值有偏差，引力会自动降低到一个级别。由于持续监控与车辆和车轮相关的运动变量，可以确保在所有轨道条件下牵引系统都受到控制。

车轮滑动保护功能包括：

① 提供持续的车辆滑动控制。

② 限制车辆加速度。

③ 确定参考速度。

④ 防止车轮制动（运行表面的平面区域）。

⑤ 防止出现不容许的高轮轨滑动值。

⑥ 规定牵引相关的诊断数据，有助维护和提高可用性。

⑦ 通过MVB与CCU、BCU、司机MMI和辅助转换器装置进行数据交换。

2. 冷却系统

牵引变流器采用分体水冷式冷却系统，冷却单元安装在车下动力车牵引变流器的旁边，牵引变流器冷却单元外形如图4-57所示。

牵引变流器冷却系统主要包括冷却液、入口过滤器、污垢粗过滤器、冷却模块、冷却风扇、离心管道水泵、精过滤器、膨胀水箱、入口和出口温度传感器和压力传感器、入口阀和出口阀、带法兰的不锈钢波纹管、通气管以及串联谐振电感。

图 4-57 牵引变流器冷却单元外形

冷却单元中填充的冷却液为水和防冻液的混合物,体积比为 56%:44%,牵引变流器中冷却液溶剂大约为 30 L,冷却系统中大约为 58 L,冷却性能参数见表 4-12。

表 4-12 冷却单元冷却性能参数

功率	约 67 kW
冷却液体积流量（冷却液温度为 50 ℃）	200×（1±3%）L/min
冷却液进口温度	62.4 ℃
冷却液出口温度	57 ℃

3. 限压电阻器

一列 CRH380BL 型动车组配有 4 个过电压限制电阻单元（MUB），分别位于 FC04/FC05/SC12/SC13 车的车顶，图 4-58 所示为限压电阻器，表 4-13 给出了限压电阻器的技术参数。

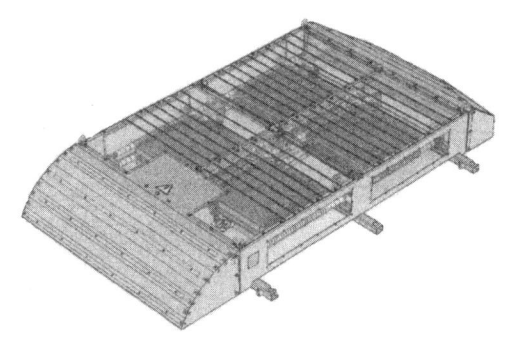

图 4-58 限压电阻器

限压电阻器专用于电制动时保护牵引变流器,以防过压。当牵引变流器出现故障时,电阻器可以保证使中间电路以规定方式安全放电。

表 4-13 限压电阻器的技术参数

R_N	3.3 Ω（允许误差为 -5% ~ +7%）
R_{max}	500 ℃ 时为 4.5 Ω[R_N×（1+7%）+通过加热增加电阻]
R_{min}	3.0 Ω

续表

U_N	4 100～4 500 V
U_{max}	4 500 V
U_{Nm}	4 000 V
绝缘隔离间隙	≥240 mm 外部绝缘隔离，≥120 mm 内部绝缘隔离
空气间隙	≥32 mm 每个绝缘隔离（OV2/PD4；EN50124-1） ≥64 mm 从电阻材料到电阻器外壳的距离
能量消耗能力	3.08 MW·s（500 ℃）

三、运用与维护

牵引变流器在存储时，应防止会对其功能造成负面影响的温度、潮气和灰尘等环境，在安装之前需要检查牵引变流器是否有压痕和机械损坏，盖板及密封性是否良好，油漆状态、电源线连接、控制连接器及冷却介质连接管路配件是否正常。

必须对牵引变流器进行定期维护来检测并排除可能的故障，维护内容参见表 4-14。

表 4-14 维护内容与时间进度表

部件	检查与检修工作	运行距离
冷却单元	目视检查冷却单元有无泄漏，尤其是接头区域、螺旋塞等； 目视检查保护格栅上是否存在泄漏和灰尘	10 万 km
牵引变流器箱盖	检查箱盖处密封都正确就位，未被压入或破裂	40 万 km
冷却单元防护格栅	目视检查保护格栅上有无灰尘及清理	
冷却液体连接管路配件	检查冷却液体连接管路处的密封性，保证无泄漏	
牵引变流器	检查冷却介质液体； 清洁设备箱内部区域； 检查冷凝水出口的密封； 检查断路器的触点是否腐蚀； 检查接触器的灭弧室是否有机械损坏或金属沉积； 检查辅助接触器触点有无损坏	80 万 km
冷却单元	目视检查空气过滤器上有无灰尘及清理； 目视检查冷却器上有无灰尘及清理	
冷却单元冷却液	检查防冻剂的防冻特性	120 万 km
牵引变流器	更换牵引控制单元备用电池； 检查冷却系统内部区域和风扇电机轴承； 检查电源线是否有颜色变化/过热标记	240 万 km
冷却单元冷却液	检查防腐剂的防腐特性	
牵引变流器	检查涂漆表面是否有裂纹、油漆是否脱落，是否生锈； 测量 DC 链路电容器的电容	480 万 km

续表

部件	检查与检修工作	运行距离
冷却单元	检查集尘器滤网，必要时进行更换； 根据规定对冷却液泵进行维护； 根据规定对冷却风扇进行维护； 膨胀水箱更换螺纹式阀门； 更换风机外壳缓冲器； 更换泵护圈缓冲器； 更换双法兰蝶形阀和密封件	720 万 km

● 复习思考题

1. 试述脉冲整流器及牵引逆变器的基本工作原理。
2. 试述 PWM 控制原理。
3. 试述中间直流环节的基本组成结构及作用。
4. 试述 CI11 型牵引变流器的结构及基本工作原理。
5. 试述 CRH380A 型动车组预充电电路的作用及动作过程。
6. 试述 CRH380A 型动车组牵引变流器过压抑制电路的作用。
7. 试述动车组冷却系统的组成及冷却原理。
8. 试阐述主变流装置拆卸、移动及安装的要领。
9. 试阐述主变流装置冷却系统的维护与检查方法。
10. 试述牵引变流器检查及清洁过程。

项目五　动车组牵引电机

"中国速度"见证了我国的综合国力，一次次改善着人们的出行方式，也一次次推动着我国前进的步伐，承载着我们奔向美好明天的希望。时光流逝，岁月变迁，经历了几十年风风雨雨，中国铁路发生了翻天覆地的变化，从量变到质变，这正是"交通强国，铁路先行"的核心力量。

"复兴号"动车组作为我国高铁的一张名片，具有完全自主知识产权、达到了世界先进水平，最高运行速度超 400 km/h。其核心动力设备——三相异步电动机，正是由中车株洲电机有限公司生产。动车组装班的工人们用一双双"巧手"组装的 3.5 万多台动车牵引电机，做到了装配质量"零缺陷"，安全驱动着高铁飞驰在中国和世界各地。

项目描述

通过本项目学习，使学生掌握动车组牵引电机的组成及作用，动车组牵引电机的基本性能参数及工作原理，掌握牵引电机的运用与检修方法及注意事项。

知识目标

（1）掌握动车组牵引电机的基本工作原理。
（2）掌握动车组牵引电机的结构及性能参数。
（3）掌握动车组牵引电机冷却系统的结构及基本工作原理。

能力目标

（1）掌握动车组牵引电机的拆卸、移动及安装方法。
（2）掌握动车组牵引电机常规维护及检修项目的处理方法。
（3）掌握动车组牵引电机应急故障处理方法。

任务一　交流电机结构和控制

任务描述

通过本项目学习，使学生掌握交流传动系统的组成及作用，三相异步电动机的基本性能参数及工作原理，掌握交流电动机的调速原理及方法。

> 相关知识

一、交流传动系统概述

电能在 20 世纪初被广泛应用于工业、农业、交通运输和日常生活中。电动机按照驱动电动机的电流制式，可分为直流电动机与交流电动机。根据负载对象的速度控制运行要求，电气传动系统可分为恒速系统和调速系统。受当时科学技术的制约，交流平滑调速无法实施，直流电传动用于高性能的调速系统，而交流传动多用于恒速系统。电力传动系统框图如图 5-1 所示。

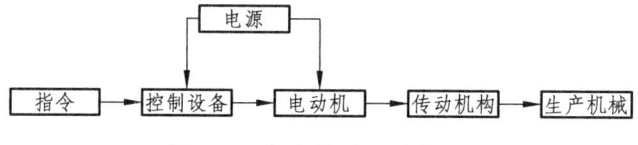

图 5-1 电力传动系统框图

长期以来，在调速传动的生产领域内，大多采用直流电动机传动系统，因为直流电动机的磁场电流和电枢电流可以独立控制，其起动、调速性能和转矩控制特性都比较理想，并容易获得良好的动态响应。但是，直流电动机在结构上存在接触式的机械换向器，它不仅工艺复杂、价格昂贵，而且在运行中很容易产生换向火花和发生环火故障。另外，由于换向问题的存在，要求电动机各换向片之间的电压不能过高，这样使得直流电动机的设计容量和高速时的功率利用都受到限制，远远不能适应现代生产向高转速、大容量化方向发展的要求。

动画：直流电机工作原理

动画：直流电机的启动调速

20 世纪 70 年代中期，在世界范围内出现能源危机，节约能源成为人们关注的问题。许多过去一般不调速的传动装置，如风机、水泵等类负载，为了减少无谓的电能损失，也都采用了调速传动。由此，对交流电动机调速技术的发展起了很大的推动作用。

动画：直流电机列车应用

20 世纪 90 年代以来，随着大功率电力电子器件和微电子技术的飞速发展，以及现代控制理论和控制技术的应用，交流传动调速技术取得了突破性的进展，逐步具备了调速范围宽、稳速精度高、动态响应快以及可作四象限运行等优良的技术性能。

目前，交流传动已经作为一种相对成熟的系统，应用在电气传动调速控制的各个领域，容量从数百瓦的伺服系统到数万千瓦级的大功率系统，从工业传动到现代列车牵引，从单机传动到多机协调运转，调速范围达到 1∶105 以上，调速精度可达 4~10 级。许多国家已实现了产品的系列化，逐步取代了直流调速系统。表 5-1 对比了交、直流电动机的特点。

表 5-1　交、直流电动机的特点

电动机种类	优　点	缺　点
直流电动机	调速：范围宽、易于平滑调速 转矩：起动、制动、过载转矩大 控制方式：易于控制 应用：起动和调速性能要求较高的场合	结构：复杂 成本：高 容量：存在换向问题，单机容量、最高转速及使用环境受限制 维护：不便
交流电动机： 　交流异步电动机 　交流同步电动机 　开关磁阻电动机 　无换向器电动机 　无刷直流电动机	结构简单、价格低、运行可靠、维护方便	转矩：起动、过载转矩小

电力牵引作为电气传动的一个单独类别，过去一直采用直流电动机牵引或脉流电动机牵引。近 20 年来，由于电子技术尤其是大功率变流技术的发展、控制理论和控制技术的完善，以及静止变频器研究技术的成熟，使三相交流电动机在列车牵引中的应用得到了关键性突破，获得了极为迅速的发展。

三相交流异步电动机作为牵引电动机有着显著优越的技术经济指标，一般说来有以下优点：

（1）良好的牵引性能。

合理地利用系统的调压、调频特性，可以实现宽范围的平滑调速，提高机车的高速区功率利用、恒功率调速比。另外，调节控制调频特性提高机车起动转矩。

（2）电网功率因数高、谐波干扰小。

在交-直-交流电力机车上，其电源侧变流器可以采用四象限调节变流器（4qc），它通过 PWM 斩波控制方法，可以调节电网输入电流的相位，使所取电流接近正弦波形，并能在广泛的负载范围内使机车的功率因数接近于 1，这在减小对通信信号的谐波干扰和充分利用电网的传输功率方面都有很重要的意义。另外，四象限变流器能很方便地实现牵引和再生制动之间的能量转换，能取得显著的节能效果。

（3）功率大、体积小、重量轻、运行可靠。

异步电动机没有换向器，在相同几何空间内，能够做到功率大、质量轻。与带换向器的直流（脉流）电动机相比，其单位质量千瓦数（kW/kg）是直（脉）流电机的 3 倍。在机车总体提供的空间范围内，异步电动机的功率可以达到 1 400～2 000 kW。国际上异步牵引电动机单台功率最大已达到 1 840 kW（德国 12k 型机车），而采用 1 200～1 600 kW 的居多；单位功率质量指标已从 3 kg/kW 降到 1.7 kg/kW；在高速动车组上采用的异步牵引电动机，最先进的已达到了 1 kg/kW。

异步牵引电动机运行转速可达 4 000 r/min 以上。另外，异步牵引电动机没有换向器和电刷装置，机车主电路系统又可以省去许多有触点电器，因此，运行可靠性可以进一步提高。

（4）动态性能和黏着利用好。

由于交流异步电动机有较硬的自然特性，其防空转（机车黏着利用）性能较好。当机车轮对发生空转（黏着破坏）时，牵引力会急剧下降，使黏着牵引力很快恢复。经过近10年的研究，机车牵引控制已采用矢量控制或直接转矩控制取代了滑差-电流控制。这些控制技术，不仅能使系统稳态精度高，而且能获得高的动态性能，可以使牵引力沿着轮轨之间蠕滑极限进行控制，极适合于当代机车高速、重载牵引的要求。

二、交流电动机控制基础

交流异步电动机具有结构简单、体积小、重量轻、价格便宜、维护方便等特点，在生产和生活中得到了广泛应用。现代生产机械大都采用交流电动机驱动，尤其在大容量、高压、高速驱动应用场合，采用交流电动机驱动方式的约占2/3以上，且此比例越来越大，其市场占有量始终位居第一位。

常用的交流电动机主要分为异步电动机和同步电动机两类。其中，异步电动机包括三相异步电动机和单相异步电动机，三相异步电动机又分为笼型（普通笼型、高起动转矩式、多速电动机）和绕线转子两种类型，高起动转矩式异步电动机包括高转差率式、深槽式、双笼型，异步电动机适用于如通风机、机床、水泵驱动等；同步电动机包括凸极式、隐极式、永磁等，用于中大功率、恒转速、长期工作的压缩机驱动（如空调压缩机采用的永磁同步电动机驱动）等。

三相异步电动机主要由定子和转子组成，前者静止不动，后者做旋转运动，两者之间是空气隙，其结构如图5-2所示。其中，因转子构造不一样，将三相交流异步电动机分为笼型和绕线转子两种，前者转子绕组自身短接，具有结构简单、价格便宜、运行可靠、维护方便特点，在生产机械中广为采用；后者转子绕组通过集电环与外部电气设备连接，可以通过在转子侧引入控制变量实现调速，如串接电阻调速、串接与转子同频率的附加电动势的串级调速。

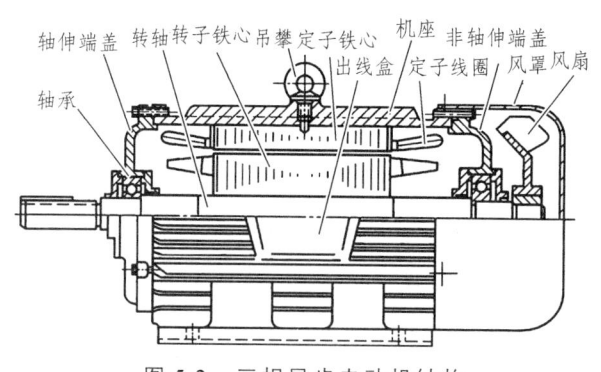

微课：三相异步电动机结构

图 5-2 三相异步电动机结构

1. 三相定子绕组的电势

根据电磁感应定律可以证明，三相异步电动机定子绕组的相电动势 E_1 为

$$E_1 = 4.44 f_1 N_1 \Phi_m k_w \tag{5-1}$$

式中 f_1——三相定子绕组中电流的频率;
N_1——每组定子绕组总的串联匝数;
Φ_m——异步电动机的每极磁通;
k_w——绕组系数,其与线圈间距和线圈分布有关。

2. 三相定子绕组的磁势

在三相定子绕组中通过三相正弦波电流,则在三相定子绕组中的每一个单相绕组中都要产生脉动磁势。脉动磁势就是磁势的曲线在空间固定不动,但振幅随时间不断变化的磁势,包括基波磁势和高次谐波磁势。

单相绕组磁势 $f_\Phi(x,t)$ 的数学表达式可以写成

$$f_\Phi(x,t) = f_\Phi \cos x \cos \omega t \tag{5-2}$$

式中,f_Φ 为基波磁势的幅值;x 为空间坐标;t 为时间坐标;ω 为绕组中正弦交流电的角频率。可以看出,在任意一个瞬间,磁势的空间分布为一个余弦波,但在空间任意一点的磁势又随着时间作余弦变化。

三相绕组由 3 个单相绕组组成,这 3 个单相绕组分别产生脉动磁势,在三相异步电动机中,这 3 个单相绕组是对称的,即 U、V、W 三相绕组在空间相互间隔 120°电角度。电机在对称运行时,通入三相绕组中的三相电流也是对称的,即其幅值相等,在时间相位上互相差 120°电角度,因此,U、V、W 三相绕组的磁势分别为

$$f_{\Phi U} = F_\Phi \cos x \cos \omega t \tag{5-3}$$

$$f_{\Phi V} = F_\Phi \cos(x-120°)\cos(\omega t - 120°) \tag{5-4}$$

$$f_{\Phi W} = F_\Phi \cos(x-240°)\cos(\omega t - 240°) \tag{5-5}$$

把上述 3 个公式相加,得到合成磁势为

$$f(x,t) = 1.5 F_\Phi \cos(x - \omega t) \tag{5-6}$$

式(5-6)表明,当三相对称电流通过三相对称绕组时,三相绕组的合成磁势为一个圆形的旋转磁势。圆形旋转磁势的幅值为单相绕组脉动磁势幅值 f_Φ 的 1.5 倍,其旋转速度为同步转速,用 n_1 来表示,$n_1 = 60 f / p$,其中,f 为三相定子绕组中电流的频率,p 为三相异步电动机的磁极对数。

三相电机中,三相合成的基波旋转磁势是主要的,对于高次谐波的磁势,其中 3 次谐波的在空间上同向,在时间上相互差 120°,使三相 3 次谐波脉振磁势彼此相互抵消,合成磁势为 0,而其他高次谐波幅值较小,例如 5 次谐波幅值 $f_{\Phi 5} = f_\Phi / 5$,谐波阶次越高,幅值越小,合成后所占的比重也比较小。因此,一般主要考虑三相合成的基波磁势。

因此越高三相对称绕组流过三相对称电流时,它所产生的合成基波磁势一定是一个圆形旋转磁势,要改变旋转磁势的转向,只要改变通入定子电流的相序,即只要把三相绕组中的任何流过出线端的位置对换就可以了。

综上所述,三相绕组合成磁势具有以下性质:

(1)三相合成磁势在任何瞬间保持着恒定的振幅,它是单相脉振磁势幅值的 1.5 倍。

（2）三相绕组合成磁势的旋转方向决定于电流的相序，而转速仅取决于电流频率和电机的极对数。

（3）当某相电流达到最大值时，合成磁势的幅值就与该绕组的轴线重合。

3. 三相异步电机的等值电路

根据电机学原理，在忽略空间和时间谐波，忽略磁饱和及铁损，异步电机的稳态等效电路如图 5-3 所示。

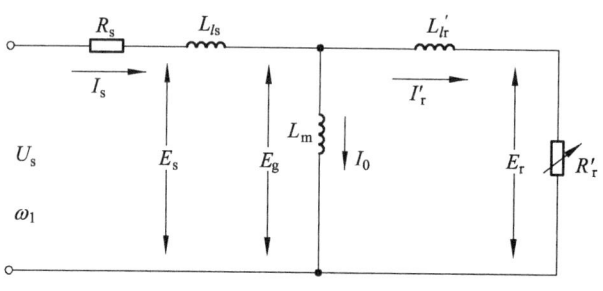

动画：异步电动机等效电路

图 5-3 异步电机稳态等效电路

图 5-3 中，E_g 为气隙（或互感）磁通在定子每相绕组中的感应电动势；E_s 为定子全磁通在定子每相绕组中的感应电动势；E_r 为转子全磁通在转子绕组中的感应电动势折合到定子边。R_s、R_r' 为定子每相电阻和折合到定子侧的转子每相电阻；L_{ls}、L_{lr}' 为定子每相漏感和折合到定子侧的转子每相漏感；L_m 为定子每相绕组产生气隙主磁通的等效电感，即励磁电感；U_s、ω_1 为定子相电压和供电角频率；s 为转差率，可以推导出以下表达式

$$T_e = \frac{P_m}{\omega_{m1}} = \frac{3n_p}{\omega_1} I_r'^2 \frac{R_r'}{s} = \frac{3n_p U_s^2 R_r'/s}{\omega_1\left[\left(R_s + \frac{R_r'}{s}\right)^2 + \omega_1^2(L_{ls} + L_{lr}')^2\right]} \quad (5\text{-}7)$$

式（5-7）就是异步电机的机械特性方程式，它表明当转速或者转差率一定时，电磁转矩 T_e 与定子电压 U_s 的平方成正比。因此，改变定子电压就可以改变电机的机械特性，从而改变电机在一定输出转矩下的转速。

4. 三相异步电动机的机械特性

不同电压下三相电机的机械特性如图 5-4 所示，其中 U_{sN} 表示定子的额定电压。

可以推导出对应于最大转矩时的静差率和最大转矩为

$$s_m = \frac{R_r'}{\sqrt{R_s^2 + \omega_1^2(L_{ls} + L_{lr}')^2}} \quad (5\text{-}8)$$

$$T_{emax} = \frac{3n_p U_s^2}{2\omega_1[R_s + \sqrt{R_s^2 + \omega_1^2(L_{ls} + L_{lr}')^2}]} \quad (5\text{-}9)$$

图 5-4 中，带恒转矩负载工作时，普通笼型异步电机变电压时的稳定工作点为 A、B、C，转差率 s 的变化范围不超过 $0 \sim s_m$，调速范围有限。因此适当带风机一类的负载，工作点为 D、E、F，调速范围可以大一些。

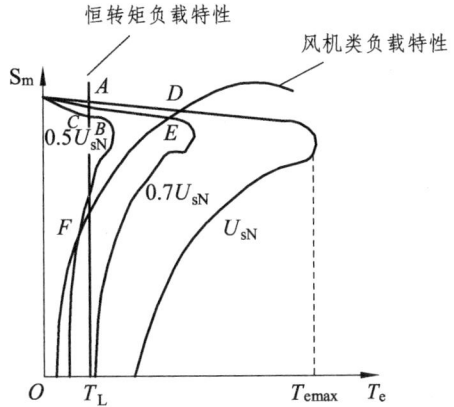

图 5-4 异步电机在不同电压下的机械特性

为了能在恒转矩负载下扩大调速范围,并使电机能在较低转速下运行而不发热,就要求电机转子有较高的电阻值,这样的电机在变电压时的机械特性如图 5-5 所示。此时因转子电阻 R_r' 增大,使 s_m 增大,最大转矩点下移,可以看出此时带恒转矩负载时的变压调速范围最大,堵转也不会烧坏电机,交流力矩电机就是采用此原理。

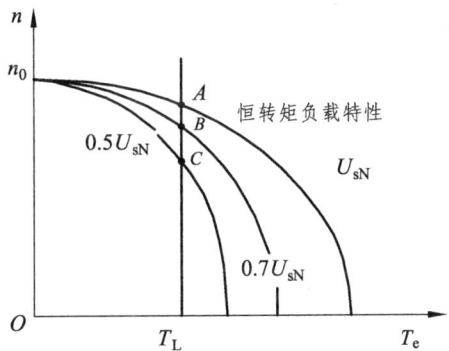

图 5-5 高转子电阻电动机在不同电压下的机械特性

同样如果将绕线性异步电机转子串联上电阻,当电阻达到一定值时,在一定转矩下,电机可以从电动状态转移到制动状态,即从第一象限($0<n<n_1,0<s<1$)转移到第四象限($n<0,s<1$)。

直接利用 T_e 与定子电压 U_s 的平方成正比的机械特性,通过改变电压 U_s 来调节 n 称为转差功率消耗型调速系统,异步电机降压调速、转子回路电阻调速和利用电磁转差离合器调速都属于转差功率消耗型调速系统。

三、交流电动机变压变频调速系统

三相异步电动机的转速表达式为

$$n=n_1(1-s)=\frac{60f_1}{p}(1-s) \qquad (5\text{-}10)$$

微课:三相异步电动机工作原理

根据式(5-10),异步电动机的基本调速方法一般分为改变同步转速、不改变同步转速（即改变转差率调速）两类。其中，改变同步转速调速包括变频调速（改变 f_1）、变极调速（改变磁极对数 p），不改变同步转速（变转差率调速，改变电动机转差率 s）。

1. 变压变频的基本控制方式

在进行电机调速时，希望保持电机中每极磁通量 Φ 为额定值不变。如果磁通太弱，没有充分利用电机的铁心；如果过分增大，又会使铁心饱和，从而导致过大的励磁电流，严重时会因绕组过热而损坏电机。对于直流电机，励磁系统是独立的，只要对电枢反应有恰当的补偿，Φ_m 保持不变是很容易实现的。交流异步电机的磁通 Φ_m 由定子和转子磁势合成产生，要保持磁通恒定是有困难的，特别是笼型异步转子异步电机中，转子电流还是不可测和不可控的。

动画：牵引电动机保持额定磁通的恒磁通运行方式

由图 5-3 所示的异步电动机的稳态等效电路可知，定子的每项电动势

$$E_g = 4.44 f_1 N_s k_{NS} \Phi_m \tag{5-11}$$

式中 E_g——气隙磁通在定子每相绕组中感应电动势的有效值；

f_1——定子频率；

N_s——定子每相绕组串联匝数；

K_{Ns}——基波绕组系数；

Φ_m——每极气隙磁通量。

由式（5-11）可以知道，只要控制好 E_g 和 f_1，就可以达到控制磁通 Φ_m 的目的，对此，就需要考虑基频（额定频率）以下和基频以上两种情况。

1）基频（额定频率）以下调速（$f_1 < f_{1N}$）

要保持 Φ_m 不变，当频率 f_1 从额定值 f_{1N} 向下调节时，必须同时降低 E_g，使

$$\frac{E_g}{f_1} = 常数 \tag{5-12}$$

即采用恒值电动势频率比的控制方式，但绕组中的感应电动势是难以直接控制的，当电动势较高时，可以忽略定子绕组的漏磁阻抗压降，而认为是定子相电压 $U_s \approx E_g$，则得到

$$\frac{U_s}{f_1} = 常值 \tag{5-13}$$

这是恒压频比的控制方式，但是，在低频时 U_s 和 E_g 都较小，定子阻抗压降所占的分量就比较显著，不再能忽略。这时，需要人为地把电压 U_s 抬高一些，以近似地补偿定子压降。

带压降补偿的恒压频比控制特性如图 5-6 所示，图中 b 线是带定子压降补偿的恒压频比控制特性，a 线是无补偿的控制特性。

2）基频以上调速（$f_1 > f_{1N}$）

在基频以上调速时，频率应该从 f_{1N} 向上升高，但定子电压 U_s 却不可能超过额定电压 U_{sN}，最多只能保持 $U_s = U_{sN}$，这将迫使磁通与频率成反比地降低，相当于直流电机弱磁升速的情况。把基频以下和基频以上两种情况的控制特性画在一起，如图 5-7 所示。

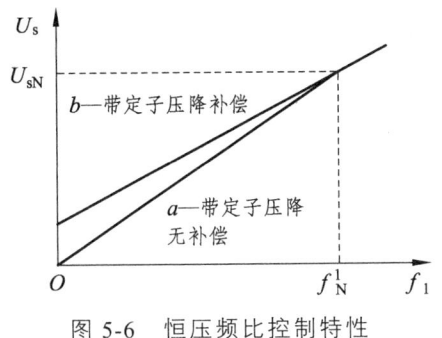

图 5-6　恒压频比控制特性　　　　图 5-7　异步电机变压变频调速的控制特性

如果电机在不同转速时,所带的负载都使电流达到额定值,即都能够在允许温升下长期运行,则转矩基本随磁通变化。按照电力拖动原理,在基频以下,磁通恒定时转矩也恒定,属于"恒转矩调速"性质,而在基频以下,转速升高时,转矩降低,基本上属于"恒功率调速"。

2. 几种不同控制方式的机械特性比较

在正弦波供电时,按不同规律实现电压-频率协调控制可得不同类型的机械特性。

(1) 恒压频比 (U_s/ω_1=恒值) 控制最容易实现,它的变频机械特性基本上是平行下移,硬度也较好,能够满足一般的调速要求,但低速带载能力有限,须对定子压降实行补偿,如图 5-8 所示。

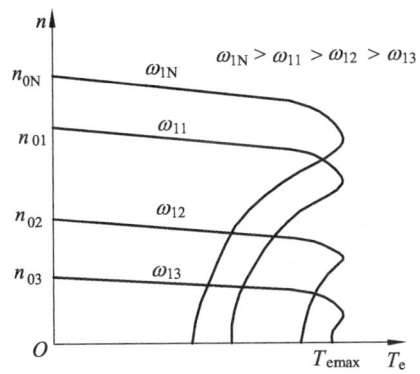

图 5-8　恒压频比控制时变频调速的机械特性图

(2) 恒 E_g/ω_1 控制是通常对恒压频比控制实行电压补偿的标准,可以在稳态时达到恒值,从而改善了低速性能。线性调节范围比恒压频比宽,为恒值时,恒定不变,稳态性能优于恒 U_s/ω_1,但机械特性还是非线性的,产生转矩的能力仍受到限制,如图 5-9 所示。

(3) 恒 E_r/ω_1 控制可以得到和直流他励电机一样的线性机械特性,比较理想。按照转子全磁通恒定进行控制,在动态中也尽可能保持恒定是矢量控制系统要实现的目标,当然实现起来是比较复杂的,如图 5-10 所示。

(4) 基频以上恒压变频时的机械特性。基频以上恒压变频时的机械特性如图 5-11 所示,可以看出,形状基本不变,但机械特性在上移。由于频率提高而电压不变,气隙磁通势必然减弱,导致转矩减少,但转速升高了,可以认为输出功率基本不变,所有基频以上调速属于弱磁恒功率调速。

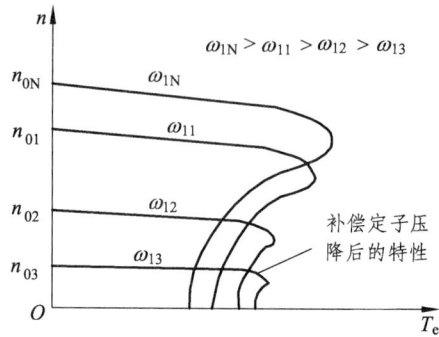

图 5-9 恒 E_g/ω_1 控制时变频调速的机械特性

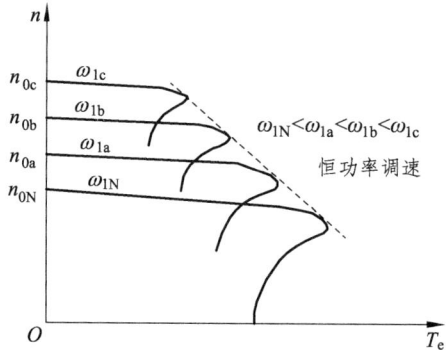

图 5-10 不同电压频率协调控制方式时的机械特性

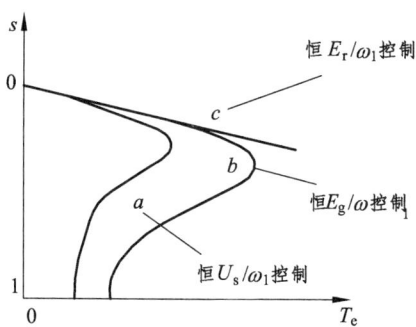

图 5-11 基频以上恒压变频调速时的机械特性

四、异步电机变压变频调速系统（VVVF 调速系统）

变频调速系统可分为转速开环和转速闭环。在不要求动态特性或电机经常处于恒速运行的传动系统中，可以采用转速开环方案，其结构简单，成本较低，如风机、水泵等的节能调速就经常采用这一方案。此外，在由一台变频器向多台电机供电的传动系统中，不可能使用测速反馈，也只能采用转速开环方案。但是如果稳态精度要求较高，并有快速加、减速的要求时，须用转速闭环方案，如绕线转子异步电动机转子回路串电阻（转子串电阻调速）、绕线转子异步电动机转子回路串电动势（串级调速）、定子回路串电抗、改变电动机定子电源电压（电压调速）。对于异步电机的变压变频调速，必须具备能够同时控制电压幅值和频率的交流电源,而电网提供的是恒压恒频的电源,因此应该配置变压变频器(Variable Voltage Variable Frequency,VVVF)装置。

最早的 VVVF 装置是旋转变频机组,即由直流电动机拖动交流同步发电机,调节直流电动机的转速就能控制交流发电机输出电压和频率。自从电力电子器件获得广泛应用以后,旋转变频机组已经无例外地让位给静止式的变压变频器了。

1. 通用变频器-转速开环调速系统

其中,通用变频器-异步电动机调速系统是一种较为常用的转速开环调速系统。通用变频器是根据异步电动机稳态模型来设计其控制系统,为了实现电压-频率协调控制,它采用转速开环恒压频比带低频电压补偿的控制方案。主要可以应用在和通用的笼形异步电机配套使用,同时具有多种可供选择的功能,适用于各种不同性质的负载。近年来自动控制功能的变频器质量不断提高。

目前,通用变频器都是采用二极管整流和由快速全控开关器件 IGBT 或者功率模块 IPM 组成的 PWM 逆变器,构成交-直-交电压型变压变频器,已经占领了全世界 0.5～500 kV·A 中、小容量变频调速装置的绝大部分市场,PWM 变压变频器的基本控制原理如图 5-12 所示。

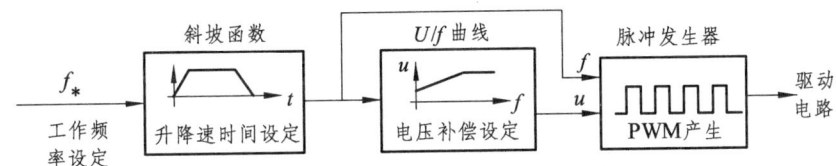

图 5-12 PWM 变压变频器的基本控制原理

目前 PWM 变频器的控制电路大多是以微处理器为核心的数字电路,其功能主要是接受各种设定的信息和指令,再根据它们的要求形成驱动逆变器工作的 PWM 信号。微机芯片主要采用 8 位或者 16 位的单片机,或者 32 位的 DSP,现在已经有应用 RISC 的产品出现。

PWM 变频器主要完成以下功能:

(1) PWM 信号产生。可以由微机本身的软件产生,PWM 端口输出,也可以采用专用的 PWM 生成电路芯片。产生的信号去控制 IGBT 等开关元件。

(2) 检测与保护电路。由电压、电流、温度等经信号处理电路进行光电隔离、滤波、分压、放大等处理,再进入 A/D 转换器,输入给 CPU 作为控制算法,或者作为各种故障的保护依据,产生保护信号和显示信号。

(3) 给定积分。由于系统本身没有自动限制制动电流的作用,因此工作频率设定信号必须通过给定积分算法产生平缓升速或者降速信号,升速和降速的积分时间可以根据负载需要,由操作人员分别选择。

(4) 信号设定。需要设定的控制信息主要有:U/f 特性、工作频率、频率升高时间、频率下降时间等,还可以有一系列特殊功能的设定。由于通用变频器-异步电动机系统是转速或者频率开环、恒压频比控制系统,低频时由于线圈电阻的影响比较大,得靠改变 U/f 函数发生器的特性来补偿,使系统达到恒定的功能。

在通用产品中称作"电压补偿"或者"转矩补偿",补偿方法主要有两种:

(1)是在微机存储多条不同斜率和折线段的U/f函数,用户根据需要选择最佳特性;
(2)是采用霍尔电流传感器检测定子电流或直流回路电流,按电流大小自动补偿定子电压。无论如何都存在过补偿或欠补偿的可能,这是开环控制系统的不足之处。

异步电动机在进行 VVVF 调速时,要求对变频器的电压、电流及频率进行适当的控制,到目前为止,VVVF 调速控制的发展大体分为 3 个阶段:

(1)普通功能型U/f控制方式的通用变频器。其转速开环控制,不具有转矩控制功能。
(2)高功能型的转差频率。其转速需要闭环检测,具有转矩控制功能,能使电机在恒磁通或者恒功率下运行,能发挥电机的运行效率,其输出静态特性较U/f控制方式有较大的改进。
(3)高性能矢量控制或者直接转矩控制。其可以实现直流电机的控制特性,具有较高的动态性能。

前两种方法是基于异步电动机稳态数学模型建立的,而矢量控制是基于异步电动机动态数学模型的基础上建立的。

五、矢量控制的交流调速系统

异步电动机是一个多变量的输入输出系统,而电压、电流、频率、磁通、转速之间又互相有影响,所以是强耦合的多变量系统,因此针对异步电动机的动态数学模型也是一个高阶、非线性、强耦合的多变量系统。因此需要异步电动机具有高动态性能时,必须面对这样一个动态模型,因此产生了按转子磁链定向的矢量控制系统。

矢量控制原理的特点是认为异步电机与直流电机具有相同的转矩产生机理。因为直流电动机的励磁电流和电磁转矩电流是独立的、解耦的。而异步电动机是一个多变量(多输入多输出)系统,而电压、电流、频率、磁通及转速之间又是相互影响、相互作用,所以是强耦合的多变量系统。

1. 矢量控制系统的基本概念

异步电动机的矢量控制就是仿照直流解耦控制的思想,把定子电流分解为磁场电流分量和力矩电流分量,并加以控制。实际上是把异步电动机的物理模型等效地变换成类似于直流电机的物理模型,它是借助坐标等效变换完成的。变换前后在不同坐标系下电动机模型的功率相同及磁动势不变。

2. 异步电动机的坐标变换

在三相坐标系上的定子交流电,i_A、i_B、i_C通过三相/两相交换可以等效成两相静止坐标系上的交流电流i_α、i_β,再通过同步旋转变换,可以等效成同步旋转坐标系上的直流电流i_m和i_t,产生同样的旋转磁动势。如果观察者站在铁心上与坐标系一起旋转,看到的就是一台直流电机,可以控制使交流电机的转子总磁通Φ_r就是等效直流电机的磁通,则 M 绕组相当于直流电机的励磁绕组,i_m相当于励磁电流,T 绕组相当于伪静止的电枢绕组,i_t相当于与转矩成正比的电枢电流。其结构如图 5-13 所示。

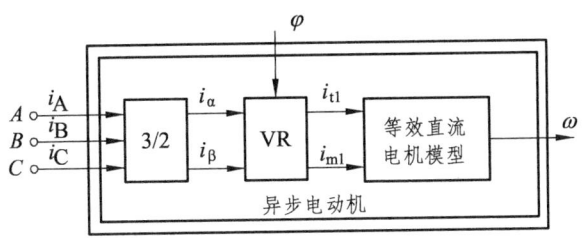

3/2—三相/两相变换；VR—同步旋转变换。

图 5-13 异步电动机的坐标变换结构图

等效关系的结构从整体上看，输入为 A、B、C 三相电压，输出为转速 ω，是一台异步电机。从内部看，经过 3/2 变换和同步旋转变换，变成一台由 i_m 和 i_t 输入，由 ω 输出的直流电机。

既然异步电机经过坐标变换可以等效为直流电机，那么就可以仿效直流电机的控制策略，得到直流电机的控制量，经过相应的坐标反变换，就能够控制异步电机。

3. 坐标反变换

图 5-14 所示为矢量控制系统的结构原理图，图中给定信号和反馈信号经过类似于直流调速系统所用的控制器，产生励磁电流给定值 i_{m1}^* 和电流给定值 i_{t1}^*，经过反向旋转变换器 VR^{-1} 得到 $i_{\alpha 1}^*$ 和 $i_{\beta 1}^*$，再经过 2/3 变换得到 i_A^*、i_B^*、i_C^*。把 3 个电流控制信号和由控制器直接得到的频率控制信号 ω_1，就可以输出异步电机所需要的三相变频电流。

在实际矢量控制系统时，可以认为，在控制器后面引入的反旋转变换器 VR^{-1} 与电机内部的旋转变换环节 VR 抵消，2/3 变换器与电机内部的 3/2 变换环节抵消，如果再忽略变频器中可能产生的滞后，则图 5-14 中虚线框内的部分可以完全删去，虚线框外就是一个直流调速系统了，所以矢量控制变流变频调速系统的动、静态特征完全能够和直流调速系统相媲美。

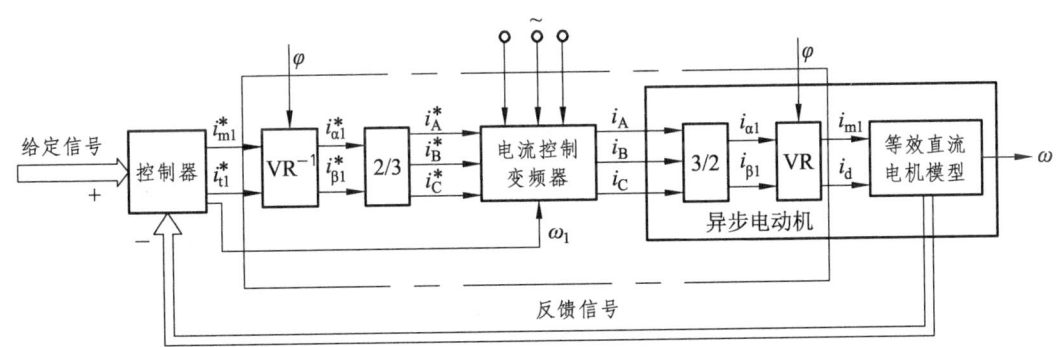

图 5-14 矢量控制系统原理结构图

4. 矢量控制系统的结构

矢量控制可以用在电压源的传动系统中，也可以用在电流逆变器的传动系统中，一般用电流控制来实现磁场定向能够使系统更为简单。

在按照转子磁场定向的矢量控制中,关键是磁链的测量(观测)。根据求得磁链向量所用的不同方法可以分为两类:直接磁场控制和间接磁场控制。

直接磁场控制是借助于贴在定子内表明的霍尔片或者其他磁敏元件来获得实际的磁链信号,理论上直接检测法应该比较直观、准确,但实际上,由于工艺问题,使检测出的信号中有较大的脉动分量,在低速时影响更加严重,因此直接检测磁链用得不多。

目前,实际系统多采用间接观测磁链的方法,即测量电机电压、电流和转速等容易测得的物理量。利用转子磁链的观测模型,实时计算转子磁链的大小和相位。转子磁链的观测模型是建立在异步电机动态数学模型的基础上的。

在 PWM 传动控制系统中,每个 MCM 模块的三相电流一般有 2 个电流传感器(U、V 两相)。每个都有 1 个速度传感器,能够实现转速及电流闭环的矢量控制系统。

速度偏差信号经速度调节器产生力矩给定值 T^*,而速度信号送到磁通函数发生器,该发生器在基速以下提供恒定的转子磁化电流给定值(恒力矩运行区),在超过基速以后实现磁场削弱(恒功率运行区),如图 5-15 所示。

由给定力矩 T^* 和给定磁链 ψ_2^* 通过磁链观测器计算出给定电流 i_{m1}^*、i_{t1}^* 及给定转差角频率 ω_s^*。ω_s^* 与测得的速度信号 ω_r 相加得角频率信号 ω_1,ω_1 经积分后得到同步旋转坐标系和静坐标系之间角位移 φ,利用向量分析器(VA)可得到 $\cos\varphi^*$ 和 $\sin\varphi^*$。

把 i_{m1}^*、i_{t1}^*、$\cos\varphi^*$ 及 $\sin\varphi^*$ 送入向量旋转器 VA 后,得 i_{P1}^* 和 i_{Q1}^*,再经过(2/3)变换,则产生 i_A^*、i_B^*,i_C^*,作为可控电流 PWM 逆变器的三相电流控制信号。

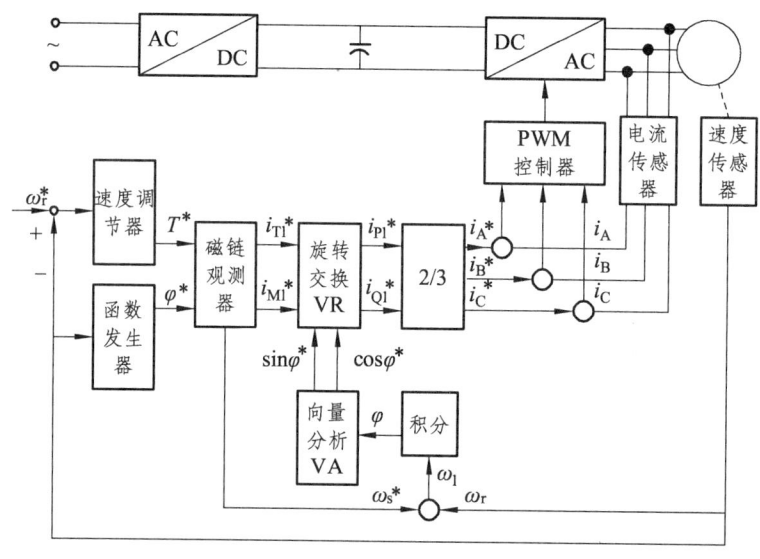

图 5-15 电流和转速闭环的矢量控制系统

矢量控制系统(VC)强调转矩和磁链的解耦,有利于分别设计速度和磁链调节器,可获得较宽的调速范围,但缺点是因为按照转子磁链定向易受到转子参数变化的影响,降低了系统的鲁棒性,而且旋转坐标变化较复杂。

近年来发展起来的直接力矩控制(DTC)系统是继矢量控制系统之后发展起来的,也是基于异步电动机的动态模型,并按定子磁链控制的另一种高动态性能的交流 VVVF 调速系统。

它利用转速环里面的转矩直接控制电机的电磁转矩。它直接在电机定子侧计算转矩和磁链,借助两点式调节器(bang-bang 控制)产生 PWM 信号,直接控制逆变器的开关状态,避开了将定子电流分解成转矩和磁链分量,省去了旋转变换和电流控制,从而简化了控制器的结构,因为 DTC 控制的是定子磁链而不是转子磁链,不受转子参数变化的影响,解决了矢量控制系统中需要复杂的坐标变换及控制性能容易受参数变化影响的问题,但缺点是 DTC 容易产生转矩脉动,低速性能较差,调速范围不够宽。

六、交流牵引电动机的最新进展

德国、法国等国一直在研究新型交流牵引电动机及传动结构模式。随着永磁材料技术的发展,永磁式同步电动机的研究取得了一些突破,并在一些车型中得到试验与验证。目前,在传动结构模式方面,主要致力于无齿轮传动的直接驱动模式。

1. 永磁同步电动机

交流永磁同步电动机就是使用永久磁铁代替激磁电流产生磁场的一种同步电动机,它与普通交流牵引电动机相比,具有很多优点,体现在:

(1)不需要激磁电流,可以降低损耗,提高效率,减少体积、质量。
(2)可增加极对数,提高转矩密度。
(3)制动电路简单,没有变流器和控制系统的参与即可实施电阻制动,可用性高。
(4)能够单电机控制。
(5)为防止磁污染必须采用全封闭结构。
(6)永磁材料存在时效影响。

德国已研制了两类多极对数的永磁电动机,即一般的永磁同步电动机和永磁横向磁通电动机。一般的永磁同步电机被称为有源转子永磁电动机,所有永久磁铁都安置在转子上,而所有绕组都安置在定子上;永磁横向磁通电动机则是无源转子永磁电动机,所有永久磁铁和所有绕组都集中在定子上。

专为 IEC3 高速列车研制的永磁同步电动机样机的定子和转子(打绑箍前),如图 5-16 所示,新型永磁同步牵引电动机的定、转子结构如图 5-17 所示。

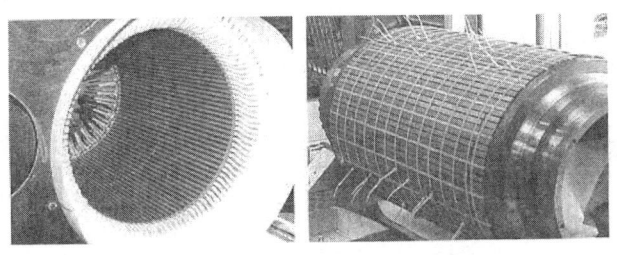

图 5-16 ICE3 永磁同步牵引电动机结构

图 5-17 新型永磁同步牵引电动机的定、转子结构

法国阿尔斯通公司已将永磁同步牵引电动机应用于轻轨列车和新一代高速动车组,具体情况如表 5-2 所示。

表 5-2 Alstom 研制的永磁同步牵引电动机

车 型	Citadis 型轻轨车	AGV 高速动车组
最大转速/(r/min)	3 600	4 500
牵引功率/kW	120	720
制动功率/kW	240	720
持续功率/kW	100	720
电网	600 V 直流	3 000 V 直流
极数	8 级	12 级
功率(RC)	96%	97%
外部尺寸	380 mm×420 mm	直径 650 mm
长度	525 mm	650 mm
总质量	285 kg	730 kg

2. 无传动齿轮的直接驱动模式

1)结构形式

所谓直接传动就是电动机直接套在轮轴上,电动机产生的转矩不经齿轮而是直接传递到轮对上去。目前试制的有两种类型,对于速度不超过 140 km/h 的货运机车,采用一种类似于抱轴式结构的非弹性悬挂,另一种是采用空心轴和万向联轴节的全悬挂方式。图 5-18(a)表示带有齿轮的异步牵引电动机传动方式,图 5-18(b)为直接传动的永磁同步牵引电动机传动模式。

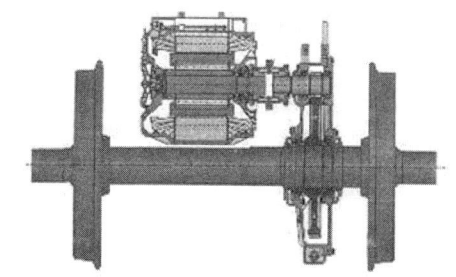 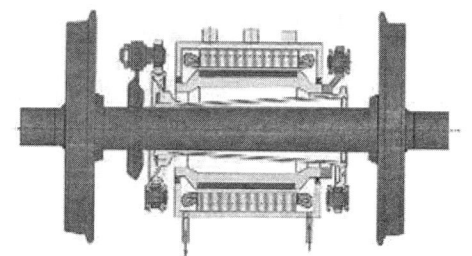

(a)带有齿轮的异步牵引电动机传动模式　　(b)直接传动的永磁同步牵引电动机传动模式

图 5-18 两种传动方式结构模示意图

2）异步牵引电动机与永磁同步牵引电动机传动比较

从效率、重量、噪声及润滑等方面对异步牵引电动机与永磁同步电动机进行比较，如表 5-3 所示。

表 5-3　异步牵引电动机与永磁同步牵引电动机传动模式比较

型号	带传动装置的异步牵引电机	直接驱动的永磁同步牵引电机
效率	93%	96%
重量比较	100%	70%
	电机减轻 10%，传动装置减轻 20%	
噪声	105 dB（A）	90 dB（A）
齿轮润滑	油润滑	不需要

任务二　CRH380A 型动车组牵引电机

任务描述

（1）掌握 CRH380A 型动车组牵引电机性能参数及结构特点。

（2）掌握 CRH380A 型动车组牵引电机维护与检修方法。

相关知识

一、概　述

微课：CRH380A 型牵引电机

CRH380A 型动车组架设在 4 或 6 车车顶的受电弓从接触网接收 AC 25 kV 的交流电，然后通过布设在车顶和车端的高压电缆将电能输送到装在 2/4/6 车下的牵引变压器，变压器的副边感应出 4 组 1 658 V 的电压并通过车辆间的连接馈线到设在 2/3/4/5/6/7 车车下的变流器单元。变流器单元内部的四象限整流器将 1 58 V 的交流电整流为 3 000 V 的直流电。直流电通过三相逆变器单元向牵引电机提供变压变频的三相交流电源。CRH380A 型动车组全列共配有 24 台牵引电机，分别安装于 2/3/4/5/6/7 车的转向架上，牵引工况作为电动机运行，再生制动时作为发电机运行。牵引电机采用 YQ365 型 4 极三相鼠笼异步电机，每辆动车配置 4 台牵引电机（并联连接），采用架悬、强迫风冷方式，通过平行万向节齿轮形挠曲轴接头方式连接传动齿轮，CRH2 的动车组牵引电机如图 5-19 所示。

图 5-19　CRH380A 型动车组牵引电机

所有牵引电机的外形尺寸、安装尺寸和电气特性相同，各动车的牵引电机可以实现完全互换。牵引电机在车体转向架上的安装位置如图 5-20 所示。

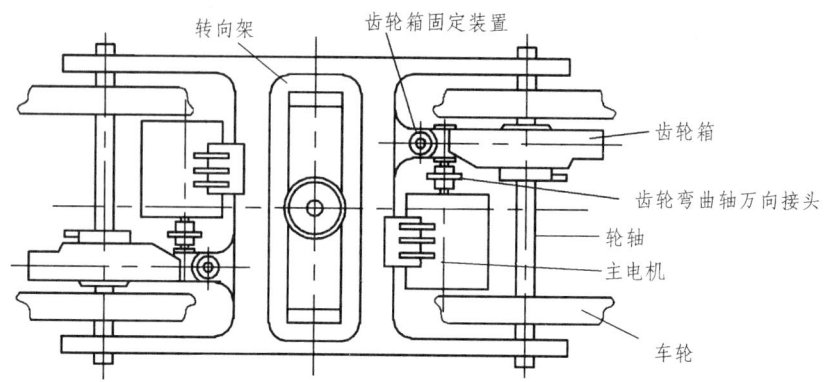

图 5-20　CRH2 型动车组牵引电机安装位置

二、CRH380A 动车组牵引电机的优点

同直流电机相比，三相异步电机有着显著的优越性能和经济指标，其持续功率大而体积小、重量轻。具体地说有以下优点：

（1）功率大、体积小、重量轻。由于没有换向器和电刷装置，可以充分利用空间，同时在高速范围内因不受换向器电机中电抗电势及片间电压等换向条件的限制，可输出较大的功率，再生制动时也能输出较大的电功率，这对于发展高速运输是十分重要的。

（2）结构简单、牢固，维修工作量小。三相交流牵引电机没有换向器和电刷装置，无须检查换向器和更换电刷，电机的故障大大降低。特别是鼠笼形异步电机，转子无绝缘，除去轴承的润滑外，几乎不需要经常进行维护。

（3）良好的牵引特性。由于其机械特性较硬，有自然防空转的性能，使黏着利用率提高。另外，三相交流异步电机对瞬时过电压和过电流不敏感（不存在换向器的环火问题），它在启动时能在更长的时间内发出更大的起动力矩。合理设计三相交流牵引电机的调频、调压特性，可以实现大范围的平滑调速，充分满足动车组运行需要。

（4）功率因数，谐波干扰小。其电源侧可采用四象限变流器，可以在较广范围内保持动车组电网侧的功率因数接近于 1，电流波形接近于正弦波，在再生制动时也是如此，从而减小电网的谐波电流，这对改善电网的供电条件、减小通信信号干扰、改善电网电压质量和延长牵引变电站之间的距离十分有利。

（5）电机整体机械强度很高，高速运行时能承受很大的轮轨冲击力；采用耐电晕、低介质损耗的绝缘系统以适应变频电源供电。

（6）为了防止电机轴承的电蚀，电机前后端采用绝缘轴承；电机转子导条采用低电阻、温度系数高的铜合金材料，保证传动系统的控制精度。

（7）为了减轻电机自重，电机采用轻质高强度材料；采用经过验证的轴承和轴承润滑结构，从而减少电机的维护，保证电机轴承更可靠工作。

三、规格和额定

型号	YQ365型
型式	三相鼠笼型感应电机
冷却方式	强制风冷方式
极数	4极
动力传送方式	平行万向节齿轮形挠曲轴接头方式
绝缘类别	等级200（定子绕组）
最高使用转速	6 120 r/min
高速试验转速	7 040 r/min，2 min
轴承	驱动侧 NU214C4P6（绝缘轴承滚轮导向保持器方式）
	反驱动侧 6311C4P6（绝缘轴承）
轴承润滑脂：	unimaxR NO.2

其额定功率如表5-4所示。

表5-4 额定功率

项目	项目
额定种类	连续
输出功率/kW	365（持续运行为385）
线路间电压/V	2 000
相电流/A	130
转数/(r/min)	4 142
频率/Hz	140
效率	94.8%
效率	85.5%
转差率	1.38%
转差率	25%

四、结　构

作为适用于车辆的构件，在结构设计方面不仅要最大限度地追求轻量化，同时也要追求保养的简易性。以下针对主要部分的结构进行说明（见图5-21）。

（一）定　子

为了追求轻量化，定子框采用以连接板连接铁心的无框架结构框，设有转向架安装凸头（nose）和安装座。定子框的两侧采用铝合金铸件（铝托架）制作部件，进一步实现了定子框整体的轻量化。

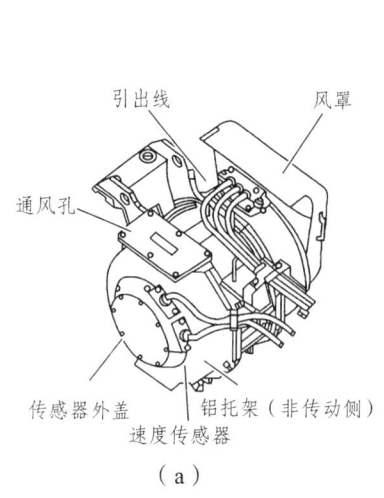
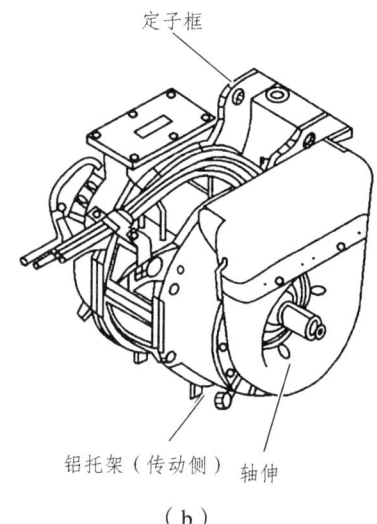

图 5-21 牵引电机外观图

1. 铝托架（反驱动侧和驱动侧）

铝托架的材质以及板厚都考虑到适应高速行驶。另外，铝托架的定子框安装部分，通过加强筋提高强度。和框一侧的装配，为了防止由于铁和铝热膨胀之差异而造成错位，采用双重装配方式。

反驱动侧的铝托架，出于采用强制风冷方式的需要，采用在托架上部设置风道，在托架端面安装转动检测器箱（case）的构造。另外，该驱动采用上部安装端子箱的构造。

2. 定子铁心

定子铁心为厚度为 0.5 mm 的硅钢板和厚度为 1.6 mm 的 SPCC（端板）叠焊而成。另外，定子铁心上设置的切槽为后退式切槽，这样可以留出通风空间，还可以提高冷却效果。为了防止过度的温升，在定子线圈上增加线圈的并列根数，使线圈导体的断面形状呈偏平形状（见图 5-22）。

图 5-22 定子铁心

3. 定子线圈

定子线圈由 U 相绕组、V 相绕组和 W 相绕组组成，每相由 3 个线圈串行连接。另外，线圈之间的连接全部实施银焊,并缠绕绝缘胶带后,实施无溶剂清漆处理(见图 5-23)。

图 5-23 定子线圈

4. 引出线(引线)

在驱动侧的铝托架上部安装端子台,在其内部连接引出线。引出线通过焊接,和从各相线圈引出的铜扁线牢固地连接在一起,之后实施绝缘处理。

另外,绝缘部通过绑定在固定金属件上被牢固地固定。

(二) 转 子

如图 5-24 所示为转子的鼠笼形状,该结构也适用于高速运转。为了确保转差率,转子导条(bar)采用电阻系数较大,强度足够的铜锌合金(红铜)。为了尽量减小运转过程中因温度上升而产生的热膨胀,短路环采用电阻系数较小的纯铜。此外,为了应对高速转动,还在短路环的外围设置了保持环。

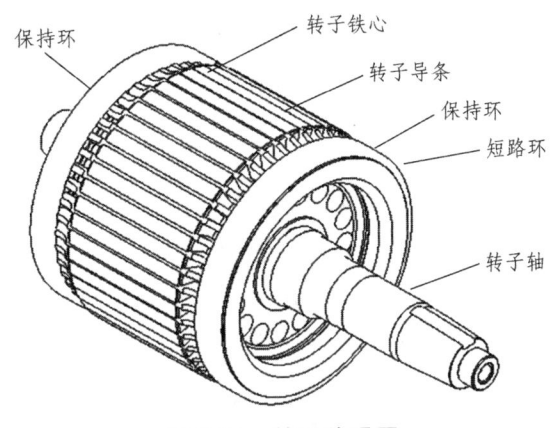

图 5-24 转子外观图

1. 转子铁心

转子铁心为厚度为 0.5 mm 的硅钢板和厚度为 3.2 mm 的钢板(端板)的叠焊,热压在转子轴上。

铁心上共设有 ϕ24 mm 的冷却用通风孔 8 个,以此使转子轻量化及提高冷却效率(见图 5-25)。

2. 转子导条

转子导条为纵长的矩形形状,转子导条从转子铁心外周通过模锻牢固地固定在转子铁心的 46 个切槽中。

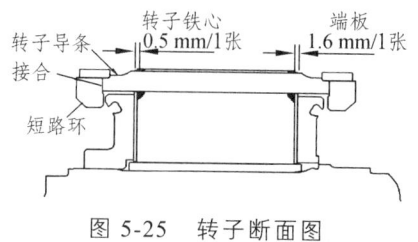

图 5-25　转子断面图

3. 短路环

短路环通过银焊牢固地接合在转子导条的两端。

4. 转子轴

轴材为铬钼钢。与齿轮接头配合时，直径大的一侧为 $\phi 68$，锥度为 $1/10$，锥长为 75 mm。

（三）轴　承

轴承用于承担径向及轴向的作用力，如图 5-26 和图 5-27 所示，反驱动侧使用 6311C4P6 轴承，驱动侧使用 NU214C4P6 轴承。

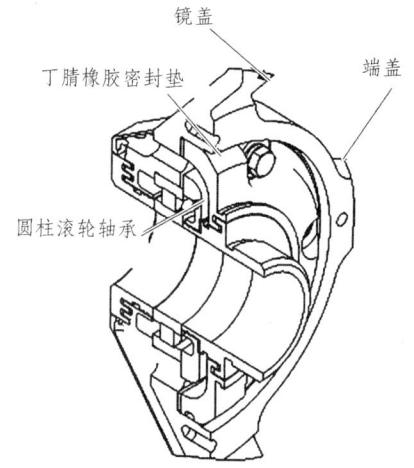

图 5-26　驱动侧轴承结构

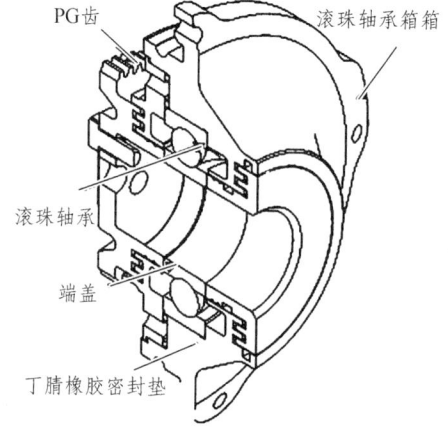

图 5-27　反驱动侧轴承结构

另外，为了防止轴承受到电腐蚀，驱动侧和反驱动侧都采用在轴承外轮上喷镀陶瓷形成一层绝缘外膜的绝缘轴承。

轴承的结构为，带有可以中途注油的加油嘴，可以把润滑脂注入轴承内部。

（四）排风罩

冷却风采用从车体风道进入的方式，排气部安装了排风罩盖以防止雪进入。其中车体风道主要包含定子风道、转子风道和定转子风道三种。

（五）速度传感器

在反驱动侧的轴端安装了用于逆变控制以及制动控制的 2 个速度传感器。外形如图 5-28 所示。

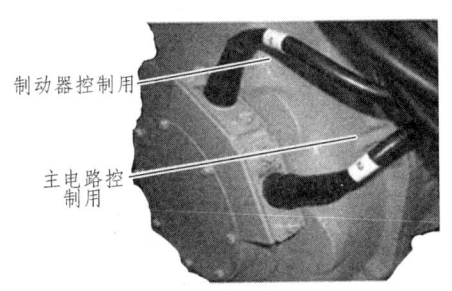

图 5-28　速度传感器外观图

各车轮直径大小不一致会造成转速差异，此差异可以通过设定控制牵引电机的逆变器频率予以消除。逆变器频率设定依据：

（1）行进时按 4 台并联电机中转数最低的电机设定频率。

（2）再生时按 4 台并联电机中转数最高的电机设定频率。

速度传感器工作原理如图 5-29 所示，其结构如图 5-30 所示。当车轮转动时，齿轮随之旋转，齿轮和齿谷交替通过软铁磁轭正下方，切割磁力线，由于气隙长度的周期性变化引起主磁阻和主磁通的变化，在线圈里感应出电动势，作为输出电压脉冲。速度传感器输出信号如图 5-31 所示。

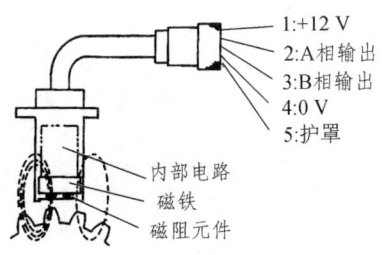

图 5-29　速度传感器工作原理图

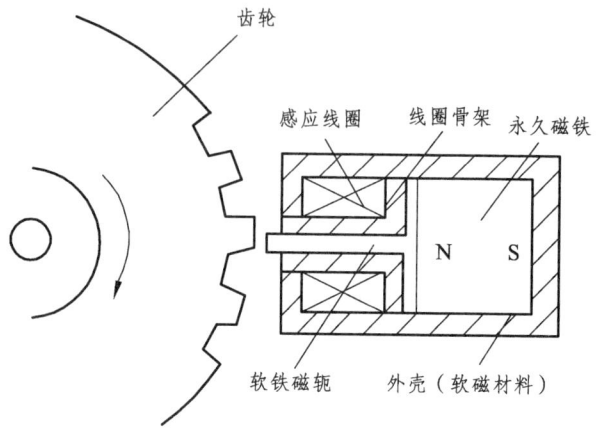

图 5-30 速度传感器结构示意图

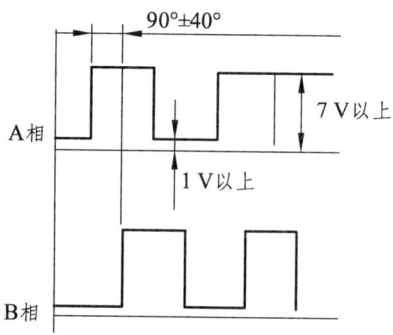

图 5-31 速度传感器输出信号

（六）牵引电机送风机

1. 概　述

牵引电机送风机代号（型号）为：TJL425-2（NR6317ASW-02）。

牵引电机的冷却通风通过设置牵引电机送风机和风道实现。

牵引电机送风机通过橡胶减振装置吊挂在车体横梁上。牵引电机送风机为离心式风机，主要由电动机和送风机组成。1 台牵引电机送风机给 2 台牵引电机提供冷却用风。牵引电机送风机外形结构参见图 5-32、图 5-33。

图 5-32　牵引电机送风机外形

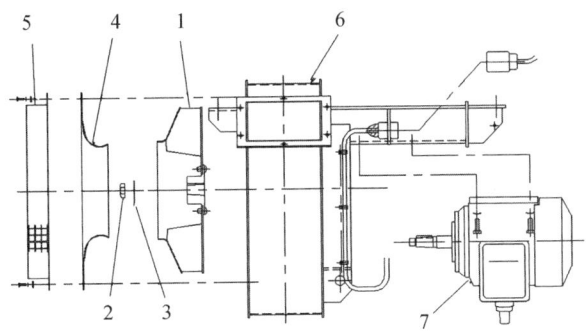

1—叶轮；2、3—螺母、垫圈；4—吸入口；5—金属网；6—机壳及支架；7—电机。

图 5-33 牵引电机送风机结构

主风道经过底架、枕梁下面直到牵引电机上方。牵引电机、牵引电机送风机和主风道间通过软风道连接，补偿动车组运用中车体和转向架间的相对位移，使冷却用风直达牵引电机。主风道外形结构参见图5-34。

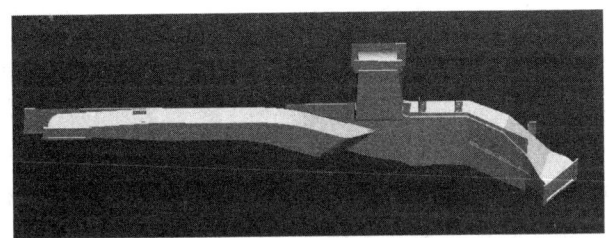

图 5-34 牵引电机用主风道

2. 性能及额定

牵引电机送风机的性能及额定如表 5-5 所示。

表 5-5 牵引电机、送风机的性能表

电动机			送风机	
类型	鼠笼式感应电动机		风量	50 m³/min
冷却方式	全封闭自扇冷却		静压	4 300 Pa（20 ℃）
相数	三相		型式	离心式
极数	2P			
绝缘种类	H 类			
防护等级	IP55			
额定	种别	连续		
	输出	6 kW		
	电压	400 V		
	电流	11.13 A		
	频率	50 Hz		
	最低起动电压	320 V 以下		
	失速电压	300 V 以下		

3. 构　造

1）电动机

牵引电机送风机所用电动机为外风扇式三相异步电动机，定子框及端盖采用铸铁制，全封闭构造。防护等级为IP55，H类绝缘。

2）送风机

通风机为单面吸入离心式风机，由外壳、叶轮、吸入口、吸入口过滤网罩等主要零件构成。为达到轻量化的目的，外壳为铝板焊接构造。

为防止通风机的吸入口堵塞，风机入口处安装有冲孔过滤网罩，可将大的垃圾阻挡在外部。

4. 维护和保养

牵引电机送风机安装牢固，防松标记清晰，螺栓紧固、没有异常；风机运转确认没有异常振动和异常噪声（与同一编组的其他送风机进行比较），电源线固定牢固、无碰磨。

为防止牵引电机送风机的吸入口堵塞，风机入口处安装有冲孔过滤网罩，可将大的垃圾阻挡在外部。送风机滤网应保持清洁，清理周期一般为6天，可根据实际运用情况适当调整。清理方法如下：打开对应裙板后，用硬质尼龙刷沿垂向轻轻清扫（避免二次扬尘进入风机内）滤网的周边及正面，清扫后的滤网不得挂有垃圾；清扫下来的垃圾必须清除出设备舱，清扫完毕后按相反顺序重新安装裙板。

考虑到动车组在中国境内的运行线路较长，运行中可能会存在环境温度和湿度变化较大的情况。随着温度的降低空气中可能会产生凝露。随着长期运行，若冷凝水积累过多，可能会影响电机的正常运行，因此增加了排水孔设计。

电机的排水周期要求：电机排水孔正常排水周期为一个月。但因我国各地区气候差异较大，建议运行初期为每星期排一次水，确认电机情况良好后则按正常排水周期排水。

排水方法：电机排水孔堵头与排水孔为松配合连接，用螺丝刀插入堵头与电机机壳的连接面中间，慢慢撬动，堵头就会从排水孔中滑出。排水完毕后，将堵头对准排水孔，在堵头橡胶筋的导向作用下将堵头轻轻推入，将排水孔堵住即可。排水孔的位置如5-35图所示。

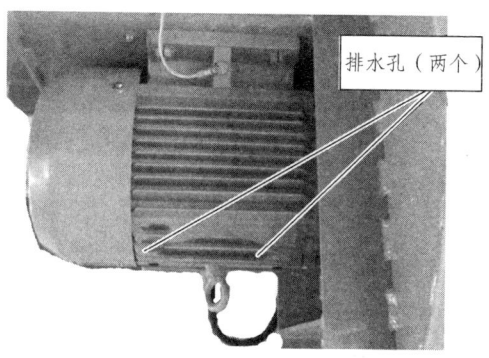

图5-35　送风机电机排水孔位置图

五、牵引电动机的维护与检测

（一）电机维修试验

1. 组装后的试验

将牵引电机进行拆解检查后，要进行以下试验以确认其性能。

（1）用可变频率电源（通用变频器）以 10~15 Hz（300~450 r/min）进行大约 2 h 的牵引电机空载运行后，再继续以 30~40 Hz（900~1 200 r/min）进行空载运行，测量转子轴承的温升。一直进行到轴承的温升达到稳定为止。温升不可超过 55 K。如果温升很大，则需要重新组装。（在组装好的状态下，在外轮附近的部位用锤子轻轻敲打，可以改善。）

（2）听轴承的声音，有异常声音时要检查轴承，如果轴承有问题，要更换新品。

（3）测量绝缘电阻，用 500 V 兆欧表在常温状态下测量，确认绝缘电阻在 3 MΩ 以上。

（4）在全部引出线和定子框之间，施以工业频率交流电压 4 000 V 持续 1 min，进行绝缘强度试验。

2. 检查试验

（1）绕组电阻试验。在端子之间测量定子线圈的直流电阻，换算成 115 °C，其数值应在型式试验所得的定子绕组阻值的±5%以内。

（2）绝缘电阻试验。用 1 000 V 兆欧表测量全充电部和铁心框之间的绝缘电阻，在冷态下应为 3 MΩ 以上。

（3）在所有充电部和铁心框之间施加工频交流 4 000 V 持续 1 min，确认各部位没有异常。

（4）空载试验。

在轴承中充填润滑脂的情况下进行空载试验时，以约 1 400 r/min（工频）实施 30 min 的空转之后，进行以下试验。

预备反转　4 min　700 r/min；
额定反转　5 min　4 140 r/min；
额定正转　5 min　4 140 r/min；
高速正转　2 min　7 040 r/min。

（5）速度传感器输出值的测量。

在前一项的空载试验中的工业频率的运转状态下进行测量，确认达到以下标准：电源电压 DC 12 V 时，输出电压在 8 V 以上（0-P 值），A 相、B 相的相位差在 90°±40°以内，如图 5-36 所示。

3. 转向架检查试验

（1）绝缘电阻试验。

用 1 000 V 兆欧表测量所有充电部和铁心框之间的绝缘电阻，确认阻值在冷态下为 3 MΩ 以上。再进一步用 5 000 V 兆欧表测量衔铁和转子轴之间的绝缘电阻，确认阻值为 5 MΩ 以上。

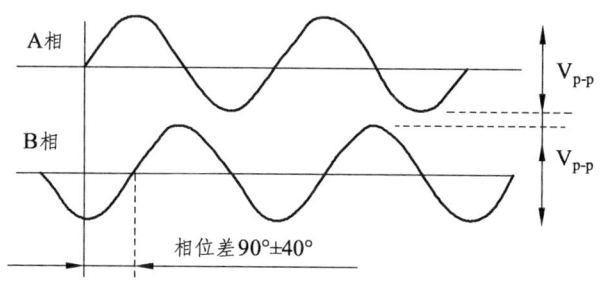

图 5-36　速度传感器输出值

（2）绝缘强度试验。

将工频交流 4 000 V 施加于所有充电部和铁心框之间 1 min，确认各个部位没有异常。

（3）空载试验。

如果进行过轴承部分拆解，要实施与全盘检查一样的转动试验。

4．其　他

将牵引电机送至厂家修理时，为了保护轴承，采取以下两点措施，如图 5-37 所示。

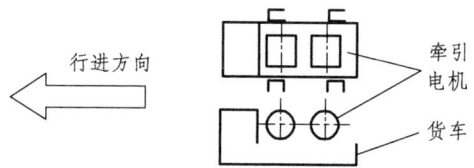

图 5-37　牵引电机维修运送图

（1）安装轴保护金属件，以固定转子。

（2）货车运输时，将转子轴与行进方向成直角放置。

（二）牵引电机各部位的维护

1．牵引电机的清洗及注意事项

1）转子

用干燥的压缩空气，吹扫转子表面以及铁心的风孔等处的尘埃，如果仍敷有脏污，则用洗洁剂等擦拭；转子清洁干净以后，如果转子表面的红色清漆有剥离，则要涂布覆盖漆进行修补。同时需要的注意：放置转子时，一定要用转子轴或转子铁心支撑，绝对不能用转子导条、短路环、保持环支撑（会使转子变形或受损），转子的放置方法如图 5-38 所示；用转子铁心支撑时，要注意不要使铁心两端的端板受到过分的施力；放置在台面上要吊起时，应使传动侧和非传动侧呈水平状态，注意不要使端板先触及放置的台面。（如果端板变形，则有可能引起端板受折而损坏。）

2）定子

（1）用干燥的压缩空气，吹扫定子表面以及铁心的风孔等处的尘埃，如果仍敷有脏污，则用洗洁剂等擦拭，铅托架防水处理要领如图 5-39 所示。

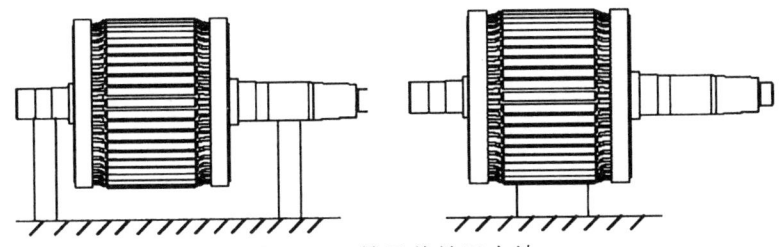

图 5-38　转子的放置方法

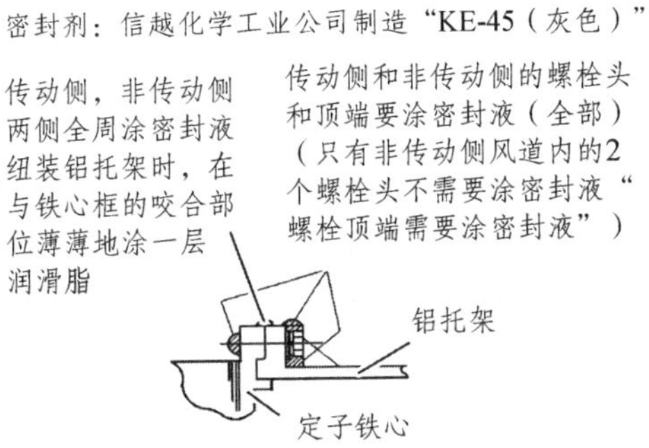

密封剂：信越化学工业公司制造“KE-45（灰色）”
传动侧，非传动侧两侧全周涂密封液纽装铝托架时，在与铁心框的咬合部位薄薄地涂一层润滑脂
传动侧和非传动侧的螺栓头和顶端要涂密封液（全部）（只有非传动侧风道内的2个螺栓头不需要涂密封液“螺栓顶端需要涂密封液”）
铝托架
定子铁心

图 5-39　铝托架防水处理要领图

（2）定子内面等清洁干净以后，如果表面的红色清漆有剥离，要涂布覆盖漆，进行修补。

（3）如果铁心框和铝托架接合面的外围部分的防水材料剥离，则要按照图 5-39 所示的要领，涂防水剂进行修补，铝托架不要使用碱性清洗剂清洗。

3）轴承。

（1）充填润滑脂要按照图 5-40、5-41 的要领进行。

第2润滑脂室
左右各30g
端盖
环形润滑油室
下部30g
环形润滑油室
下部31g
镜盖
（a）
镜盖
端盖
（b）

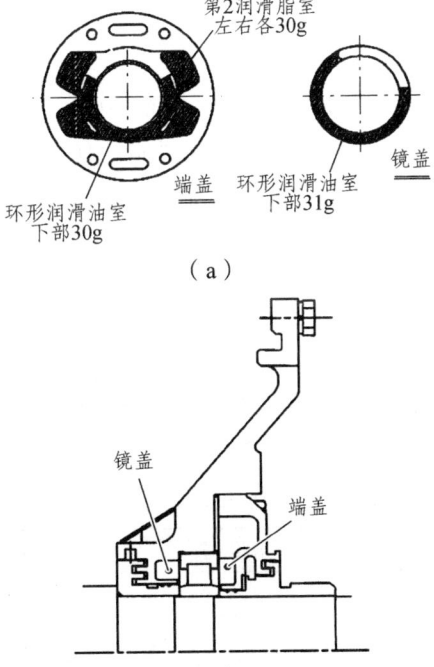

图 5-40　传动侧轴承润滑脂填充要领

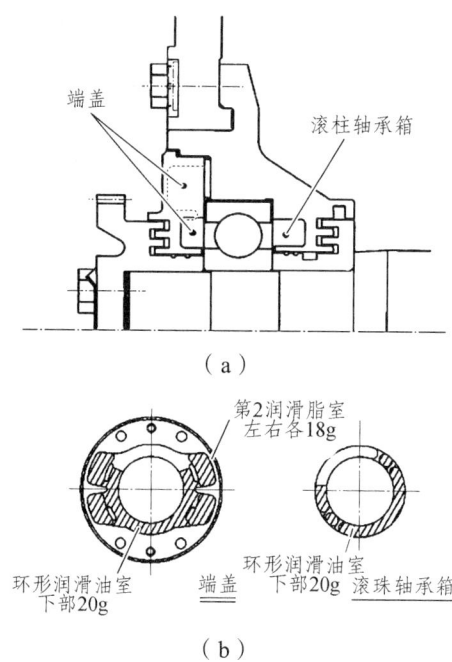

图 5-41 非传动侧轴承润滑脂填充要领

（2）充填润滑脂后，要实施 1 400 r/min 左右（工业频率）30 min 的空载运转，使润滑脂充分进入各个部位。同时应该注意：

① 如果过分充填润滑脂，则可能会因为润滑脂搅拌生热，而引起过热现象，或漏油，所以要注意充填油量以及中途注油量。

② 混合使用不同种类的润滑脂会造成产品劣化。如果要改变润滑脂的种类，要将旧的润滑脂完全洗净后，再重新充填。

③ 如果直接使用混有异物、尘埃、水分等的润滑脂，则会引起润滑脂劣化、润滑不良等问题，而造成轴承发生故障，所以要注意润滑脂的使用。另外，清洁轴承内部以及润滑脂袋内时，一定要将清洁剂用热水冲洗，完全去除清洁剂之后，再注入新的润滑脂。

④ 由于采用的是绝缘轴承，所以在拆卸和装入时，要使用油压压进（不要使用锤子等打击）。

⑤ 在装入轴承时，要在轴承的外周围薄薄地涂一层润滑脂，油脂的用量如表 5-6 和表 5-7 所示。

⑥ 传动侧的端盖由于是铝制品，所以不要使用碱性的清洁剂清洗。

⑦ 拆分和装入时，请使用专用工具。（绝对不要敲打、用感应加热器、煤气灶等加热）

表 5-6 传动侧润滑脂的用量

部件名称	充填部位	充填量
镜盖	环形润滑脂室	下部 31 g
端盖	环形润滑脂室	下部 30 g
	第二润滑脂室	整袋（60 g）
滚子轴承	轴承内	10 g

表 5-7 非传动侧润滑脂用量

部件名称	充填部位	充填量
滚珠轴承箱	环形润滑脂室	下部 28 g
端盖	环形润滑脂室	下部 20 g
	第二润滑脂室	整袋（36 g）
滚珠轴承	轴承内	20 g

4）速度传感器（见图 5-42）

要及时清洁、维护，不要使速度传感器本体的顶端以及 PG 齿轮外围堆积灰尘，同时应注意：

① 不要让拆下来的速度传感器受到碰撞。

② 拆下来的速度传感器可以采用图 5-43 方法保管。

③ 将速度传感器重新装入速度传感器外壳，涂一层三黏合剂 1105。

④ 取下速度传感器外壳时，一定要先取出速度传感器（因为其间隙极小，容易损坏传感器）。

图 5-42 速度传感器

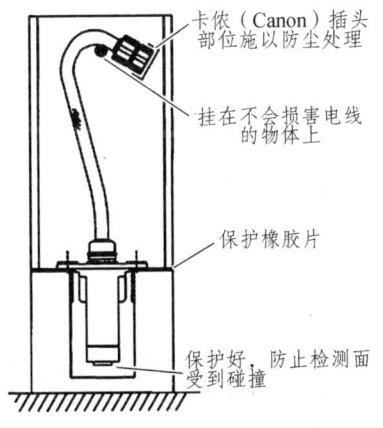

图 5-43 速度传感器保管

⑤ 装入速度传感器外壳时，要在与铝托架之间的间隙中，薄薄地涂一层轴承润滑脂，安装后要对速度传感器与齿轮的间隙进行测量，如图 5-44 所示。

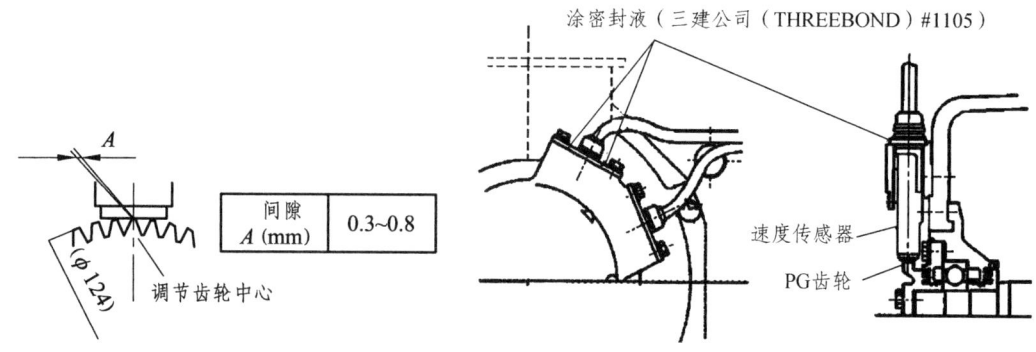

图 5-44　传感器间隙测量

2. 牵引电机的分解方法

牵引电机维修方便，在很长时间内无须进行分解、组装的作业，因遇到某种情况需要进行分解、组装时，要按照如下的顺序进行操作：

（1）从转向架卸下主电机，用空气压缩机等清除电机外部分附着的尘埃等。
（2）将牵引电机放置在水平的台面上或地面上。
（3）取下速度传感器，如图 5-45 所示。

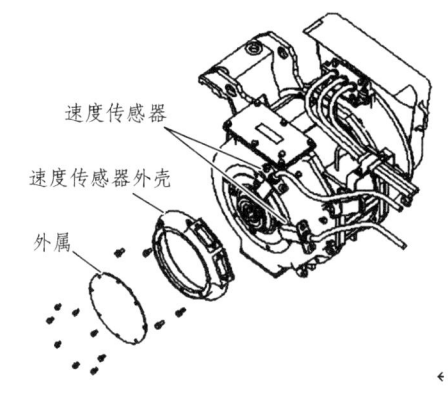

图 5-45　速度传感器拆解图

（4）取下外罩。
（5）取下速度传感器外壳。
（6）将取下的速度传感器的连接器进行防尘处理。
（7）取下外罩，如图 5-46 所示。
（8）转子的取出。
（9）滚柱轴承的拔出。

① 用专用的拔出工具将轴环从转子轴上拔出。
② 将镜盖从转子上拔出，注意不要损坏滚柱轴承。（此时滚柱轴承的外轮以及端盖也同时被拔出）。另外，拔出时，一定要对着转子保持直角的状态。如果倾斜操作，则可能损坏轴承。
③ 从转子轴上同时拔出滚柱轴承内轮和轴环。
④ 取出端盖后，使用专用工具将滚柱轴承外轮从镜盖中拔出，如图 5-46 所示。

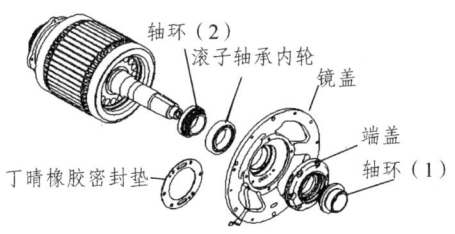

图 5-46 滚柱轴承拆解图

(10) 滚珠轴承的拔出。

① 取下轴端螺栓和垫圈,再取下 PG 齿轮后,用专用工具将滚柱轴承箱和滚珠轴承一起从转子轴上拔出。

② 将滚珠轴承从滚柱轴承箱中取出。拔出滚珠柱轴承时也要使用专用工具。绝对不要用敲打、用感应加热器、煤气灶等加热等方法拔取,如图 5-47 所示。

拔出的轴承要小心保管,不要让灰尘进入轴承内部。清洗轴承时要使用白灯油清洗。如果使用强力清洗剂,有可能对轴承的绝缘体造成影响,所以使用前要先确认可否使用。拆解时进行检查和确认时,如果发现轴承有异常,则要更换新的轴承。

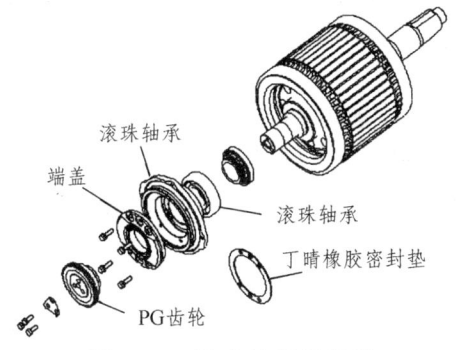

图 5-47 滚珠轴承拆解图

3. 牵引电机的组装方法

重新组装之前,要先检查确认各个部件的受损、损耗程度,并确认各个部件上的尘埃已经去除。

1) 轴承的组装

(1) 将滚柱轴承内轮浸在加热到 110~130 ℃ 的白灯油油槽中,迅速取出乘热嵌入转子中。

(2) 安装规定将润滑脂充填在镜盖、端盖、滚柱轴承外轮内部。在滚柱轴承外围涂好润滑脂后,用专用工具压进镜盖。

(3) 在镜盖和端盖间的结合处,装上密封垫。(按照指定的拧紧力矩)要更换新的密封垫。

(4) 将轴环乘热套在转子轴上。

2) 滚珠轴承的组装

(1) 按照规定润滑脂充填在滚珠轴承箱、滚珠轴承以及端盖内。在滚珠轴承外周涂好润滑脂后,用专用工具压进滚珠轴承箱内。

（2）用专用工具将组装了滚珠轴承的滚珠轴承箱装入转子轴。

（3）将 PG 齿轮装入轴端，用螺栓和垫圈固定好。

（4）在镜盖和端盖间的结合处装上密封垫。（按照指定的拧紧力矩）要更换新的密封垫。

3）定子框（铝托架）和转子的组装

（1）镜盖和滚珠轴承箱和铝托架的配合部涂润滑脂。

（2）在组装了传动侧和非传动侧的轴承的转子轴端锥形部位，安装转子专用的起吊工具，水平吊起，轻轻地组装。这时，注意不要让定子线圈碰到定子铁心，在滚珠轴承箱上安装两根长的双头螺栓，以此为导向，对着定子框相对应的螺栓孔组装进去。

（3）开始用夹紧螺栓将滚珠轴承箱均等地拧进 5 mm 左右，然后将镜盖的夹紧螺栓均等地拧进 5 mm 左右，之后再交互拧紧。（注意与拆解时正好相反）

（4）用手转动转子，确认转子能轻轻转动。

（5）在各个拆卸螺孔中填润滑脂（防锈）。

（6）组装速度传感器外壳。

（7）安装外罩。

（8）安装清洁好的排风罩。此时确认外罩的密封垫正好碰着镜盖。要更换新的密封垫。

（9）组装完成后，进行试验运行，确认牵引电机没有异常。

4）电机维护内容

（1）基本事项。为了让牵引电机保持良好的运行状态，建议按照以下基准进行检查，但用户也应根据使用的情况等做适当变更，制订最符合实际情况的检修基准，以期万无一失。

（2）检查基准如表 5-8 所示，其中有"○"标记的是需要进行检查的项目。

表 5-8 检查项目及基准

检查部位	检查项目	检查区分			检查基准	注
		换班检查	转向架检查	全体检查		
牵引电机整体	电机在转向架上的安装没有任何异常	○	○	○		
	挠性风道、下部外罩、排风外罩的安装没有异常	○	○	○		
	风道入口部的密封垫无松动现象			○		
	牵引电机速度传感器的引出线固定夹的状态和连接器的状态没有异常	○	○	○		
	吹扫、清洁			○		
转子	转子轴上无裂纹、变形、损坏			○		
	键槽无变形、损坏			○		
	轴端螺纹部位没有异常			○		
	转子导条、保持环、短路环无裂纹、损坏			○		
	小齿轮配合面配合良好		○	○		
	转子铁心无移动痕迹			○		
	平衡锤的安装无异常			○		
	清洁、保养			○		

续表

检查部位	检查项目	检查区分			检查基准	注
		换班检查	转向架检查	全体检查		
定子	铁心框无损坏	○	○	○		
	凸头状态良好，无变形、损坏	○	○	○		
	凸头键槽无变形、损坏	○	○	○		
	定子线圈和连接线等的绝缘线，无剥离、裂纹、损坏			○		
	无带热、烧坏的痕迹			○		
	引出线的导线束无断线		○	○		
	引出线被覆无损坏		○	○		
	引出线和引出导条之间的绝缘无裂纹、损坏			○		
	铝托架的表面无有害的裂纹等	○	○	○		
	吹扫清洁			○		
速度传感器	引线、连接器无损坏和松弛		○	○		
	安装螺栓无松弛		○	○		
	检测部位无生锈或脏污			○		
轴承部	润滑脂的换填（按照图 5-40、图 5-41 的润滑脂填充要领）			○		
	无变形和损坏			○		
	配合面无异常，配合硬度适中			○		
	使用轴承的种类正确			○	传动侧：NU214C4P6 非传动侧：6311C4P6	陶瓷绝缘轴承
	由于使用的是陶瓷外膜绝缘轴承，陶瓷外膜上应无裂纹、剥离			○		
	使用润滑脂的种类正确			○		协同油脂制造

任务三　CRH380B 型动车组牵引电机

任务描述

（1）掌握 CRH380B（L）型动车组牵引电机的特点和技术参数。
（2）掌握 CRH380B（L）型动车组牵引电机结构组成。
（3）掌握 CRH380B（L）型动车组牵引电机运用与维护方法。

> 相关知识

一、牵引电机特点和技术参数

1. 牵引电机的特点

微课：CRH380B 型牵引电机

CRH380B（L）型动车组配有 16 台牵引电动机，牵引电动机位于 EC01/VC03/IC06/IC08 车上，动力转向架的每个轮对都由牵引电动机驱动，牵引电动机安装在转向架上。使用轴向、径向弹性联轴器及齿轮箱将牵引力从牵引电动机传速给轮对。联轴器可以抵消驱动部件与驱动轮间的相对运动位移，同时联轴器可以实施机械过载保护功能，以防出现不容许的高冲击力矩，轴驱动器的齿轮为螺旋齿，齿轮机构由车轴上的轮轴轴承支持，并使用转向架构架上的弹性支架（扭矩反作用支柱）悬挂。

该电机为 1TB2019 型号的三相四极异步牵引电机，该电机采用强制风冷的方式进行冷却，牵引工况作为电动机运行，再生制动时作为发电机运行。电机安装有温度传感器和速度传感器，用于测量定子的温度和电机的转速，额定电压值较高，约为 2 750 V，以适应电机宽调速范围、动车组高速运行的需要。

电机的电力连接是通过三条电力直通电缆实现的，通过单独的防水型引线孔从电机输出。为把电机电缆连接到设备电缆上，要使用特殊的端子夹住电缆，为保护单独的电缆连接，要使用经过绝缘处理的支架。

温度传感器以及速度传感器的连接是通过快速连接线和密封环连接器实现的。

2. 牵引电机技术参数

电机的主要技术参数如表 5-9 所示。

表 5-9 牵引电机主要技术参数

类 型	四级、三相异步电动机	型 号	1TB2019 型
额定电压	2 700 V	热等级	200
额定电流	155 A	转子直径	311.4 mm
额定功率（正弦函数）	586 kW	定子内径	315 mm
额定转速	4 100 r/min	铁心的长度	295 mm
额定频率	138 Hz	空隙	1.8 mm
额定绝缘电压	3 600 V	整体电机（无齿轮箱、带电机侧的半个法兰接头）	约 750 kg
最大电压	2 800 V		
最大电流	220 A	整体转子（不带轴承的平衡装置）	200 kg
最大转速	5 900 r/min	整体定子（带线圈的铁芯和框架）	445 kg
变位系数（余弦函数）	0.87	电机和齿轮箱联轴器（螺旋齿联轴器）（照旋齿联轴器）	34 kg
单独通风、自然冷却	0.66 m³/s		
接线	Y	额定功率下的效率	94.7%

二、牵引电机的结构

该电机为三相四极异步牵引电机,由转子、定子、机壳及附件构成,定子内埋有温度传感器,用于过热保护和控制过程中的校准。同时也安装有速度传感器,用于电机转向和转速的检测。如图 5-48 为牵引电机外形结构图。

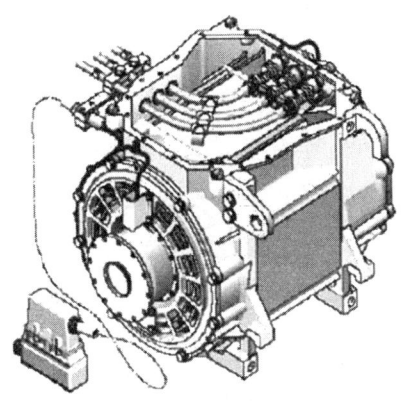

图 5-48 牵引电机外形

1. 定 子

定子框架为焊接结构,由高强度低损耗的硅钢片叠压而成,可以抑制定子内铁损,有多根拉板分布在定子冲片的四周,焊接到定子压圈上。

定子绕组线圈由扁铜导体绕成,导体外包绝缘薄膜,线圈嵌入定子槽内,定子槽进行了良好的绝缘。槽楔采用聚酰亚胺树脂浸润玻璃制成,嵌线完成后,通过高温铜点焊连接引线。

2. 转 子

转子由硅钢片叠压而成,该硅钢片热套在一个套筒上,并在两个转子压圈之间进行叠压。转子笼由合金导条和端环通过高频钎焊焊接而成。电机在最高转速内都满足转子高精度的动平衡要求。电机轴由高强度合金钢制成,通过护环对端环进行保护,转子轴由轴承支撑,可以承受一定转矩产生的应力,所有轴承均使用油脂润滑,油脂可以通过端盖上的加油油嘴进行补充。

3. 外端盖

外端盖对电机部件起到保护、支撑的作用。

4. 轴承装配

轴承用于承担径向及轴向的作用力,在电机的驱动端采用的是圆柱滚动轴承、非驱动端采用的是球滚动轴承。

5. 通风装配

一台牵引电动机风机为转向架的两个牵引电动机提供所需的通风。牵引电动机风机位于动车组的地板下区域（靠近转向架），牵引电机内部设有风道并与外部风道相连，用于牵引电机内部的通风冷却。牵引电机的冷却风机外形如图 5-49 所示。

图 5-49　牵引电机冷却风机

6. 其　他

该电机安装有速度传感器和温度传感器，温度传感器埋设在定子中，速度传感器安装在非驱动端。该传感器由一个固定在轴上的齿轮和一个固定在传动端对面一侧外盖上的电磁信号采集器组成，该信号采集器能够检测到轮齿发出的电脉冲，其速度正比于转子轴的速度。

三、牵引电机的运用与维护

牵引电动机在运行时必须进行速度监测，以保证不超过技术数据中和铭牌上指定的最大值。牵引电动机必须在干燥、不易受振动影响的区域内存储，不能直接暴露在阳光或雨水下，而且应适当防尘、防沙等。在-35 ~ +85 ℃ 的环境温度和小于 50% 的相对湿度下，在无任何附加措施的情况下，电机最多存储 6 个月。

在可能出现严重损坏以前，定期维护是必要的，来检测并排除可能的故障，维护内容参见表 5-10。

表 5-10　维护内容与时间进度

部　件	检查与检修工作	运行距离
牵引电机	清洁牵引电机的外侧，检查牵引电机是否有外观损坏，检查螺钉连接。 外观检查： 牵引电机上的安装零件； 牵引电机上的螺栓； 损坏的连接导线和连接器； 连接螺钉； 风道； 将粗杂质（树叶、纸等）从排气口区域除去； 检查电机是否有冷凝水	2 万 km

续表

部　件	检查与检修工作	运行距离
牵引电机轴承	给牵引电机轴承重新涂覆润滑脂： D 端轴承； N 端轴承	40 万 km
轴承和旧的润滑脂盒	给牵引电机 D 端、N 端轴承重新涂覆润滑脂； 清洁旧的润滑脂盒	每 120 万 km 后
拆解并清洁的牵引电机	拆解并清洁的牵引电机的整体维护： 替换轴承（D 端）； 替换轴承（N 端）； 定子、转子检查； 检查定子线圈、线圈和机械构架之间的绝缘	每 240 万 km 后

四、与原型车（CRH3C）差异分析

CRH380B 型高速动车组牵引系统配置优先选用两列重联、成熟可靠的 CRH3C 型动车组牵引系统配置方式，为满足速度提升带来的要求，主要从以下方面改善牵引系统能力

1. 降低列车运行阻力（来自于总体结构优化）

CRH380B 型动车组运行阻力的确定是在 CRH3C 型动车组原设计阻力、实测值和 CRH3C 型动车组降阻优化方案基础上提出的。

2. 增加牵引系统设备容量

根据列车的牵引特性和再生制动特性，结合牵引传动系统中各部件的效率、功率因数等，按轮周→齿轮箱→牵引电机→牵引变流器→牵引变压器→网端顺序确定每个部件容量。网端功率由 5 644 kV·A×2 增容到 11 696 kV·A×2，牵引变压器由 5 644 kV·A×2 增容到 5 848 kV·A×4，牵引变流器由 2 384 kW×4 增容到 2 500 kW×8，牵引电机 564 kW×16 增容到 590 kW×32，整车由 8 800 kW 增容到 9 200 kW×2。

3. 高压系统优化

1）受电弓

针对 CRH3C 型动车组重联时后弓火花大、受流性能较差的问题，采用主动控制的受电弓，根据列车速度，动态控制受电弓与接触网之间的接触力，动态协调两个受电弓之间接触压力，提高双弓受流的可靠性能。

2）电压限制器

CRH380B 型动车组车顶限压电阻采用了新结构，使绝缘子的爬电距离由 120 mm 增加到 340 mm 以上，以提高电压限制器的绝缘性能。

3）冷却能力提升

通过调整冷却系统内部结构，使冷却系统散热量提升 10% 以上。

4）牵引变流器

牵引变流器 IGBT 功率模块由 WL1 升级为新型 WL2 型，可靠性大幅度提升。

复习思考题

1. 试述 CRH380A 型动车组牵引电机的驱动方式。
2. 试述 MT205 型牵引电机的结构。
3. 试述 MT205 型牵引电机检查方法及注意事项。
4. 试述牵引电机进风口滤网清洁方法及注意事项。
5. 试述牵引电机冷却风机滤网清洗方法及注意事项。
6. 试述牵引电机轴承加注油脂方法及注意事项。
7. 试述 YJ87A（FJA3257A）牵引电机的结构。
8. 试述牵引电机温度过高的原因及处理方法。

下篇 实训篇

实训一　CRH380型动车组受电弓捆扎作业

情境描述

受电弓是动车组从接触网的接触导线上接受电流的一种受流装置,其性能好坏直接影响列车运行性能,所以要定期对受电弓进行维护检查,确保受电弓本体运行状态良好,预防事故发生。

该实训主要完成CRH380系列动车组受电弓绑扎作业任务,以现场实际作业项目为引导,采用标准化作业方式,使学生不仅掌握现场CRH380系列动车组受电弓绑扎作业的标准化作业过程,同时可树立较强的安全生产意识。

学习目标

1. 知识目标

(1) 能识别受电弓总体的各部结构,说出其名称和作用。
(2) 能复述信息汇报、登顶作业、下车检查作业流程。

2. 能力目标

(1) 熟悉登顶流程及受电弓捆绑步骤。
(2) 掌握受电弓捆绑器等设备操作方法。
(3) 掌握登顶作业方法及安全防护要求。

3. 素质目标

(1) 具有良好职业道德修养。
(2) 具有较强工作责任感。
(3) 具有自主学习能力、协调能力。

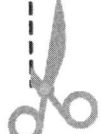

任务书

依据 CRH380 系列动车组登顶流程和受电弓绑扎作业标准及流程，对 CRH380 统型动车组受电弓进行捆扎作业。该任务分工协作完成，作业人员按规定穿戴劳保防护用品，准备好工具、物料，对受电弓进行绑扎作业。完成信息汇报、登顶作业、下车检查作业。具体任务要求如下：

（1）教师下发学习资料，学生明确学习任务、学习内容及学习目标。
（2）学生完成预习任务及相关理论知识学习。
（3）教师引导讲解 CRH380 系列动车组受电弓捆扎作业的标准化作业过程。
（4）学生分小组练习 CRH380 系列动车组受电弓捆扎作业标准化作业过程。
（5）学生完成 CRH380 系列动车组受电弓捆扎作业标准化作业过程的操作。
（6）学生完成学习自我评价和小组成员互评，教师作出评价，学生反馈评价，教师汇总作出最终评价。

任务分组

本次任务以小组为单位进行，建议每个小组 2 或 3 人，开始作业前需初步确定每位同学在组内的具体分工。学生以小组为单位按照标准作业步骤要求进行实操训练。

课程名称		实训名称	
班级		学生姓名	
小组成员	姓名	任务分工	
组长			
组员			

引导问题

1. 受电弓是 CRH380 系列动车组的重要高压设备，它的日常维护需要做哪些检查内容？

2. 受电弓的实验项目有哪些？

3. 受电弓的常见故障有哪些？

> **任务实施**

一、登顶准备流程

（一）信息汇报

动车组发生受电弓故障后，动车组司机切断高压、停车后，随车机械师接到故障信息后按照规定向故障发生局动车台调度及本段调度汇报相关信息。

（二）申请下车检查邻线限速

（1）随车机械师通过司机向列车调度员（车站值班员）提出下车检查邻线列车限速 160 km/h 及以下（必要时扣停邻线）命令的申请。

（2）接到调度命令后，相互确认并在手账上互相签认。

（3）随车机械师从指定位置下车，通知客运人员做好车门防护后下车检查受电弓及接触网情况。

注意：

（1）随车机械师作业过程中要注意邻线限界。

（2）司机、随车机械师保持密切联络。

（三）确认受电弓状态及接触网结构

当确认受电弓损坏较严重，情况不明需要登顶时，随车机械师确认接触网结构（见图 6-1）是否具备登顶条件。

图 6-1 接触网

（四）接触网断电

1. 申请停电

随车机械师通过动车组司机向列车调度员（车站值班员）申请办理停电手续，并核对停电时间。列车调度员在接到停电请求时，组织该供电臂内的列车停车并降弓，与供电调度办理接触网停电手续，得到供电调度接触网已停电的通知后，发布准许登顶作业的调度命令。在等待断电命令期间，随车机械师穿戴好防护用品，做好登顶准备。

2. 核对命令

动车组司机得到接触网停电的调度命令后，必须和随车机械师共同确认调度命令内容。核对无误后，动车组司机和随车机械师须相互在《动车组司机手账》《动车组随车机械师工作手册》上签认。

3. 确认断电

动车组司机得到接触网停电的通知后，升起状态良好的受电弓，闭合主断路器，确认网压表网压显示值为 0 V（长编动车组通过升起受电弓所在班列的司机室确认网压）。

4. 动车组高压防护操作

对动车组进行高压防护操作，CRH2 系列动车组闭合接地装置进行高压防护。

（五）设置防护信号及防溜

在等待命令的过程中，动车组司机联控随车机械师设置防护信号及防溜。随车机械师询问司机线路坡度后，根据线路条件按相关规定设置防溜。

（六）挂设接地杆

随车机械师协调监护人员，挂在操纵端方向的绝缘杆由动车组司机负责监护，挂在非操纵端的绝缘杆由动车组司机指派列车工作人员负责监护。

1. 组装接地杆

组装接地杆（见图 6-2），确认接地杆组装牢固，安装接地线，必要时对钢轨进行除锈，确保接地线接地可靠。

注意：接地杆挂设前必须确认接地线可靠接地，避免接地线虚接。

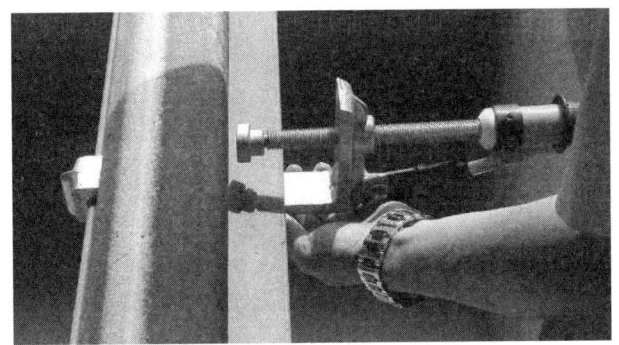

图 6-2 组装接地杆

2. 穿戴高压安全防护用品

检查确认安全帽、绝缘手套、绝缘鞋、安全带外观状态良好。对绝缘手套进行胀气试验,确认绝缘手套密封良好。按规定穿戴齐全安全防护用品,确保劳动人身安全。

3. 验电及挂设接地杆

对验电杆状态进行检测,确认验电杆状态良好。使用验电杆检测确认接触网已停电后,在动车组两端外侧 3~5 m 处分别挂设接地杆(见图 6-3)。

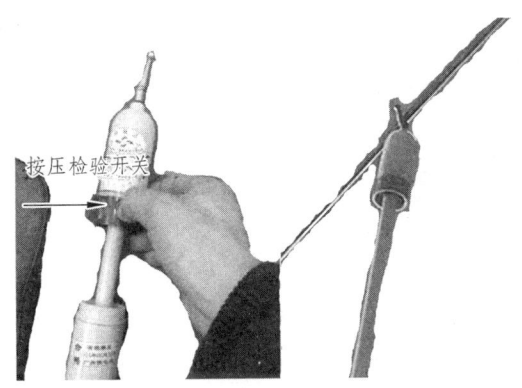

图 6-3 验电及挂设接地杆

注意: 登顶作业过程中,司机禁止升弓。

二、登顶操作

(1)检查确认登顶工具包内工具状态良好,数量齐全。检查确认受电弓捆绑器捆绑带(见图 6-4)、支架、收紧轴、收紧手柄和保险栓等各部件状态良好,动作灵活无卡滞。

(2)登顶及安全监护:

① 一名随车机械师值乘时,动车组司机指派胜任人员进行安全监护。列车有两名随车机械师值乘时,另一名随车机械师负责安全监护。

图 6-4　捆扎带

② 随车机械师从故障受电弓邻近车厢连接风挡内(见图 6-5)登上动车组顶部检查处理。

图 6-5　风挡

注意:登顶作业时必须抓稳扶牢,防止滑倒摔伤。

(3)登顶后将安全带与车顶固定部件连接,确保连接牢固(见图 6-6)。

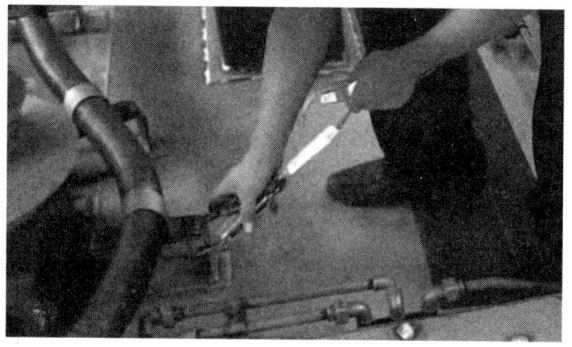

图 6-6　安全带连接

注意：高空作业应防止坠落风险，必须使用安全带，安全带应挂在结实牢固的构件上，禁止挂在移动或不牢固的物体上。

三、故障受电弓绑扎及处理

（1）对受电弓的整体外观状态进行检查，对受损状态拍照存档。

（2）检查受电弓阻尼器、升弓装置、风管连接件等易脱落小部件是否存在松脱现象。

（3）检查受电弓是否有异物击打情况。

（4）受电弓固定组成部分检查，包括底架组装、上臂组装、上导杆、下臂、下导杆、碳滑板、弓头及其他相关部件（见图6-7）。检查是否存在裂纹、断裂、脱落等的现象。

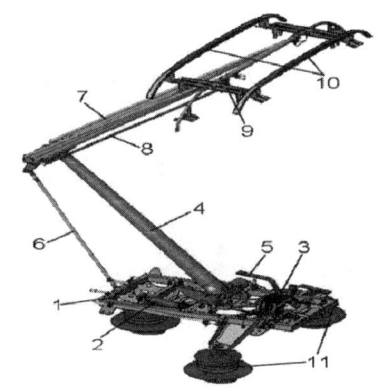

1—底架组装；2—阻尼器；3—升弓装置；4—下臂组装；5—弓装配；6—下导杆；
7—上臂组装；8—上导杆；9—弓头；10—碳滑板；11—绝缘子。

图6-7 受电弓组成

注意：

（1）受电弓在需要绑扎时往往已经存在一定的变形，需要根据具体的情况随机应变，采取合适的绑扎位置。无法使用绑扎器绑扎的使用铁丝进行绑扎。

（2）对于受损不便于捆绑的部件，进行拆卸处理。

四、受电弓捆绑

（1）确认选择受电弓的整体绑扎方案，受损部位捆绑3处以上。

（2）将捆绑带从受电弓对侧通过受电弓支架环绕一周（见图6-8）。

（3）捆绑带的一端穿过收紧轴，调节距离（见图6-9）。

（4）拉动收紧手柄，使捆绑带在收紧旋转轴上旋转两周以上，使之紧固，并恢复收紧手柄（见图6-10）。

图 6-8　受电弓整体绑扎（1）

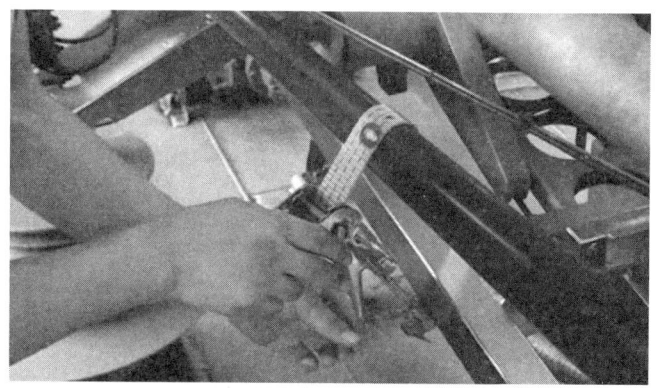

图 6-9　受电弓整体绑扎（2）

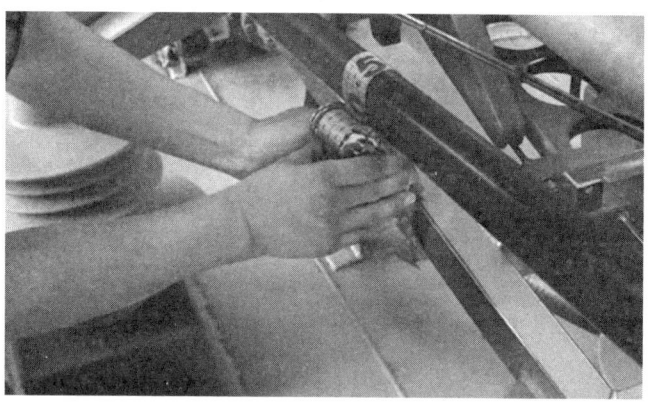

图 6-10　受电弓整体绑扎（3）

（5）捆绑完毕后确认捆绑器金属转轴和压把不与受电弓部件发生抗磨（见图6-11）。

注意：车顶作业过程中养成良好习惯，拆卸的配件、使用的工具不要散乱放置在车顶，应放置工具包内，避免物品遗留。

图 6-11 受电弓整体绑扎（4）

1. 部件拆除的典型处置（以碳滑板断裂为例）

拆除断裂的碳滑板及风管连接。

2. 处置后状态确认

（1）确认捆扎部件牢固，无部件脱落，受电弓满足动车组运行要求，并拍照留存（见图 6-12）。

图 6-12 受电弓处置后状态确认

（2）确认受电弓所有部件离开接触网距离均应大于 300 mm（见图 6-13）。

图 6-13 接触网距离（1）

（3）确认受电弓所有部件离车顶高压部件距离均应大于 300 mm（见图 6-14）。

图 6-14　接触网距离（2）

五、收尾作业

1. 车顶完工确认及下顶

（1）作业完毕后必须清点工具备品，确认登顶捆绑受电弓使用工具及备品数量是否齐全，防止物品遗留在车顶产生安全风险。

（2）从车端连接处下顶。

2. 撤除接地杆

穿戴高压安全防护用品后撤除接地杆。并与防护人员一起将所有防护用品放回到车内。

注意：撤除接地杆前必须穿戴高压防护用品，避免撤除时意外来电。

3. 清点物品锁闭车门

确认下车工作人员全部上车后，撤除防护信号，关闭并锁闭下车位置车门后通知司机。

4. 恢复供电、恢复行车

（1）与动车组司机共同确认具备接触网送电条件后，动车组司机通知列车调度员申请供电调度命令。

（2）列车调度员与供电调度员办理接触网送电手续，通知该停电供电臂内的列车升起受电弓，取消邻线限速，恢复正常行车。

（3）根据登顶后检查受电弓情况行车。

任务评价

项目	评分标准	个人自评	小组互评	教师评价	学生反馈	各项得分
考勤纪律（15分）	能严格遵守纪律和安全规则，无任何违纪现象为满分					
操作技能（55分）	完全符合实训规定操作要求，能熟练操作为满分					
态度评语（15分）	态度端正，文明礼貌，不怕累，不怕苦，工作积极主动为满分					
实训报告（15分）	符合要求，体会深刻，文字通顺，内容充实，独立完成为满分					
总分						

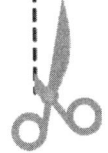

实训二　CRH380型动车组受电弓碳滑板更换作业 ▶▶▶

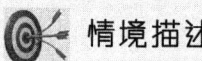 情境描述

受电弓通过绝缘子安装在动车组的车顶上，当受电弓上升时，其滑板与接触网导线直接接触，从接触网导线上受流，通过车顶母线传送到动车组底部，供动车组使用。

受电弓靠碳滑板与接触网接触受流，是动车组与固定供电装置之间连接的环节，其性能的优劣性直接影响到动车组工作的可靠性。随着动车组运行速度的不断提高，对其受流性能也提出了越来越高的要求。所以，要定期对动车组受电弓碳滑板进行更换，实现动车组安全运行。

该实训主要完成CRH380型动车组受电弓碳滑板更换作业，以现场实际作业项目为引导，采用标准化作业方式，使学生不仅掌握现场CRH380型动车组受电弓碳滑板更换作业的标准化作业过程，同时可树立较强的安全生产意识。

学习目标

1. 知识目标
能指出受电弓碳滑板在受电弓上的位置，说出其作用。

2. 能力目标
能按照受电弓碳滑板更换作业流程对受电弓碳滑板进行更换。

3. 素质目标
（1）具有培养良好的逻辑表达和沟通能力。
（2）具有团队协作精神。
（3）具有安全生产意识、分析问题、解决问题的。

任务书

依据 CRH380 型动车组受电弓碳滑板更换作业标准及流程对 CRH380 型动车组受电弓碳滑板进行更换。该任务分工协作完成，作业人员按规定穿戴劳保防护用品，准备好工具、物料，对变压器外观检查、部件更换、实验。具体任务要求如下：

（1）教师下发学习资料，学生明确学习任务、学习内容及学习目标。

（2）学生完成预习任务及相关理论知识学习。

（3）教师引导讲解 CRH380 型动车组受电弓碳滑板更换作业的标准化作业过程。

（4）学生分小组练习 CRH380 型动车组受电弓碳滑板更换作业标准化作业过程。

（5）学生完成 CRH380 型动车组受电弓碳滑板更换作业标准化作业过程的操作。

（6）学生完成学习自我评价和小组成员互评，教师作出评价，学生反馈评价，教师汇总作出最终评价。

任务分组

本次任务以小组为单位进行，建议每个小组 2 或 3 人，开始作业前需初步确定每位同学在组内的具体分工。学生以小组为单位按照标准作业步骤要求进行实操训练。

课程名称		实训名称	
班级		学生姓名	
小组成员	姓名	任务分工	
组长			
组员			

引导问题

1. CRH380 型动车组受电弓碳滑板，在动车组运行中起什么作用，它的日常维护需要做哪些检查内容？

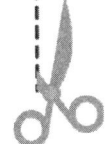

2. CRH380 型动车组受电弓升弓和降弓是如何操作的？

▶ 任务实施

一、作业准备

（1）检查确定车组号正确，接触网断电，挂接地杆，动车组断电降弓，停放制动已施加领无电作业牌。

（2）按规定穿戴劳保防护用品（工作服、劳保鞋、安全帽）。

（3）清点配送的作业工具、物料。

（4）设置防护信号

二、作业过程

（1）拆卸受电弓滑板空气连接管，拆卸后用纸基胶带封堵空气连接管路接口，对空气连接管路接口做好防护，避免空气管路内进入杂物。

（2）用棘轮扳手、六角套筒（13 mm）逆时针旋转拆下滑板固定螺栓，将拆卸下螺栓放置在物料盒内。

（3）取下旧滑板，将旧滑板轻放在地垫上。

（4）将新滑板一端接进气接头的套紧螺母拆下，对滑板上的另一个套紧螺母进行紧固。

（5）拆除封堵空气连接管路接口纸基胶带，将空气连接管小心地安装在碳滑板进气接头上，紧固套紧螺母，拧紧力矩为不超过 3 N·m，转 1 周即可。

（6）如只需更换 1 条滑板时，应检查确认新旧滑板的高度差不应超过 3 mm，否则应同时更换前后滑板。

（7）通知司机升降受电弓。

（8）待受电弓升起 0.4～0.5 m 时置 ADD 试验阀于"试验"位，确认受电弓迅速降下（**注意**：避免受电弓降落造成人身伤害），恢复 ADD 试验阀于"工作"位，并用塑料扎带固定试验阀柄。检查受电弓滑板状态，安装应紧固、无遗漏，标记齐全。

三、整理工具物料

将工具和物料整理齐全，作业区周边卫生干净无杂物，撤除防护信号。

四、作业要求（见表6-1）

表6-1　CRH380A统型动车组碳滑板更换实训项目考核表

项目	评分标准	配分	扣分	得分
时间	1. 时间10 min。每超过30 s扣1分，不足30 s不扣分。 2. 提前处理完毕不加分。 3. 超时15 min，本项视作失格。 4. 作业时间记录：　分　秒。	10		
作业程序质量要求	1. 每漏1项扣10分。 2. 作业顺序混乱，每处扣10分。 3. 碳滑板位置放置错误，扣10分。 4. 不会更换碳滑板，失格。 5. 风管安装不紧固，失格。 6. 未确认新旧碳滑板型号是否一致，失格	80		
安全	1. 未撤除信号标志扣5分；未设置信号标志扣10分。 2. 作业中碰破出血减5分；不能继续作业失格。 3. 未按规定穿戴劳保防护用品，每处扣2分	10		
备注		合计		

🔖 任务评价

项目	评分标准	个人自评	小组互评	教师评价	学生反馈	各项得分
考勤纪律（15分）	能严格遵守纪律和安全规则，无任何违纪现象为满分					
操作技能（55分）	完全符合实训规定操作要求，能熟练操作为满分					
态度评语（15分）	态度端正，文明礼貌，不怕累，不怕苦，工作积极主动为满分					
实训报告（15分）	符合要求，体会深刻，文字通顺，内容充实，独立完成为满分					
总分						

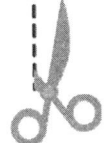

实训三　CRH380型动车组受电弓检测

情境描述

受电弓是列车牵引系统主要部件，电力机车受电弓结构复杂，并伴随着日常损耗，因此必须对受电弓进行检测。CRH380B型动车组受电弓检测主要包含车顶高压设备清洁及检查、受电弓弓角检查、碳滑板检查、橡胶止挡检查、钢丝绳状态检查、气囊检查、下拉杆检查、导电线状态检查、接触压力测量、升降弓时间测量等子项目的检修。

学习目标

1. 知识目标

（1）掌握受电弓检测操作项目。
（2）掌握受电弓检测操作规范及流程。

2. 能力目标

（1）具备实践操作的能力，熟练操作动车组检修工具、试验仪器和设备，解决动车组检修问题。
（2）具备应急处置能力，成为具备动车组检修、运用组织及设备、技术管理综合能力的高技能型人才。

3. 素质目标

（1）具备团队协作、互管互控的职业素质。
（2）具备独立分析并解决问题的专业素质。

任务书

依据高速铁路动车组受电弓二级修作业标准及流程对受电弓进行检修作业。该任务分工协作完成,作业人员按规定穿戴劳保防护用品,准备好工具、物料,办理完作业手续,确认作业车组号及股道正确,动车组受电弓已降下,接触网已断电,接地杆已挂,停放制动已施加,对受电弓进行检测。具体任务要求如下:

(1)教师下发学习资料,学生明确学习任务、学习内容及学习目标。
(2)学生完成预习任务及相关理论知识学习。
(3)教师引导讲解 CRH380B 型动车组受电弓检测的标准化作业过程。
(4)学生分小组练习 CRH380B 型动车组受电弓检测标准化作业过程。
(5)学生完成 CRH380B 型动车组受电弓检测标准化作业过程的操作。
(6)学生完成学习自我评价和小组成员互评,教师作出评价,学生反馈评价,教师汇总作出最终评价。

任务分组

本次任务以小组为单位进行,建议每个小组 2 或 3 人,开始作业前需初步确定每位同学在组内的具体分工。学生以小组为单位按照标准作业步骤要求进行实操训练。

课程名称		实训名称	
班级		学生姓名	
小组成员	姓名	任务分工	
组长			
组员			

引导问题

1. CRH380B 型动车组受电弓绝缘子、APIM 的清洁擦拭过程中有哪些注意事项?

2. CRH380B型动车组受电弓接触压力的范围是多少？接触压力测量是采用什么设备？

任务实施

一、工具及物料清单

1. 工具清单

序号	名　　称	规格型号	单位	数量	备注
1	手电筒		个	2	
2	四角钥匙		把	1	
3	"一"字螺丝刀		把	1	
4	叉口	8/10 mm	个	1	
5	叉口	10/12 mm	个	1	
6	叉口	17 mm	个	1	
7	粗锉		把	1	
8	套筒	13 mm	个	1	
9	快速棘轮扳手	13 mm	个	1	
10	力矩扳手		个	1	
11	弹簧秤		个	1	
12	标记笔		个	2	
13	卷尺		个	1	
14	绳索	1.5 m	条	1	
15	重块	6.1 kg	个	1	

2. 物料清单

序号	物料名称	物料号	单位	数量	备注
1	测漏剂		瓶	1	
2	Contactal HPG 油脂润滑			若干	
3	抹布			若干	
4	材料存放盒		个	1	

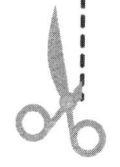

二、作业项目、内容及标准

（一）工前准备

1. 人员准备

2 名作业者（1、2 号）按规定穿戴劳保防护用品（工作服、劳保鞋、安全帽）。

2. 工具、物料状态确认

工具过期风险：力矩扳手校验不超期。

（1）1 号作业者清点配送的工具。检查力矩扳手校验不超期，力矩扳手力矩范围符合标准。

（2）2 号作业者清点配送的物料。

3. 作业手续办理

触电风险：确认作业车组号及股道正确，动车组受电弓已降下，接触网已断电，接地杆已挂，停放制动已施加。

工长确认作业车组号及股道正确，受电弓已降下，接触网已断电，接地杆已挂，停放制动已施加，放电完毕后到现场值班室领取无电作业牌，办理无电作业手续（见图 6-15）。

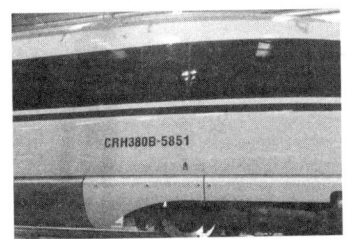
（a）车组号正确

（b）受电弓已降下

（c）接触网已断电

（d）接地杆已挂

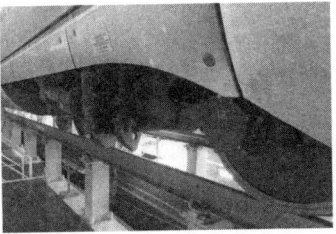
（e）停放制动已施加

（f）无电作业牌

图 6-15 作业手续办理

工长通知 1 号可以开始无电作业。

（二）清洁车顶绝缘子、APIM 等

1、2 号登顶作业，放下渡板，开始作业。

1 号、2 号用清水及毛巾擦拭受电弓、APIM、绝缘子表面，如污垢较大时，可用水加中性清洁剂，最后用干净、干燥的毛巾擦干，受电弓、绝缘子、APIM 保证干净无异物。

（1）第一个水桶为循环使用水桶，用于毛巾的清洗，当水质较脏时必须进行更换。

（2）第二个水桶为净水桶，该水桶内水只在对绝缘子最后 1 次擦拭时方可使用，该水桶内水不可循环使用。

（3）水桶的水量需＞1/2。

（4）蓝色毛巾为受电弓专用，禁止使用蓝色毛巾擦拭绝缘子、APIM。

（5）红色毛巾为绝缘子、APIM 专用，禁止使用红色毛巾擦拭受电弓。

（6）紫色毛巾为绝缘子、APIM 专用。用红色毛巾擦拭干净后，使用紫色毛巾将绝缘子、APIM 再擦拭一次。

（三）受电弓检测

1. 弓角磨耗程度及使用状态检查

检查弓角外形，磨损或裂缝不得超过 2 mm，磨损可由图 6-16 所指示的位置测得（最容易断裂的点）。（未磨损前 A 处厚度为 20 mm；B 处厚度为 19 mm。）

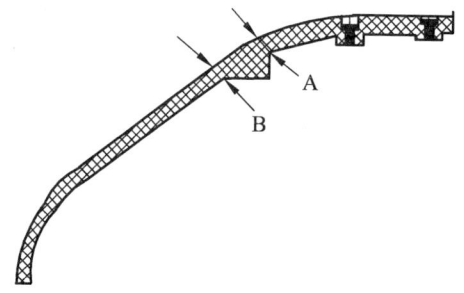

图 6-16 弓角磨耗检测示意图

2. 弓头处碳滑板检查

检查碳滑板外观状态良好，符合下列限度要求。

（1）碳滑板剩余厚度≤安全极限+磨耗余量限度值（安全极限、磨耗余量限度通过铝托架右手侧实施激光标记或粘贴临时标记读取，剩余厚度起测基准统一为从碳滑板铝托架底面开始测量）。

（2）对碳滑板进行声响检查，用一个 100 克的榔头或是一个开口的扳手敲击碳条，滑板发出声音与平常无明显不同，即无迟钝或无延长声响。

（3）缺陷掉块占宽度方向应不超过 40%。

（4）无纵向贯穿性裂纹（如图 6-17 内 2 所示）；无裂到碳滑板边缘且宽度大于 0.3 mm 的横向裂纹；摩擦区不超过 3 条裂纹。

（5）无贯穿至铝托架的侧面裂纹。

（6）基座表面孔洞直径不大于 2 mm。

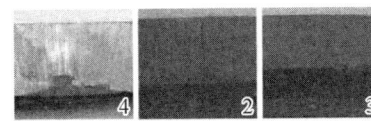

图 6-17　碳滑板磨损示例

3．上臂橡胶止挡检查

将受电弓升起，检查上臂橡胶止挡，不得有明显损伤（见图 6-18）。

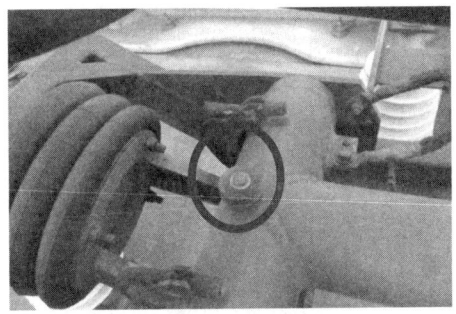

图 6-18　橡胶止挡

4．气囊检查

（1）检查气囊螺栓防松标记清晰，无错位（见图 6-19）。

（2）气囊在无气状态下观察，有下列情况之一则更换：

① 可见内部帘布层；② 气囊龟裂深度＞1.2 mm 且长度＞25 mm。

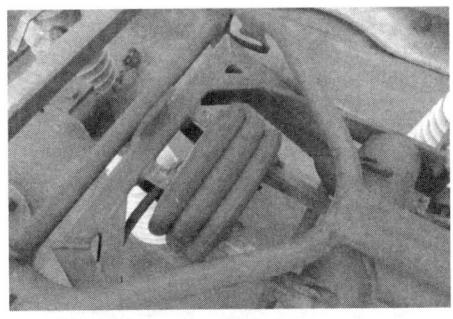

图 6-19　受电弓升弓气囊

5．凸轮槽内油脂状态检查

（1）检查凸轮槽内油脂充足（见图 6-20）。

（2）检查凸轮槽内油脂无过多灰尘，如果落入较多灰尘，需将油脂清除后，重新涂满油脂。

图 6-20　凸轮槽

6. 钢丝绳使用状态检查

（1）升降弓一次，检查凸轮内钢丝绳是否出现断丝等情况，线股损坏数量不得超过 5 根，需要更换。

（2）检查钢丝绳必须卡紧在凸轮内（见图 6-21）。

图 6-21　气囊及上臂橡胶止挡

7. APIM 使用状态检查

检查 APIM 装置不得出现穿透性裂纹或碰撞痕（见图 6-22）。

图 6-22　APIM

8. 绝缘子状态检查

检查绝缘子外观状态良好，限度如下：

1）伞裙剥离等表面缺陷

（1）同一绝缘子缺陷部位不超过 5 处，同一叶片不超过 2 处。

（2）同一叶片上有 1 处缺陷时，不大于叶片面积的 10%；有 2 处缺陷时，均不大于叶片面积的 5%。

（3）半径方向的长度不大于 30 mm。

（4）绝缘子本体没有缺陷。

2）伞裙缺损（缺口）

（1）同一绝缘子伞裙缺口不超过 5 处，同一叶片不超过 2 处。

（2）当同一叶片缺口为 1 处时，沿圆周方向的缺损长度不大于 50 mm。

（3）当同一叶片缺口为 2 处时，沿圆周方向的缺损长度均不大于 20 mm。

（4）径向缺口长度不大于 10 mm。

3）伞裙裂纹

伞裙根部无裂纹，伞裙从边缘沿径向贯穿性裂纹不大于 10 mm，伞裙切向贯穿性裂纹不大于 20 mm。

4）防污闪喷涂绝缘子

对于需要喷涂防污闪涂层的绝缘子，日常清洗维护后，检查涂层是否有气泡、缺损等情况（见图 6-23）。

（1）表面涂层缺损不多于 3 处，每处不大于 $1\ cm^2$，可继续使用，但应尽快安排修补。

（2）超出如上限度或有大面积脱落倾向的，应将其缺损或脱落部分彻底清除后重喷。

图 6-23　绝缘子

9. 下拉杆使用状态检查及更换标准

（1）检查下拉杆两端橡胶垫无脱出现象（见图 6-24）。

（2）用手拉动下拉杆，下拉杆径向紧固无晃动。

10. 导电线使用状态检查

（1）检查弓头处导电线的扎带完好。

（2）当导电线破损达到其总横截面积的 10% 时，需更换。

图 6-24　下拉杆

（3）更换完成后必须检查更换好的电气连接线在升降弓过程中不与受电弓其他部位发生干涉（见图 6-25）。

图 6-25　弓头处导电线

11．接触力测量

测试受电弓静态接触力。

（1）用弹簧秤钩住弓头支架位置，不拆阻尼器时测量受电弓静态接触压力，测量落弓位滑板面为起测点以上 0.5 m、可测量的最高点（不超过 1.9 m）及两者中间任一点（建议选靠近中点处）三处：上升过程中的力 ≥50 N，下降过程中的力 ≤90 N，上升及下降过程中同一高度点力的差值 ≤30 N。

（2）测量完毕后，取下弹簧秤，使受电弓自然接触到接触网（见图 6-26）。

（a）受电弓升起

（b）接触网测量

图 6-26　接触力测量

12．升降弓时间测量

不拆卸阻尼器时测量正常升降弓时间，以受电弓开始动作点计时，升降弓时间 ≤10 s。

（四）填记纸质记录

略。

（五）填管理信息系统

略。

任务评价

项目	评分标准	个人自评	小组互评	教师评价	学生反馈	各项得分
考勤纪律（15分）	能严格遵守纪律和安全规则，无任何违纪现象为满分					
操作技能（55分）	完全符合实训规定操作要求，能熟练操作为满分					
态度评语（15分）	态度端正，文明礼貌，不怕累，不怕苦，工作积极主动为满分					
实训报告（15分）	符合要求，体会深刻，文字通顺，内容充实，独立完成为满分					
总分						

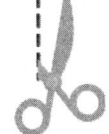

实训四　CRH380动车组牵引变压器检查及清洁　▶▶▶

情境描述

主变压器作为动车组主要部件，主要完成电压等级的转换，一般安装在车底。本任务主要完成CRH380AL型动车组牵引变压器检查及清洁，以现场实际作业项目引导，采用标准化作业方式，使学生不仅掌握现场CRH380AL型动车组牵引变压器检查及清洁标准化作业过程，同时可树立较强的安全生产意识；在牵引变压器检查过程中，还可提高对变压器理论知识的认识。

学习目标

1. 知识目标

（1）掌握变压器的结构组成。
（2）理解变压器的工作过程。
（3）掌握变压器的冷却过程。

2. 能力目标

（1）能正确使用安全和劳保设施和工具。
（2）能按照指导书操作规程，完成CRH380AL型动车组牵引变压器检查及清洁。
（3）能根据仪器仪表显示，判断牵引变压器工作是否正常。
（4）能处理牵引变压器的相应故障。

3. 素质目标

（1）培养学生理论联系实际的学习方法，提高学生的自学能力和动手能力。
（2）培养学生的团队意识，充分发挥自身在团队中作用的意识。
（3）培养学生的劳动意识、安全意识及纪律意识。
（4）培养学生爱岗敬业的精神，踏实严谨的工作作风。

任务书

（1）教师下发学习资料，学生明确学习任务、学习内容及学习目标。
（2）学生完成预习任务及相关理论知识学习。
（3）教师讲解 CRH380AL 型动车组牵引变压器检查及清洁的标准化作业过程。
（4）学生分小组练习 CRH380AL 型动车组牵引变压器检查及清洁标准化作业过程，教师辅导答疑。
（5）学生完成 CRH380AL 型动车组牵引变压器检查及清洁标准化作业过程的操作。
（6）学生完成学习自我评价和小组成员互评，教师汇总作出最终评价。

任务分组

本次任务以小组为单位进行，建议每个小组 2 或 3 人，开始作业前需初步确定每位同学在组内的具体分工。学生以小组为单位按照标准作业步骤要求进行实操训练。

课程名称		实训名称	
班级		学生姓名	
小组成员	姓名	任务分工	
组长			
组员			

引导问题

1. 图 6-27 是 ATM9 型牵引变压器实物图，请写出 1～11 分别代表什么？

图 6-27　ATM9 型牵引变压器实物图

2. 牵引变压器是如何进行冷却的？

任务实施

CRH380AL 型动车组牵引变压器检查及清洁标准化作业过程

序号	作业项目	作业内容、标准及图示
1	工前准备	
1.1	人员准备	2名作业者（1、2号）按规定穿戴劳保防护用品（工作服、劳保鞋、安全帽）
1.2	工具、物料状态确认	⚠ 工具过期风险：力矩扳手校验不超期。 （1）1号负责清点配送作业工具，确认力矩扳手校验未过期，力矩扳手力矩范围符合标准。 （2）2号清点配送物料，确认其状态良好。如下图所示 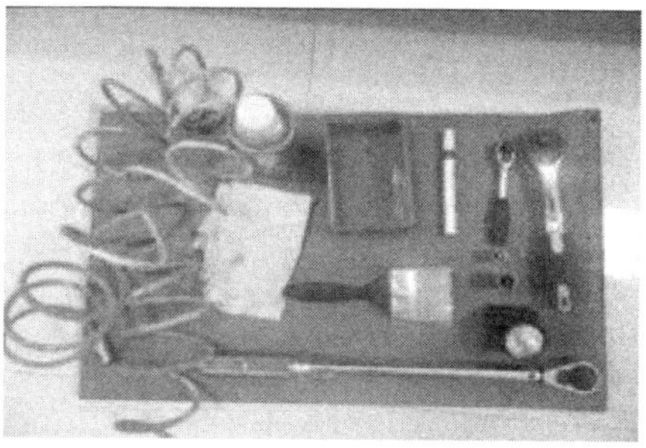 工具物料
1.3	作业手续办理	⚠ 触电风险：确认作业车组号及股道正确，动车组受电弓已降下，接触网已断电，接地杆已挂，停放制动已施加。 （1）工长确认作业车组号及股道正确，受电弓已降下，接触网已断电，接地杆已挂，停放制动已施加，放电完毕后到现场值班室领取无电作业牌，办理无电作业手续。  车组号正确 　　受电弓已降下

续表

序号	作业项目	作业内容、标准及图示
1.3	作业手续办理	 接触网已断电 　　　　　　接地杆已挂 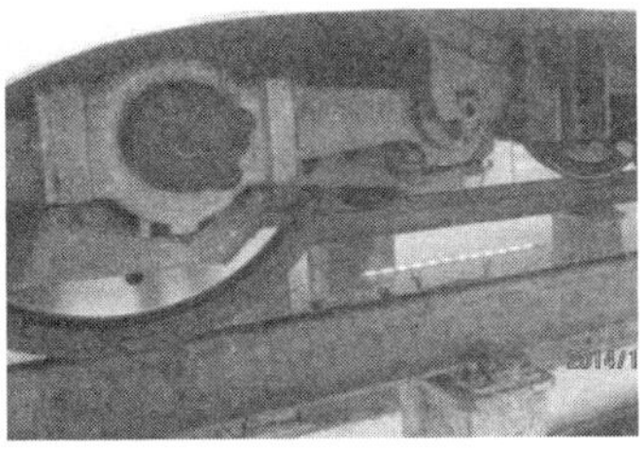 停放制动已施加 　　　　　　无电作业牌 （2）工长通知1号可以开始无电作业
1.4	拆卸裙、底板	（1）2号用棘轮扳手、六角套筒（16 mm或13 mm）逆时针旋转拆除引变压器相应的底板（3块）螺栓。检查确认底板无变形，底板表面干净无杂物。 （2）2号用棘轮扳手、六角套筒（16 mm或13 mm）逆时针旋转拆除牵引变压器相应的裙板（2块）螺栓。检查确认裙板格栅无松动、无变形。 （3）1号配合2号卸下裙板和底板，放置在规定位置  牵引变压器底板

续表

序号	作业项目	作业内容、标准及图示
2	牵引变压器外观检查	（1）1号检查牵引变压器及附属油流继电器、温度继电器，确认外观以及安装状态良好，悬挂部件安装状态良好，紧固螺栓防松标记清晰、无松动。  牵引变压器各部件 （2）2号检查确认接地线连接状态良好，高压电缆线无异常，低压端子接线箱及信号线接线盒无异常，密封泥未脱落，密封良好，一次线路侧套管外金属连接体中间密封良好。  接地线 　　高压电缆线 （3）1号检查牵引变压器本体，确认本体无漏油且连接线缆无破损，电动油泵无漏油。  压力释放闸　　电动油泵 牵引变压器本体 （4）1号检查压力释放阀，确认各仪表外观状态良好，显示无异常。温度计在检定周期内。

续表

序号	作业项目	作业内容、标准及图示
2	牵引变压器外观检查	（5）2号检查送风机外观状态，确认外观状态良好，电源线安装牢固、无损伤；清洁扇叶上的灰尘。 （6）2号检查确认外接电源连接座安装状态良好，无松动、变色。 （7）2号检查电流互感器，确认互感器安装牢固、无损伤，电缆外观状态良好，无破损、变色。 （8）2号拆卸送风机金属滤网、连接波纹管、过滤网，用毛刷清理送风机和风道灰尘。确认送风机金属滤网无变形，波纹管无破损，过滤网、送风机及风道内无杂物 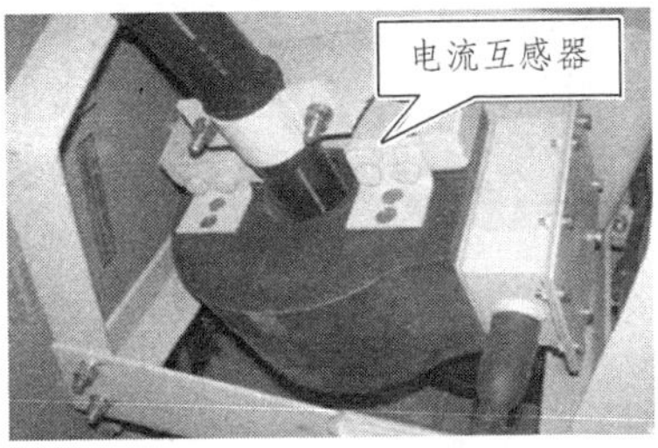 电流互感器 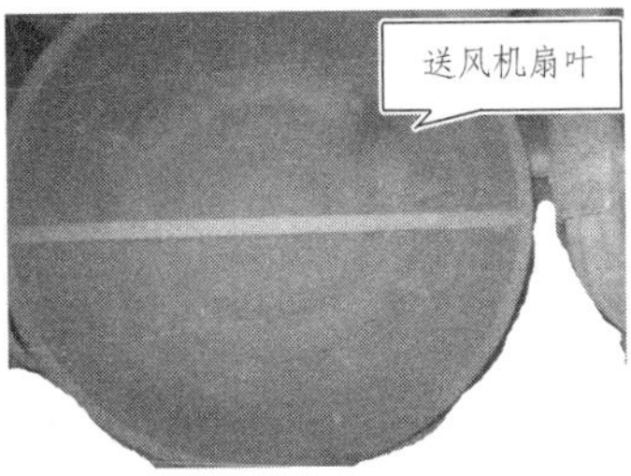　　　送风机金属滤网
3	送风机扇叶灰尘清理	（1）1号采用高压风（风压约 0.2 MPa，沿从上到下、从左至右的顺序进行清扫）分别从进风口和出风口对送风机进行冲扫，确保送风机的内部结构件表面没有可见堆积灰尘。 （2）2号将干净白布浸水，擦拭送风机扇叶。确保表面没有可见堆积灰尘。检查固定螺栓放松标记无错位  风机扇叶
4	油冷却散热器清理	（1）1号用毛刷去除油冷却器入风口冷却片部位积聚的灰尘，用吸尘器对灰尘进行清理。 （2）1号将过滤网装入塑料袋中，安装入波纹管内防护送风机（出风口），将冷却器进风口侧用塑料布包扎好，防止污水乱溅，同时用塑料布防护送风机整个外壳，防止污染送风机及电机、接线盒进水。

续表

序号	作业项目	作业内容、标准及图示
4	油冷却散热器清理	（3）2号清洗油冷却器散热片，应先使用高压风吹扫，符合要求后，再使用高压水清洗。 （4）2号清洗完毕后，检查发现油冷却器翅片变形和倾倒时，应通知专人使用翅片整形镊子或其他工具进行整形。 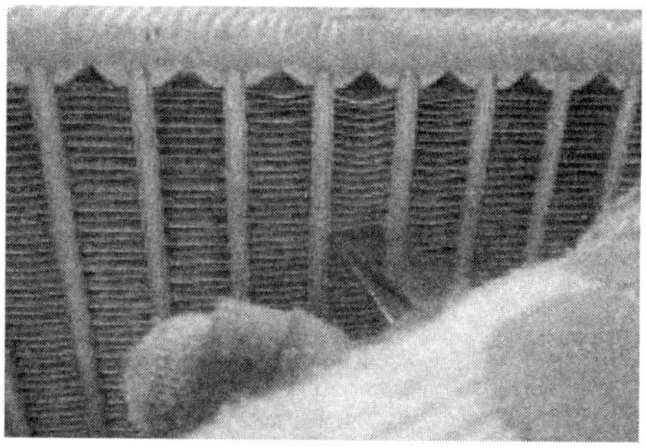 散热器 （5）1号取下防护用的塑料袋，用高压水枪对过滤网进行清洁，将清洁后的过滤网安装至工作位置，恢复连接波纹管、观察窗和送风机金属滤网。将送风机金属滤网安装到位，波纹管喉箍紧固到位，观察窗碟形螺栓紧固到位
5	油冷却器散热片清洗方法	（1）使用高压风吹扫，方法如下： ① 风压 0.6～0.8 MPa，风枪喷嘴距离油冷却器表面 10～12 cm。 ② 吹扫方向：先从油冷却器的进风侧向出风侧吹扫，再从油冷却器的出风侧向进风侧吹扫，风枪喷射的高压风与油冷却器风翅片表面垂直，防止风翅片翻卷变形。 ③ 吹扫时从上至下，从左至右缓慢移动喷枪。喷枪喷嘴不要移动过快（在 0.05 m/s 以内），否则会使高压风与油冷却器风翅片倾斜相对，导致风翅片发生扭曲变形。 ④ 吹扫完成后，将吹出的污物从油冷却器的观察窗取出。 吹扫标准：在进风口未见混浊空气及沙粒出现，且用高亮度手电筒检测变压器油冷却器可通透，可认为油冷却器吹扫干净。 （2）使用高压水清洗，方法如下： ① 高压水清洗时，水压 1.5～2 MPa，枪喷嘴距离油冷却器表面 10～12 cm。 ② 清洗方向：先从油冷却器的进风侧向出风侧吹洗，再从油冷却器的出风侧向进风侧吹洗，水枪喷射的水柱与油冷却器风翅片表面垂直，防止风翅片翻卷变形。

序号	作业项目	作业内容、标准及图示
5	油冷却器散热片清洗方法	③ 清洗时从上至下，从左至右缓慢移动喷枪。喷枪喷嘴不要移动过快（在 0.05 m/s 以内），否则会使高压风与油冷却器风翅片倾斜相对，导致风翅片发生扭曲变形。 ④ 清洗完成后，将清洗出的污物从油冷却器的观察窗取出。 ⑤ 油冷却器用水清洗干净后，用高压风吹扫使冷却器风翅片无水分，用布擦去油冷却器下部积水。 清洗标准：进风口处的水不再浑浊，可认为清洗干净
6	恢复裙板和底板	（1）1号配合2号安装变压器相应裙板和底板。 （2）2号用力矩扳、六角套筒（16 mm）按照 25 N·m 力矩顺时针旋转紧固螺栓，紧固后用油漆笔涂打防松标记
7	完工确认	1号与2号共同确认相应位置底板、裙板螺栓安装状态，螺栓安装良好，垫片压紧，防松标记齐全 
8	申请送电	（1）1号在无电检查结束后，向工长发出申请"无电作业结束，申请有电作业" （2）工长确认作业车组号及股道正确，止轮器已设置，送电完毕后到现场值班室领取有电作业牌，办理有电作业手续。  车组号正确 　　　　　接触网已送电

续表

序号	作业项目	作业内容、标准及图示
8	申请送电	 止轮器已设置 　　　　　　　有电作业牌 （3）工长通知 1 号可以开始有电作业
9	通电检查	1 号检查变压器及其附属装置工作状态，确认送风机运转正常，无异音，油泵工作正常
10	整理工具物料	1 号、2 号将工具和物料整理齐全，确认作业区周边卫生干净无杂物
11	办理销号手续	1 号通知工长作业结束

任务评价

项目	评分标准	个人自评	小组互评	教师评价	学生反馈	各项得分
考勤纪律（15 分）	能严格遵守纪律和安全规则，无任何违纪现象为满分					
操作技能（55 分）	完全符合实训规定操作要求，能熟练操作为满分					
态度评语（15 分）	态度端正，文明礼貌，不怕累，不怕苦，工作积极主动为满分					
实训报告（15 分）	符合要求，体会深刻，文字通顺，内容充实，独立完成为满分					
总分						

实训五　CRH380型动车组牵引变流器检查作业 ▶▶▶

情境描述

牵引变流器是高速动车组交流传动系统的关键设备，直接决定了动车组的使用性能、安全运行和运营能力。CRH380型动车组牵引变流器装置主要用于控制牵引电机的电源，是列车牵引系统主要部件。

列车上的车载变压器将接触网交流25 kV、50 Hz的输入电压，转变为较低电压等级的交流电，然后通过牵引变流器整流成直流再经过逆变器逆变成交流电压给牵引电机供电。

学习目标

1. **知识目标**

（1）掌握牵引变流器工作原理。
（2）掌握牵引变流器检查操作规范及流程。

2. **能力目标**

（1）培养自主探究能力和动手实践能力。
（2）具备问题发现能力、观察思考能力。

3. **素质目标**

（1）具备技术性、专业性、实践性、综合性知识素养。
（2）具备独立分析并解决问题的专业素质。

任务书

依据 CRH380 型动车组牵引变流器检查作业标准及流程对牵引变流器进行作业。该任务分工协作完成，作业人员按规定穿戴劳保防护用品，确认作业车组号及股道正确，受电弓已降下，接触网已断电，接地杆已挂，停放制动已施加，放电完毕后到现场值班室领取无电作业牌，办理无电作业手续。具体任务要求如下：

（1）教师下发学习资料，学生明确学习任务、学习内容及学习目标。
（2）学生完成预习任务及相关理论知识学习。
（3）教师引导讲解 CRH380 型动车组牵引变流器检查作业的标准化作业过程。
（4）学生分小组练习 CRH380 型动车组牵引变流器检查作业标准化作业过程。
（5）学生完成 CRH380 型动车组牵引变流器检查作业标准化作业过程的操作。
（6）学生完成学习自我评价和小组成员互评，教师作出评价，学生反馈评价，教师汇总作出最终评价。

任务分组

本次任务以小组为单位进行，建议每个小组 2 或 3 人，开始作业前需初步确定每位同学在组内的具体分工。学生以小组为单位按照标准作业步骤要求进行实操训练。

课程名称		实训名称	
班级		学生姓名	
小组成员	姓名	任务分工	
组长			
组员			

引导问题

1. CRH380A 型动车组变流器主要由哪几部分组成？

2. CRH380A 型动车组变流器检查前需要做哪些安全措施？

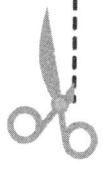

任务实施

牵引变流器检查工单

车型	CRH380B	版本	V4.1（郑）-2020A
修程	二级修	周期	40万公里/360天
分类	B	系统	牵引
车厢号	01、03、06、00	供电条件	无电
作业人员	2人	作业时间	40分钟/辆
注意事项	1. 接触网断电； 2. 对动车组进行接地放电操作； 3. 佩戴好防护用品。		
参考资料	1.《CRH380B型动车组用户手册》 2. 铁路总公司一二级修作业卡片《牵引变流器检查》（CRH380B（L）-M2-03-02-002）		
备注	1. 如实填写检修记录并及时在管理信息系统中回填。 2. "检"表示质检员对作业结果进行确认。 3. "⚠"表示安全风险点。 4. 人员分工：详细分工见作业步骤。		

物料清单

序号	物料名称	物料号	单位	数量	备注
1	色带		条	1	
2					
3					

作业过程

序号	作业项目	作业内容、标准及图示
1	工前准备	
1.1	人员准备	2名作业者（1、2号）按规定穿戴劳保防护用品（工作服、劳保鞋、安全帽）。
1.2	工具、物料状态确认	⚠工具超期风险：扭矩扳手校验不超期。 （1）1号作业者清点配送的工具，检查扭矩扳手校验不超期，扭矩扳手力矩范围符合标准； （2）2号作业者清点配送的物料。

续表

序号	作业项目	作业内容、标准及图示
1.2	工具、物料状态确认	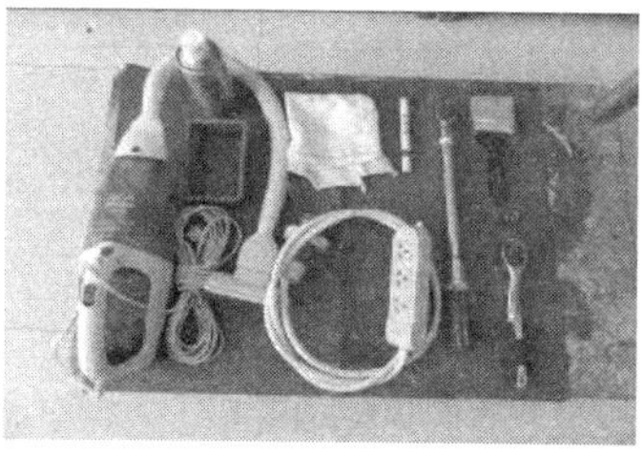 配送的物料
1.3	作业手续办理	⚠️触电风险：确认作业车组号及股道正确，动车组受电弓已降下，接触网已断电，接地杆已挂，停放制动已施加。 （1）工长确认作业车组号及股道正确，受电弓已降下，接触网已断电，接地杆已挂，停放制动已施加，放电完毕后到现场值班室领取无电作业牌，办理无电作业手续。  车组号正确 　　受电弓已降  接触网已断电 　　接地杆已挂  停放制动已施加 　　无电作业牌 （2）工长通知1号可以开始无电作业

续表

序号	作业项目	作业内容、标准及图示
1.4	作业准备	（1）确认作业计划单的作业车组号及股道。 （2）确认作业股道接触网已断电，接地杆已挂。 （3）对动车组进行接地放电操作。 （4）确认蓄电池已断开。  蓄电池开关 （5）在两端司机室故障开关柜上蓄电池开关上挂置"禁动牌"，警示其他项目作业人员误动
2	牵引变流器检查	在需要拆装的裙板和底板上粘贴色带后，用相应工具打开牵引变流器对应位置处的裙板和底板 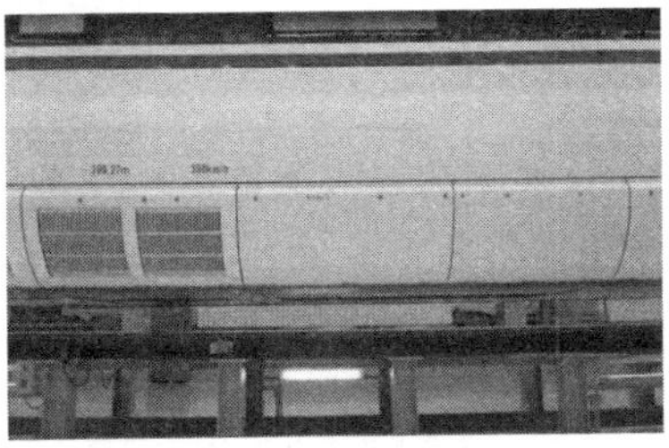 牵引变流器裙板
3	箱体	（1）外观状态良好，无变形、裂纹、机械性损伤等。 （2）密封盖正位，无破裂、松动，密封良好。 （3）铭牌清晰完整  箱体

续表

序号	作业项目	作业内容、标准及图示
4	悬吊部件	（1）外观状态良好，无裂纹、变形、安装牢固。 （2）与车体连接良好，螺栓齐全紧固，松动时拧紧至 275 N·m。 （3）侧面螺栓紧固，松动时拧紧至 17.2 N·m。 （4）橡胶件外观良好，无老化、变形、龟裂等  悬吊部件
5	接地线	（1）外观状态良好，无松动、老化、裂纹、灼伤痕迹。 （2）安装牢固，螺栓松动（M10）时拧紧至 50 N·m 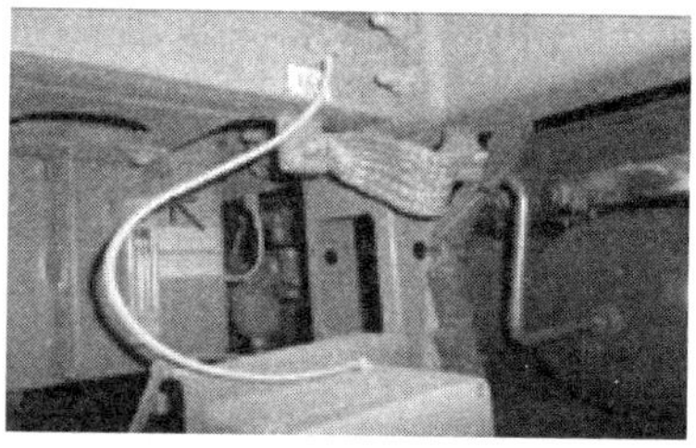 接地线
6	电气连接器	（1）外观状态良好，无裂纹、机械性损伤等。 （2）与电缆连接状态良好，螺栓紧固，防松标记清晰，无错位。 （3）电气线外观状态良好，无老化、裂纹、灼伤等 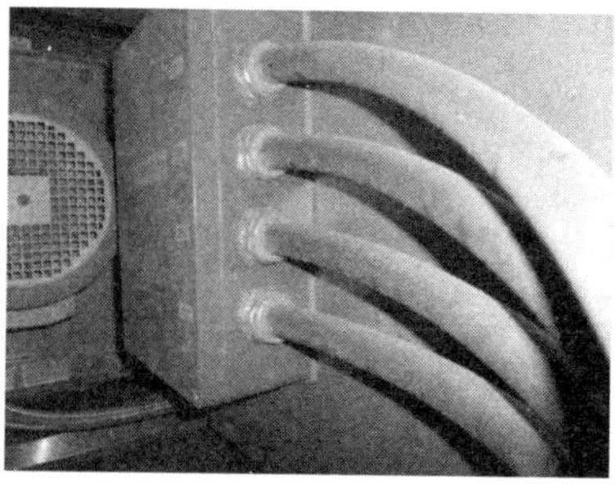 电气连接器

续表

序号	作业项目	作业内容、标准及图示
7	冷却液液位窗	（1）外观状态良好，无裂纹、损坏、漏液等。 （2）液位窗表面清洁，无灰尘、污迹，可清晰观察到里面的液位。 （3）标识线清晰，液位处于最高刻度与最低刻度之间  冷却液液位窗
8	接地放电	（1）用裙板钥匙和棘轮套筒分别打开变流器裙板和变流器设备箱板。  接地端子 （2）用接地电缆装置连接设备箱内的接地端子，给 DC 链路电容器放电 20 min
9	DC 模块检查	（1）用接地电缆装置给 DC 链路电容器放电至非危险电压级别至少需要 20 min 的时间。 （2）用数字万用表检查其对地电压，确保其电压低于 10 V。 （3）冷却液连接管路外观良好，无变形、破损、裂纹等，密封良好，冷却液无泄漏  DC 模块

续表

序号	作业项目	作业内容、标准及图示
10	与冷却设备连接	（1）管路外观良好，无变形、破损、裂纹等，密封良好，冷却液无泄漏。 （2）法兰无破损，与冷却设备法兰盘配合良好，无漏泄，螺栓齐全、紧固。 （3）各部安装固定螺栓齐全、紧固，无松动、脱落、缺失等   冷却液管路
11	密封盖板检查	所有盖板外观良好，无变形、破损、裂纹等，密封状态良好  牵引交流器盖 牵引交流器盖 密封盖板
12	检查确认	检查完毕后恢复裙、底板安装，确认锁闭牢固、到位，裙板锁力矩标准为 30 N·m
13	作业恢复	取下两端司机室故障控制面板蓄电池开关上的"禁动牌"
14	完工确认	作业完毕后，应做到工完料净场地清
15	整理工具物料	将工具和物料整理齐全，作业区周边卫生干净无杂物
16	办理销号手续	通知工长作业结束

任务评价

项目	评分标准	个人自评	小组互评	教师评价	学生反馈	各项得分
考勤纪律（15分）	能严格遵守纪律和安全规则，无任何违纪现象为满分					
操作技能（55分）	完全符合实训规定操作要求，能熟练操作为满分					
态度评语（15分）	态度端正，文明礼貌，不怕累，不怕苦，工作积极主动为满分					
实训报告（15分）	符合要求，体会深刻，文字通顺，内容充实，独立完成为满分					
总分						

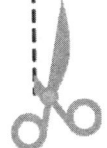

实训六　CRH380型动车组牵引电机检查与清洁 ▶▶▶

情境描述

牵引电机是高速动车组的重要组成装置，它安装在转向架上，通过齿轮与轮对相连。当列车工作在牵引状态时，牵引电机将电能转换为机械能，通过轮对驱动列车在钢轨上运行。当列车工作在制动状态时，机械能转化为电能，此时牵引电机工作在发电机状态。牵引电机性能好坏直接影响列车运行性能。所以要定期对牵引电动机装置进行检查与清洁，确保牵引电机良性运行，预防事故发生。

本任务主要完成CRH380A型动车组牵引电机的检查与清洁的检查，以现场实际作业项目为引导，采用标准化作业方式，使学生不仅掌握现场CRH380A型动车组牵引电机检查与清洁的标准化作业过程，同时可树立较强的安全生产意识。

学习目标

1. 知识目标

（1）掌握牵引电机的结构组成及工作原理。
（2）掌握牵引电机二级修注意事项。

2. 能力目标

（1）能正确使用检修工具。
（2）能按照二级修作业标准对牵引电机进行检查与清洁。
（3）能按照二级修作业标准对牵引电机冷却风机滤网清洁作业。

3. 素质目标

（1）具有安全生产意识。
（2）具有团队协作精神。
（3）具有分析问题、解决问题的创新意识。

任务书

依据高速铁路动车组牵引电机二级修作业标准及流程对牵引电机进行检查与清洁。该任务分工协作完成,作业人员按规定穿戴劳保防护用品,准备好工具、物料,办理完作业手续,确认作业车组号及股道正确,动车组受电弓已降下,接触网已断电,接地杆已挂,停放制动已施加。对牵引电机、牵引电机冷却风机进行外观检查及清洁。具体任务要求如下:

(1)教师下发学习资料,学生明确学习任务、学习内容及学习目标。

(2)学生完成预习任务及相关理论知识学习。

(3)教师引导讲解 CRH380A 型动车组牵引电机的标准化作业过程。

(4)学生分小组练习 CRH380A 型动车组牵引电机的检查及清洁标准化作业过程。

(5)学生完成 CRH380A 型动车组牵引电机的检查及清洁标准化作业过程的操作。

(6)学生完成学习自我评价和小组成员互评,教师作出评价,学生反馈评价,教师汇总作出最终评价。

任务分组

本次任务以小组为单位进行,建议每个小组 2 或 3 人,开始作业前需初步确定每位同学在组内的具体分工。学生以小组为单位按照标准作业步骤要求进行实操训练。

课程名称		实训名称	
班级		学生姓名	
小组成员	姓名	任务分工	
组长			
组员			

引导问题

1. 请简述动车组牵引电机各部分组成及作用。

2. 试述动车组牵引电动机的工作原理。

3. 说明 CRH380A 型动车组牵引电动机的型号与技术参数。

▶ 任务实施

一、注意事项

（1）作业人员应按规定穿戴劳保用品。
（2）无电作业前应确认动车组受电弓已降下，接触网已断电，接地杆已挂，停放制动已施加。
（3）作业时防止磕碰伤。
（4）作业过程中作业工具、材料及配件定置摆放。
（5）本维修作业仅针对装配有带排水孔牵引电机风机的车组。
（6）每台电机两个排水孔。
（7）禁止触摸发热部位

二、工具、物料准备

工具物料清单

序号	名　称	规格型号	单位	数量
1	力矩扳手	6~30 N·m	把	1
2	棘轮扳手		把	1
3	一字螺丝刀		把	1
4	六角套筒	16 mm	个	1
5	物料盒		个	1
6	主控钥匙		把	1
7	头灯		个	1
8	毛刷	978500120002	把	1

续表

序号	名　　称	规格型号	单位	数量
9	地垫		张	4
10	化油器清洗剂	014090000741	瓶	1
11	无纺布	979900000019	张	若干
12	橡胶手套	979900000102	付	2
13	油漆笔	018840000037	支	1

三、作业步骤及内容

序号	作业项目	作业内容、标准及图示
1	工前准备	
1.1	人员准备	2名作业者（1、2号）按规定穿戴劳保防护用品（工作服、劳保鞋、安全帽）。
1.2	准备工具、物料	⚠ 工具超期风险：扭矩扳手校验不超期。 （1）1号作业者清点配送的工具，检查确认扭矩扳手校验不超期，扭矩扳手力矩范围符合标准。 （2）2号作业者清点配送的物料 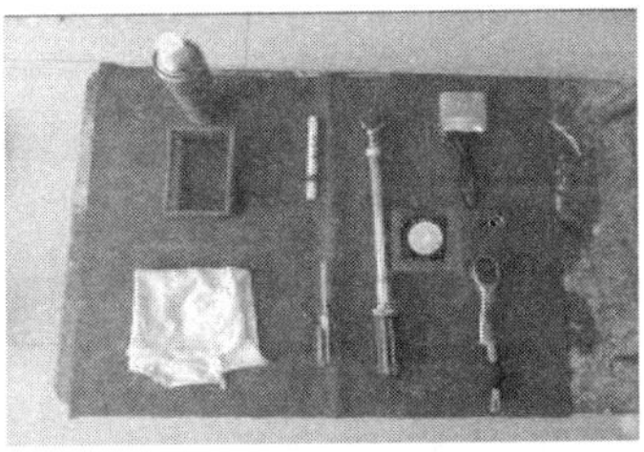 工具物料
1.3	作业手续办理	⚠ 触电风险：确认作业车组号及股道正确，动车组受电弓已降下，接触网已断电，接地杆已挂，停放制动已施加。 （1）工长确认作业车组号及股道正确，受电弓已降下，接触网已断电，接地杆已挂，停放制动已施加，放电完毕后到现场值班室领取无电作业牌，办理无电作业手续。  车组号正确 　　　受电弓已降下

续表

序号	作业项目	作业内容、标准及图示
1.3	作业手续办理	 接触网已断电 　　　接地杆已挂 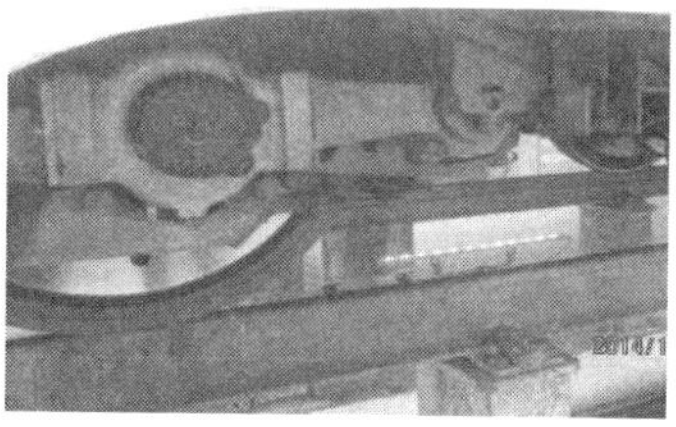 停放制动已施加 　　　无电作业牌 （2）工长通知1号可以开始无电作业
2	外观检查及清洁	
2.1	牵引电机外观检查	1号检查牵引电机外观及安装状态，牵引电机外观图，确认外观及安装状态良好，悬挂部件状态良好，固定螺栓防松标记清晰、无松动，铭牌清晰完整、固定牢固，防松铁丝状态良好  牵引电机外观
2.2	电机与联轴节连接状态检查	1号检查电机与联轴节连接处连接状态、联轴节外观，确认电机与联轴节连接处连接牢固，密封良好，防松标记清晰  联轴节外观

续表

序号	作业项目	作业内容、标准及图示
2.3	检查电机散热罩	1号检查电机散热罩状态，确认电机散热罩安装牢固，各部无裂纹 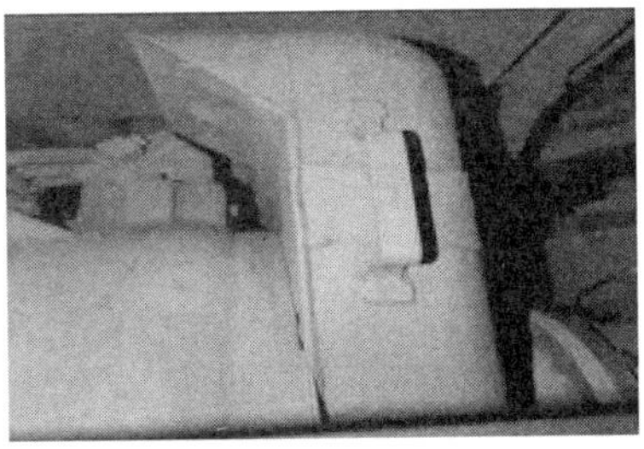 电机散热罩
2.4	检查电源线、传感器及配线状态	1号检查电源线、传感器及配线状态，确认电源线、传感器及配线安装牢固、无碰磨  电源线、传感器及配线状态
2.5	检查牵引电机进风口风道	1号检查牵引电机进风口风道状态，确认电机进风口风道无破损，安装牢固。电机进风口滤网无脏堵，安装牢固  牵引电机冷却风道
3	牵引电机冷却风机检查、清洁	
3.1	打开活动裙板	（1）2号使用四角钥匙打开牵引电机冷却风机对应位置处活动裙板。 （2）1号检查活动裙板及安全吊带，确认裙板无变形、破损，裙板四角锁无缺失，锁闭状态良好，不良时进行检修或更换

续表

序号	作业项目	作业内容、标准及图示
3.2	拆卸底板	（1）2号作业者用棘轮扳手、六角套筒（16 mm）逆时针旋转拆卸牵引电机冷却风机相应位置底板的螺栓，并将拆下螺栓放入物料盒内。 （2）2号作业者打开牵引电机冷却风机对应位置处的底板，确认底板状态良好，底板无变形、破损。 （3）1、2号一起将底板摆放在规定位置处的地垫上，防止配件直接放置在自流坪上
3.3	清理底板	2号对底板进行检查及清理，确认底板状态良好，表面目视清洁无杂物
3.4	检查牵引电机冷却风机	1号作业者检查电机冷却风机状态，确认电机冷却风机安装牢固，固定螺栓防松标记清晰、无松动，电源线安装牢固、无碰磨、连接状态良好  所示牵引电机冷却风机
3.5	检查风机滤网	1号作业者检查风机前、后滤网状态，确认滤网无破损、脏堵，安装牢固，若脏堵则用毛刷对其进行彻底清理  风机滤网
4	恢复裙、底板	
4.1	恢复裙板	2号作业者将活动裙板锁闭到位

续表

序号	作业项目	作业内容、标准及图示
4.2	恢复底板	⚠防脱风险：扭矩扳手力矩值为规定值。 2号安装底板，用力矩扳手、六角套筒（16 mm）按照 25 N·m 力矩顺时针旋转紧固螺栓，紧固后使用油漆笔涂打防松标记
5	完工确认	1、2号作业者共同确认：裙板锁闭到位，底板固定螺栓紧固，各标记齐全、清晰
6	整理工具物料	1号、2号将工具和物料整理齐全，确认作业区周边卫生干净无杂物
7	办理销号手续	1号通知工长作业结束
8	有电试验	通电后，1号、2号确认冷却风机工作状况良好，送风正常，无异常振动等现象

任务评价

项目	评分标准	个人自评	小组互评	教师评价	学生反馈	各项得分
考勤纪律（15分）	能严格遵守纪律和安全规则，无任何违纪现象为满分					
操作技能（55分）	完全符合实训规定操作要求，能熟练操作为满分					
态度评语（15分）	态度端正，文明礼貌，不怕累，不怕苦，工作积极主动为满分					
实训报告（15分）	符合要求，体会深刻，文字通顺，内容充实，独立完成为满分					
总分						

实训七　CRH380型动车组网侧电压互感器、电流互感器、避雷器检查

情境描述

　　网侧电压互感器、电流互感器、避雷器是高速动车组高压电器的重要组成装置，它主要安装在车顶上。本任务主要完成CRH380B型动车组网侧电压互感器、电流互感器、避雷器的检查，以现场实际作业项目为引导，采用标准化作业方式，使学生不仅掌握现场CRH38B型动车组网侧电压互感器、电流互感器、避雷器的检查标准化作业过程，同时可树立较强的安全生产意识。

学习目标

1. 知识目标

（1）掌握CRH380B型动车组网侧电压互感器结构及工作原理。
（2）掌握CRH380B型动车组网侧电流互感器结构及工作原理。
（3）掌握CRH380B型动车组避雷器结构及工作原理。
（4）掌握网侧电压互感器、电流互感器、避雷器二级修注意事项。

2. 能力目标

（1）能正确使用检修工具。
（2）能按照二级修作业标准对网侧电压互感器进行检查。
（3）能按照二级修作业标准对网侧电压互感器进行检查。
（4）能按照二级修作业标准对避雷器进行检查。
（5）能够判断处理电压互感器、电流互感器、避雷器常见故障。

3. 素质目标

（1）具有安全生产意识。
（2）具有团队协作精神。
（3）具有分析问题、解决问题的创新意识。

任务书

依据高速铁路CRH380B型动车组网侧电压互感器、电流互感器、避雷器二级修作业标准及流程对网侧电压互感器、电流互感器、避雷器进行检查。具体任务要求如下：

（1）教师下发学习资料，学生明确学习任务、学习内容及学习目标。

（2）学生完成预习任务及相关理论知识学习。

（3）教师引导讲解CRH380B型动车组网侧电压互感器、电流互感器、避雷器的标准化作业过程。

（4）学生分小组练习CRH380B型动车组网侧电压互感器、电流互感器、避雷器检查标准化作业过程。

（5）学生完成CRH380B型动车组网侧电压互感器、电流互感器、避雷器检查标准化作业过程的操作。

（6）学生完成学习自我评价和小组成员互评，教师作出评价，学生反馈评价，教师汇总作出最终评价。

任务分组

本次任务以小组为单位进行，建议每个小组2或3人，开始作业前需初步确定每位同学在组内的具体分工。学生以小组为单位按照标准作业步骤要求进行实操训练。

课程名称		实训名称	
班级		学生姓名	
小组成员	姓名	任务分工	
组长			
组员			

引导问题

1. 请简述动车组用电压互感器、电流互感器的、避雷器的作用。

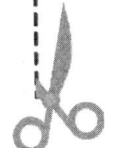

2. 试述动车组电压互感器、电流互感器的工作原理。

3. 简述避雷器的工作原理及注意事项。

任务实施

一、注意事项

（1）工作过程中，接触网必须断电，主断路器接地，接地开关必须打至关闭位。
（2）作业过程中禁止升弓。
（3）必须使用防止跌落安全设备（如安全带）。不过最好使用活动平台。
（4）为最大限度的确保安全，在开始安装、维护和调整装置前或开始运行前，技术人员和操作人员必须阅读安全预防措施。
（5）作业人员应按规定穿戴劳保用品。
（6）无电作业前应确认动车组受电弓已降下，接触网已断电，接地杆已挂，停放制动已施加。
（7）作业时防止磕碰伤。
（8）作业过程中作业工具、材料及配件定置摆放。
（9）严格按照一卡一人进入要求执行，严禁一卡多人进入。
（10）将两侧渡板放下后登车顶。
（11）高压隔离开关动作必须在VCB处于分断状态下进。

二、工具、物料准备

1. 工具清单

序号	名　称	规格型号	单位	数量	备注
1	手电筒		个	1	
2	安全带		根	1	
3	四角钥匙		把	1	
4	头灯		个	1	

2. 物料清单

序号	物料名称	物料号	单位	数量	备注
1	无毛抹布		块	若干	
2	清洁剂				
3	三氯乙烷（或丙酮）		瓶	1	
4	Dow Corning MS4 硅酮化合物		罐	1	
5	肥皂水		瓶	1	

三、作业步骤及内容

序号	作业项目	作业内容及标准
1	作业准备	（1）确认作业计划单中的作业车组号及股道。 （2）确认作业股道接触网已断电。 接触网断电 （3）按照工具清单和物料清单清点工具和物料
2	网侧电压互感器检查	车顶高压电器分布图如下 线电压互感器（=10-T02） 车顶高压电器分布图
2.1	清洁	使用干燥或轻微润湿的无毛抹布清洁电压互感器表面
2.2	外观检查	（1）外观状态良好，无变形、裂纹、破损、灼伤及异物击打痕迹等。 （2）树脂体状态良好，无裂纹、变形、破损等。 （3）绝缘子裙部状态良好，无裂纹、变形、破损等。

续表

序号	作业项目	作业内容及标准
2.2	外观检查	① 非陶瓷绝缘子（硅橡胶绝缘子和环氧树脂绝缘子）同一绝缘子缺陷部位不超过 5 处，同一叶片不超过 2 处； ② 同一叶片上有 1 处缺陷时，不大于叶片面积的 10%，有 2 处缺陷时，均不大于叶片面积的 5%； ③ 半径方向的长度≤30 mm； ④ 绝缘子本体没有缺陷； ⑤ 同一绝缘子伞裙缺口不超过 5 处，同一叶片不超过 2 处； ⑥ 当同一叶片缺口为 1 处时，沿圆周方向的缺损长度≤50 mm； ⑦ 当同一叶片缺口为 2 处时，沿圆周方向的缺损长度均≤20 mm； ⑧ 径向缺口长度≤10 mm；伞裙根部无裂纹，伞裙从边缘沿径向贯穿性裂纹≤10 mm，伞裙切向贯穿性裂纹≤20 mm。 （4）法兰盘外观良好，无裂纹、变形、破损等。 （5）车顶橡胶状态良好，密封正常，无裂损、老化、腐蚀等。 （6）安装螺栓齐全、紧固，无松动、脱出、缺失等，防松标记清晰、无错位 网侧电压互感器（树脂体、绝缘子裙部）　　安装法兰（法兰盘、橡胶）
2.3	一次端子检查	（1）一次端子外观良好，无变形、裂痕等。 一次端子 （2）安装牢固，螺栓齐全、紧固，防松标记清晰、无错位。 （3）连接线压接牢固，无松脱、虚接等

续表

序号	作业项目	作业内容及标准
2.4	二次端子检查	（1）用四角钥匙打开车内电压互感器位置处的顶板，检查二次端子。 （2）二次端子外观良好，无变形、裂痕等，使用无毛抹布清洁表面。 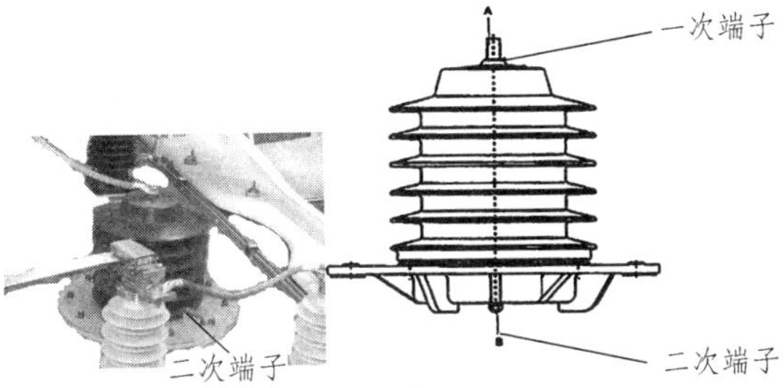 二次端子 （3）安装牢固，螺栓齐全、紧固，防松标记清晰、无错位。 （4）连接线压接牢固，无松脱、虚接等。 （5）检查结束恢复顶板安装
3	网侧电流互感器检查	电流互感器如下图所示  电流互感器
3.1	清洁	设备表面清洁，无污物，严重脏污时用以下方法清洁： （1）使用三氯乙烷或丙酮等材料除去线路电流互感器树脂表面的污垢及残余硅酮。 （2）用一块浸有硅酮的布给树脂表面涂上薄薄的一层 Dow Corning MS4 硅酮化合物
3.2	检查	（1）树脂体外观良好，无裂纹、变形、破损等。 （2）管夹正位，外观良好，无裂纹、变形、破损等。 （3）电缆线外观良好，无断裂、破损等，与管夹无严重碰磨。 （4）接地线外观良好，连接牢固，固定螺栓齐全、紧固，无松动、脱落、缺失等。 （5）传感器线无断裂、碰磨，护套完整，卡子作用良好。 （6）传感器线固定螺栓齐全、紧固。 （7）盖板状态良好无破损，安装正位、牢固，螺栓作用良好，红色标记清晰

续表

序号	作业项目	作业内容及标准
4	避雷器	登顶检查避雷器，如下图所示  避雷器
4.1	本体检查	（1）用软布或海绵蘸清水或者肥皂水清洁避雷器的硅制挡板，不要使用溶剂或研磨材料。 （2）避雷器外观良好，褶边无破损、变形、裂纹、老化及异物击打痕迹，无过载痕迹，凸缘上的灭弧孔处无黑点或烧灼点。 （3）铭牌清晰完整，安装牢固
4.2	接线及接地线检查	（1）避雷器导线及接地线外观良好，断股不超限，铜导线断股截面积≤10%，如下图所示。 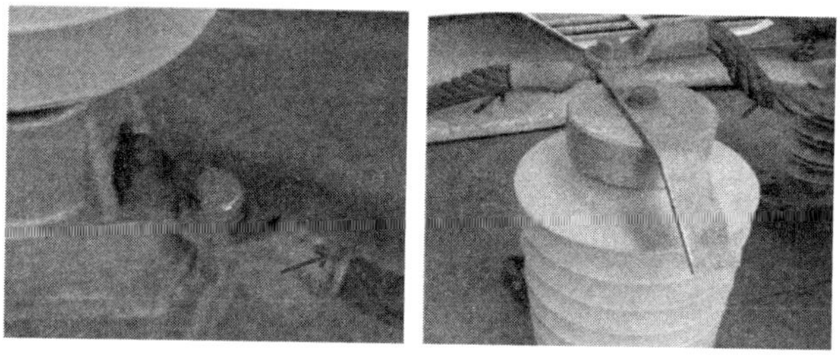 接线及接地线 （2）安装牢固，螺栓齐全、紧固，无松动、脱落、缺失等，防松标记清晰、无错位
4.3	汇流排检查	（1）外观良好，无裂纹、变形、破损、折断、腐蚀、异物击打痕迹等。 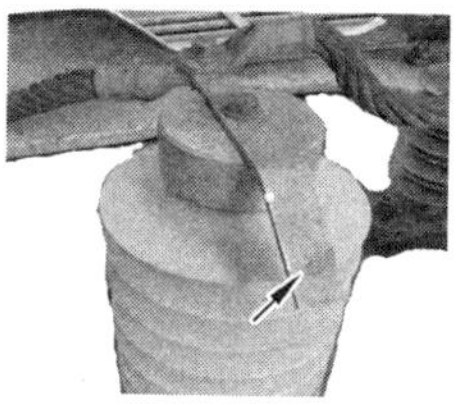 汇流排 （2）固定螺栓齐全、紧固，无松动、脱出、缺失等，防松标记清晰、无错位

续表

序号	作业项目	作业内容及标准
4.4	安装座检查	（1）外观良好，无变形、裂纹等。如下图所示。 （2）安装螺栓齐全、紧固，无松动、脱出、缺失等，防松标记清晰、无错位 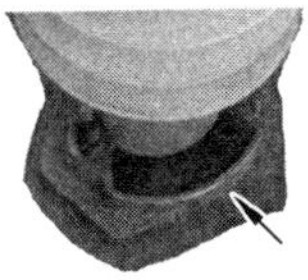 安装座
5	完工确认	作业完毕后，应做到工完料净场地清

任务评价

项目	评分标准	个人自评	小组互评	教师评价	学生反馈	各项得分
考勤纪律（15分）	能严格遵守纪律和安全规则，无任何违纪现象为满分					
操作技能（55分）	完全符合实训规定操作要求，能熟练操作为满分					
态度评语（15分）	态度端正，文明礼貌，不怕累，不怕苦，工作积极主动为满分					
实训报告（15分）	符合要求，体会深刻，文字通顺，内容充实，独立完成为满分					
总分						

参考文献

[1] 洪丛鲁. 动车组牵引系统维护与检修[M]. 成都：西南交通大学出版社，2014.

[2] 张喜全. 电力传动与控制[M]. 成都：西南交通大学出版社，2010.

[3] 冯晓云. 电力牵引—交流传动及其控制系统[M]. 北京：高等教育出版社，2009.

[4] 陈坚. 电力电子学—电力电子变换和控制技术[M]. 北京：高等教育出版社，2009.

[5] 宋雷鸣. 动车组传动与控制[M]. 北京：中国铁道出版社，2007.

[6] 宋雷鸣. 动车组供电牵引系统与设备[M]. 北京：北京交通大学出版社，2012.

[7] 铁道科学研究院高速铁路技术研究总体组. 高速铁路技术[M]. 北京：中国铁道出版社，2005.

[8] 宋雷鸣. 动车组传动与控制[M]. 北京：中国铁道出版社，2009.

[9] 陈伯时. 电力拖动制动控制系统：运动控制系统[M]. 北京：机械工业出版社，2005.

[10] 赵嘉涛. 电力机车电器[M]. 北京：中国铁道出版社，2004.